nuevo PRISMA

Curso de español para extranjeros

fusión

LIBRO DEL PROFESOR

NIVELES
A1 + A2

Equipo nuevo Prisma

Edi numen

nuevo Prisma Fusión A1+A2

© Editorial Edinumen, 2014

© Autores de nuevo Prisma A1, Libro del profesor:
Paula Cerdeira y José Vicente Ianni.

© Autores de nuevo Prisma A2, Libro del profesor:
Genís Castro y Verónica Seda

© Adaptador de Nuevo Prisma Fusión A1+A2, Libro del profesor:
José Manuel Foncubierta

Material ELEteca:

Diálogos:
© Paula Cerdeira, José Vicente Ianni, Genís Castro y Verónica Seda

El componente estratégico en el aprendizaje de ELE:
© María José Gelabert

El trabajo cooperativo en el aula de ELE:
© María José Gelabert

Las emociones en la clase de ELE:
© Rafael Bisquerra

Actividades interactivas:
© Amelia Guerrero y David Isa

ISBN: 978-84-9848-521-9
Depósito Legal: M-23520-2014
Impreso en España
Printed in Spain

Coordinación pedagógica:
María José Gelabert

Coordinación editorial:
Mar Menéndez

Diseño de cubierta:
Juanjo López

Diseño y maquetación:
Ana Gil Gómez

Impresión:
Gráficas Viro. Madrid

Editorial Edinumen
José Celestino Mutis, 4. 28028 - Madrid
Teléfono: 91 308 51 42
Fax: 91 319 93 09
e-mail: edinumen@edinumen.es
www.edinumen.es

Extensión digital de *Nuevo Prisma, fusión niveles A1+A2*: consulta nuestra **ELEteca**, en la que puedes encontrar, con descarga gratuita, materiales que complementan este curso.
www.edinumen.es/eleteca

La Extensión digital para el **alumno** contiene, entre otros materiales, prácticas interactivas de consolidación de contenidos, quizzes de repaso y todos aquellos recursos de apoyo al alumno en su proceso de aprendizaje.

Recursos del alumno:
Código de acceso
Localiza el código de acceso en el
Libro del alumno

La Extensión digital para el **profesor** contiene, entre otros materiales, transcripciones, material fotocopiable y material proyectable, así como diversos contenidos de apoyo a la labor docente.

Extensión digital
Código de acceso
c8fba3ea

En el futuro, podrás encontrar nuevas actividades. **Visita la ELEteca**

Reservados todos los derechos. No está permitida la reproducción parcial o total de este libro, ni su tratamiento informático, ni transmitir de ninguna forma parte alguna de esta publicación por cualquier medio mecánico, electrónico, por fotocopia, grabación, etc., sin el permiso previo y por escrito de los titulares del copyright a excepción de aquellas páginas marcadas explícitamente como fotocopiables.

Cualquier forma de reproducción, distribución, comunicación pública o transformación de esta obra solo puede ser realizada con la autorización de sus titulares, salvo excepción prevista por la ley. Diríjase a CEDRO (Centro Español de Derechos Reprográficos) si necesita fotocopiar o escanear algún fragmento de esta obra (www.conlicencia.com; 91 702 19 70 / 93 272 04 47).

INTRODUCCIÓN

nuevo PRISMA fusión, es un curso de español que sigue los criterios y recomendaciones del *Marco común europeo de referencia* (MCER).

nuevo PRISMA fusión está elaborado bajo una metodología de enfoque comunicativo, orientado a la acción y centrado en el alumno con el fin de utilizar la lengua para comunicarse y poder actuar de manera competente, considerando al estudiante como un agente social que deberá realizar tareas en diversos contextos socioculturales.

El objetivo general de **nuevo PRISMA fusión** es ofrecer al estudiante un material para que pueda desarrollar tanto las competencias generales como las competencias comunicativas, con el fin de realizar las actividades de lengua apropiadas para llevar a cabo las tareas que deba realizar y proporcionarle los conocimientos necesarios para desenvolverse en un ambiente hispano en el que convergen diferentes culturas.

El proceso de aprendizaje está relacionado con los conocimientos que se establecen entre el estudiante, su grupo de compañeros y el profesor. **nuevo PRISMA fusión** tiene en cuenta estos recursos cognitivos de los estudiantes e introduce actividades específicas para procesar información a partir de la percepción, el conocimiento adquirido (experiencia) y las características subjetivas que permiten valorar esa información.

nuevo PRISMA fusión también comprende una serie de técnicas y de estrategias de aprendizaje y de comunicación que contribuirán a que el alumno reflexione sobre su aprendizaje y a que su comunicación sea cada vez más eficaz, siendo capaz de cubrir sus necesidades de comprensión y expresión, y de superar sus deficiencias en cualquiera de las áreas de competencia comunicativa, ya sean de tipo lingüístico, discursivo o sociocultural.

nuevo PRISMA fusión ofrece una serie de actividades enmarcadas dentro del enfoque del aprendizaje cooperativo. Actividades diseñadas con el fin de desarrollar el trabajo en equipo que permite la colaboración de todos y cada uno de sus miembros en la consecución de las tareas, atendiendo a la diversidad de los estudiantes. Se fomenta, así, una enseñanza más reflexiva, basada en las habilidades propias, de manera que ayude a mejorar el nivel de conocimientos de cada aprendiz, a aumentar sus capacidades comunicativas, y a aumentar el número de interacciones en clase. El aprendizaje cooperativo es, además, una estrategia que promueve la participación colaborativa entre los estudiantes en el desarrollo afectivo, cognitivo y social.

Con todo ello, **nuevo PRISMA fusión** • Niveles A1 + A2, siguiendo las indicaciones del MCER, pretende formar usuarios básicos que serán capaces de:

- comprender y utilizar expresiones cotidianas de uso muy frecuente, así como frases sencillas destinadas a satisfacer necesidades de tipo inmediato;
- presentarse a sí mismos y a otros, pedir y dar información personal básica sobre su domicilio, sus pertenencias y las personas que conoce;
- relacionarse de forma elemental siempre que su interlocutor hable despacio y con claridad y esté dispuesto a cooperar.

nuevo PRISMA fusión • Niveles A1 + A2 • **PROFESOR**, se ofrece en papel y en soporte digital (ELEteca), de manera que se pueda actualizar y complementar siempre que sea necesario. Este material digital es proyectable e imprimible y aparece referenciado en el libro en el momento adecuado mediante una serie de símbolos gráficos o iconos. El libro del profesor ha sido diseñado como una guía fácil e intuitiva que permitirá al profesor localizar de manera inmediata y completa toda la información y material complementario de cada actividad del libro del alumno y preparar así sus clases de manera rápida y eficaz.

A continuación podrá encontrar:

- la descripción general del libro en papel;
- la descripción general del material digital disponible en la ELEteca;
- el índice general del libro y su correspondencia con el material digital;
- los índices pormenorizados del material digital.

El libro en papel incluye:

- **guía visual** de las páginas del libro del alumno que se están tratando;
- **referencias cruzadas** al material disponible en la ELEteca;
- **sugerencias de explotación** y **dinámicas de las actividades** del libro del alumno;
- **sugerencias de explotación y dinámicas** de las **fichas** y **proyecciones** complementarias de cada unidad;
- **soluciones** de las actividades;
- **transcripciones**;
- **índice visual** de las fichas y proyecciones complementarias (pág. 180 y siguientes).

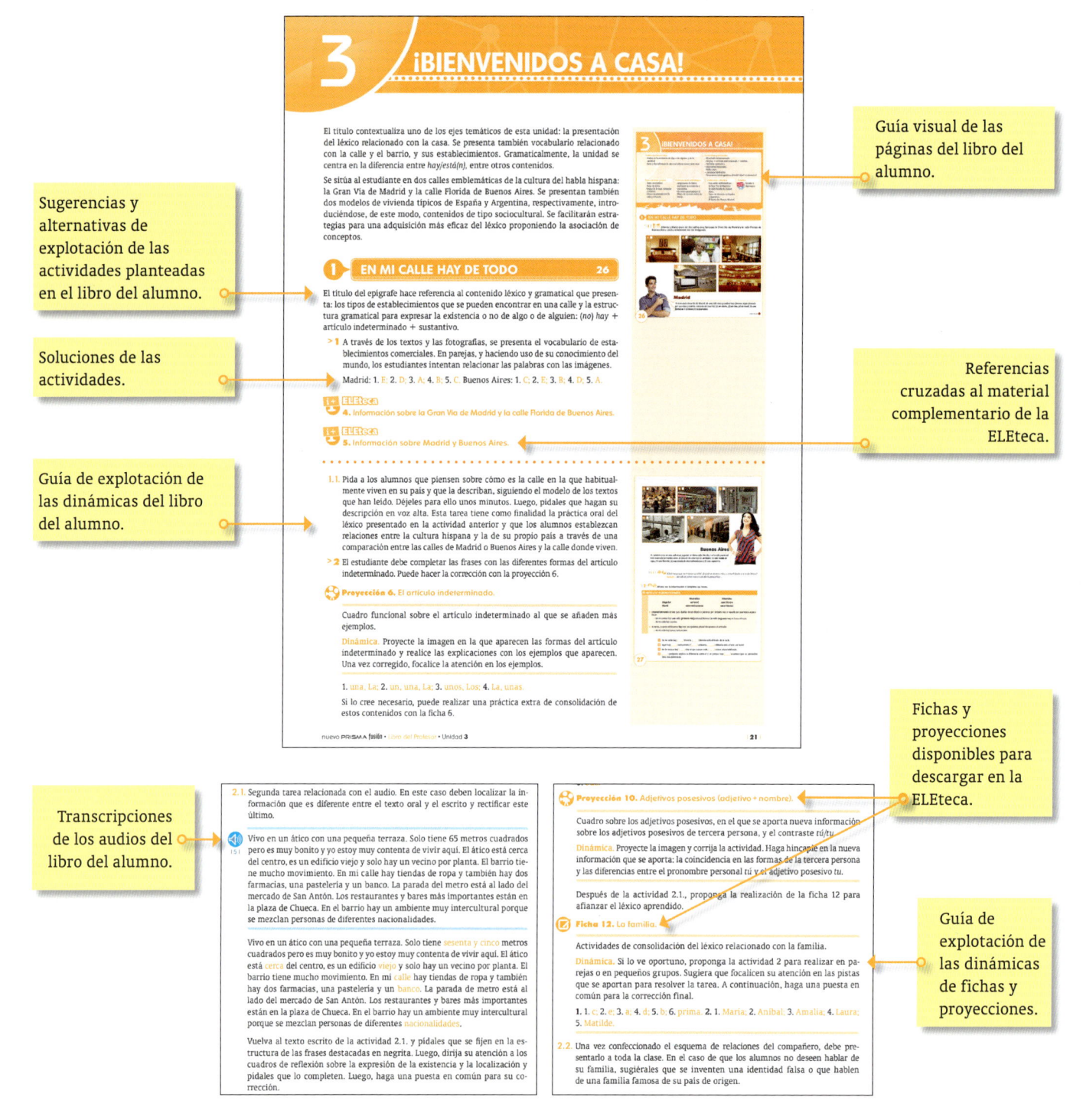

Sugerencias y alternativas de explotación de las actividades planteadas en el libro del alumno.

Soluciones de las actividades.

Guía de explotación de las dinámicas del libro del alumno.

Guía visual de las páginas del libro del alumno.

Referencias cruzadas al material complementario de la ELEteca.

Transcripciones de los audios del libro del alumno.

Fichas y proyecciones disponibles para descargar en la ELEteca.

Guía de explotación de las dinámicas de fichas y proyecciones.

La **ELEteca** incluye:

- 🖥 **63 actividades interactivas**, tres por unidad, para practicar los contenidos trabajados en tres ámbitos: COMUNICACIÓN, GRAMÁTICA y LÉXICO;
- 🎧 **21 fichas** con diálogos para trabajar la comprensión auditiva, una por unidad, con su correspondiente solucionario y transcripciones;
- 🔤 **apéndice de Fonética y ortografía** con 17 fichas para trabajar diferentes aspectos fonéticos del español;
- **guía didáctica** para el profesor sobre el **trabajo cooperativo en clase de ELE**;
- **guía didáctica** para el profesor sobre el **componente estratégico en el aprendizaje de ELE**;
- **guía didáctica** para el profesor sobre las **emociones en la clase de ELE**;
- 🔊 **transcripciones** de los audios de libro del alumno para proyectar o imprimir.

Editorial Edinumen
Enseñanza y aprendizaje del español

ELEteca
Extensión digital

ELEteca » Nuevo Prisma Fusión A1+A2 - Profesor
LIBRO DIGITAL DEL PROFESOR
- Fichas.
- Proyecciones.
- Fichas de información extra.

Actividades interactivas.
• Comunicación.   • Gramática.   • Léxico.

Comprensión auditiva - Diálogos:
- 1.- Fichas de actividades.
- 2.- Solucionario.
- 3.- Audios.

Fonética y ortografía:
- Fichas.
- El aprendizaje cooperativo (AC) en clase de ELE: conceptualización y dinámicas.
- El componente estratégico en el aprendizaje de ELE: guía didáctica.
- Las emociones en la clase de ELE.
- Transcripciones del libro del alumno.

ÍNDICE GENERAL

Unidad	Pág.	Fichas	Proyecciones	Información extra	Actividades interactivas	Fichas de Comprensión auditiva - Diálogos	Fonética y ortografía
Introducción	3						
1. ¿Qué tal?	9	1-3	1-3	1-2	1	1	-
2. Estudiante de profesión	15	4-5	4-5	3	2	2	1
3. ¡Bienvenidos a casa!	21	6-10	6-8	4-6	3	3	2
4. El día a día	28	11	9	7	4	4	-
5. La familia	34	12-16	10-12	8-9	5	5	3
6. ¿Dónde vamos?	41	17-18	13-14	10-11	6	6	4
7. ¡Hoy es mi día!	47	19-21	15-19	12-14	7	7	-
8. ¿A cenar o al cine?	55	22-25	20-22	15-16	8	8	5
9. Nos vamos de tapas	62	26-30	23-26	17-18	9	9	6
10. ¡Ya hemos llegado!	70	31-32	27-28	19	10	10	7
11. ¡Mañana es fiesta!	77	33-35	29-31	20-21	11	11	-
R1. Personalidades	85	36-37	32-33	22-23	12	12	8
12. Viaja con nosotros	93	38-41	34-35	24-26	13	13	9
13. Curiosidades	100	42-43	36-37	27-29	14	14	10
14. ¡Cómo éramos antes!	112	44-45	38-39	30	15	15	11
15. Cuenta, cuenta...	121	46-47	40-41	31	16	16	12
16. Un futuro sostenible	131	48-49	42-43	32-35	17	17	13
17. Con una condición	141	50	44-45	36	18	18	14
18. Imperativamente	150	51	46	37	19	19	15
19. ¡Campeones!	159	52-55	47	38-40	20	20	16
R2. Primera plana	170	56-57	48	41-43	21	21	17

ÍNDICES DEL MATERIAL DIGITAL

FICHAS

1. Deletreando y escribiendo palabras.
2. Práctica del verbo *ser*.
3. Situaciones para diálogos.
4. Concordancia gramatical.
5. Formularios.
6. El artículo indeterminado. *Hay* + artículo indeterminado + sustantivo.
7. En mi calle hay…
8. ¿Qué habitación es mejor para colocar…?
9. La habitación de Nicolás.
10. Mi casa.
11. El presente de indicativo regular.
12. La familia.
13. Penélope Cruz y Shakira.
14. Personajes famosos del mundo hispano.
15. Léxico de descripción física.
16. Léxico de descripción del carácter.
17. Moverse en la ciudad.
18. Actividades en vacaciones.
19. Horarios de Bogotá.
20. El presente de indicativo irregular.
21. Actividades y hábitos culturales.
22. Léxico de los alimentos.
23. Y tú, ¿qué comes?
24. Léxico del cuerpo humano.
25. ¿Qué tengo, doctor?
26. Léxico relacionado con el bar.
27. Tapas. ¿Qué vais a tomar?
28. *Ir* + *a* + infinitivo.
29. ¿Qué hacemos?
30. ¿Qué estoy haciendo?
31. El pretérito perfecto de indicativo.
32. ¿Dónde has estado?
33. Días para no olvidar nunca.
34. Práctica del imperativo.
35. Pensamientos positivos.
36. Plan de acción.
37. Presente de indicativo regular.
38. Tabú de viajes.
39. Práctica del pretérito indefinido.
40. ¡Nos vamos de viaje!
41. Para hablar del clima.
42. Juego de *ser* y *estar*.
43. Crónica de una visita a la feria del libro.
44. Inventos universales.
45. Juegos infantiles.
46. Coincidencias curiosas.
47. Lugares curiosos de Hispanoamérica.
48. Si yo reciclo, ellos reciclarán.
49. Tabla de evaluación del nivel A2 del Portfolio de las lenguas.
50. Pensaba que sería…
51. Decálogo de consejos y buenas prácticas.
52. Presente de indicativo/presente de subjuntivo.
53. Pedir, ofrecer y conceder ayuda.
54. Deportistas solidarios en Red.
55. ¿Lo sabes o lo conoces?
56. Fiestas de España e Hispanoamérica.
57. El día que conocí a mi mejor amigo/a.

PROYECCIONES

1. Presente de indicativo del verbo *llamarse*.
2. El alfabeto.
3. Identificarse y hablar del origen.
4. La concordancia gramatical.
5. Pronombres interrogativos.
6. El artículo indeterminado.
7. Hablar de la existencia de cosas y personas y su cantidad.
8. Presente de indicativo del verbo *estar*.
9. El presente de indicativo regular.
10. Adjetivos posesivos (adjetivo + nombre).
11. Pedir y dar información personal.
12. Describir el aspecto físico.
13. Estrategias para deducir el significado de palabras nuevas.
14. Usos de los verbos *querer* y *preferir*.
15. Para hablar de la hora y los horarios.
16. Las partes del día.

17. Expresar la frecuencia con que se hace algo.
18. El presente de indicativo.
19. Concordancia gramatical en las estructuras generalizadoras.
20. Clasificación de las actividades de ocio.
21. El verbo *gustar*: grados de intensidad.
22. Adjetivos y adverbios de cantidad.
23. Gestos en el bar.
24. Proponer un plan, aceptarlo o rechazarlo. Concertar una cita.
25. Los niveles de competencia según el MCER.
26. Formas y usos del gerundio.
27. El pretérito perfecto.
28. Propuesta de código de errores.
29. Para dar y pedir una opinión.
30. Mapa de Sudamérica.
31. El imperativo afirmativo.
32. Encuesta sobre el tiempo libre.
33. El tiempo libre de nuestra clase.
34. El pretérito indefinido: morfología.
35. El tiempo atmosférico.
36. Comparando hábitos y costumbres.
37. ¿Buenos o malos modales?
38. ¡Cómo hemos cambiado!
39. Viaje al pasado.
40. El noticiario.
41. Hace mucho tiempo…
42. El mundo del futuro.
43. Escapada de fin de semana.
44. ¿A quién le toca ahora?
45. Disculpe, ¿podría…?
46. Sin peligro en la Red.
47. Queremos que las cosas cambien.
48. Evaluación de las intervenciones.

INFORMACIÓN EXTRA

1. Los apellidos en España e Hispanoamérica.
2. El saludo y la despedida en el mundo hispano.
3. España y sus comunidades autónomas.
4. Información sobre la Gran Vía de Madrid y la calle Florida de Buenos Aires.
5. Información sobre Madrid y Buenos Aires.
6. Información sobre el barrio de Chueca de Madrid.
7. Algunos juegos de mesa tradicionales en España.
8. Jennifer López, Penélope Cruz y Shakira. Biografías.
9. Lionel Messi. Biografía.
10. *Bicing* en Barcelona y Programa Atenea en México D.F.
11. Cabo de Gata, Málaga y San Sebastián.
12. Bogotá.
13. El seseo.
14. Jordi Labanda. Biografía.
15. Gazpacho, tortilla de patatas, arepas, bandeja paisa.
16. La dieta mediterránea.
17. Las tapas en España.
18. *El Rey León*, *La piel que habito* y Amaral.
19. Otros escritores hispanos.
20. Sudamérica.
21. Las variantes acentuales del español. Principales características.
22. La importancia de aprender español.
23. Los marcadores discursivos.
24. Las redes sociales.
25. Córdoba, Granada y Sevilla.
26. Estaciones del año en el hemisferio sur.
27. *Google Glass* y los Peta Zetas.
28. La crónica periodística.
29. Las arras, los anillos, el arroz, el ramo y la tarta nupcial.
30. Juegos populares en la década de los ochenta en España.
31. Cuentos infantiles.
32. Los símbolos de reciclaje.
33. La cuenca del río Amazonas.
34. El programa Socio Bosque.
35. Portfolio de las lenguas.
36. La sanidad pública en España.
37. eBay.
38. Fundación *Dame Vida*.
39. Deportistas Solidarios en Red.
40. Marga Crespí.
41. Algunos periódicos españoles e hispanoamericanos.
42. Algunas emisoras de radio de España e Hispanoamérica.
43. El bolero.

ACTIVIDADES INTERACTIVAS

COMUNICACIÓN
1. Presentaciones.
2. Información personal.
3. Mi barrio.
4. Sensaciones.
5. Los vecinos de Miguel.
6. ¿Cómo puedo ir a…?
7. ¿A qué hora…?
8. ¿Qué te pasa?
9. En el bar.
10. ¿Qué ha hecho?
11. ¿Estás de acuerdo?
12. Expresar opiniones.
13. ¡Qué tiempo hace!
14. Describir un lugar.
15. Eran otros tiempos.
16. Contar anécdotas.
17. En el futuro.
18. En la consulta.
19. Pidiendo cosas.
20. Expresar deseos.
21. Había una vez…

GRAMÁTICA
1. Soy…, me llamo.
2. El artículo determinado.
3. La habitación de María.
4. El presente de indicativo.
5. Mis amigas.
6. ¿Regular o irregular?
7. ¡Todos los días lo mismo!
8. *Gustar* y *doler*.
9. En gerundio.
10. Participios irregulares.
11. En imperativo.
12. El presente de indicativo.
13. El pretérito indefinido.
14. Los comparativos.
15. El pretérito imperfecto.
16. ¿Hice o hacía?
17. El futuro imperfecto.
18. El condicional simple.
19. El imperativo.
20. Volver a empezar.
21. Los pasados.

LÉXICO
1. Países y nacionalidades.
2. Profesiones.
3. Números.
4. Estás en tu casa.
5. La ropa.
6. Vamos de viaje.
7. Los días de la semana.
8. Las partes del cuerpo.
9. ¿Qué vais a tomar?
10. Marcadores de tiempo no terminado.
11. Los días festivos.
12. Actividades de ocio.
13. El tiempo atmosférico.
14. Las bodas.
15. Palabras sinónimas.
16. Los cuentos.
17. El tiempo atmosférico.
18. La salud.
19. Las tareas domésticas.
20. Los deportes.
21. Los medios de comunicación.

COMPRENSIÓN AUDITIVA – DIÁLOGOS
1. Mi primer día.
2. ¡Este soy yo!
3. Hogar, dulce hogar.
4. ¿Qué haces ahora?
5. Buscando la pareja ideal.
6. Disculpe, ¿me puede ayudar?
7. ¿Qué horario tiene…?
8. ¡Qué dolor!
9. ¿Qué te parece si…?
10. ¡Ya lo hemos acabado!
11. Y tú, ¿qué opinas?
12. ¿Y tú qué opinas?
13. De vacaciones.
14. Exprésate.
15. ¡Qué tiempos aquellos!
16. ¡Qué dices!
17. Nuestro granito de arena.
18. ¡Ay, qué dolor!
19. ¿En qué puedo ayudarle?
20. ¡Cuídate mucho!
21. Cuenta, cuenta…

FONÉTICA Y ORTOGRAFÍA
1. La sílaba.
2. Vocales y diptongos.
3. Contraste /g/, /x/ y /k/. Las grafías *g/j*.
4. La entonación interrogativa y enunciativa. *Porque/por qué*.
5. Contraste /l/, /r/ y /rr/. Las grafías *r/rr*.
6. /ch/, /y/. La grafía *y*.
7. La tilde diacrítica.
8. Fonemas vocálicos del español. Diptongos y triptongos.
9. Contraste /n/ y /ñ/.
10. Contraste de los sonidos /t/ y /d/.
11. Contraste de los sonidos /k/ y /g/. Reglas de ortografía *c/qu/k*.
12. Contraste de los sonidos /c/ y /z/. El ceceo y el seseo. Las normas de ortografías de *c* y *z*.
13. Los sonidos /f/ y /j/.
14. Los sonidos /n/, /ñ/, /ch/ e /y/. Los dígrafos *ch* y *ll*. Las letras *y* y *ll*.
15. Los signos de interrogación y exclamación. Esquema entonativo básico del español.
16. La sílaba y la acentuación.
17. El punto y la coma.

1 ¿QUÉ TAL?

El núcleo temático de esta unidad gira alrededor del primer día de clase en una escuela de idiomas. Se presentan contenidos funcionales como saludar y responder al saludo de manera formal e informal, despedirse, presentarse y responder a la presentación; para ello se introducen los verbos *ser* y *llamarse*, y los pronombres personales de sujeto. La parte final de la unidad está dedicada a las estructuras relacionadas con la supervivencia en clase. Los contenidos culturales hacen alusión a las formas de tratamiento de cortesía en España e Hispanoamérica.

1 ¡HOLA! ¿CÓMO TE LLAMAS? — 10

En el primer epígrafe se tratan los saludos y las presentaciones. Los estudiantes van a tener su primer contacto con los sonidos en español entrenando la destreza auditiva. Se facilita el primer recurso estratégico del manual: relacionar información mediante imágenes. La atención gramatical recae en la presentación de los pronombres personales de sujeto y la conjugación del verbo *llamarse*.

> **1** Actividad grupal de interacción oral, en la que los estudiantes van a conocerse. Antes de comenzar, llame su atención sobre la fotografía, en la que dos personas se presentan. Después, pídales que se levanten y que se vayan presentando entre ellos. Si se sienten inseguros, dígales que pueden apoyarse en el cuadro de saludos y presentaciones que aparece junto a la fotografía. En el caso de que los alumnos se conozcan, pídales que se inventen una personalidad ficticia para darle a la actividad una dosis de autenticidad.

1.1. Con esta primera tarea de comprensión auditiva, en la que se escucharán acentos muy diferentes, se pretende que el estudiante entre en contacto con la lengua española. En la primera escucha recomiende a los estudiantes que tan solo presten atención a los sonidos en español. Luego, en una segunda escucha, el estudiante debe identificar el nombre de cada persona para luego escribirlo en la casilla correspondiente. Para reducir o prevenir un posible estado de estrés o ansiedad por parte del alumno, es muy importante que este sea conocedor desde un primer momento de que el objetivo de esta actividad no es entender todas las palabras, sino realizar la tarea de identificación.

Si lo ve oportuno, entregue a los estudiantes la transcripción para que se puedan familiarizar con la correspondencia letra-sonido en español.

🔊 1. ¡Hola! Me llamo Ana, soy de Sevilla y estudio inglés. ¿Y tú? ¿Cómo te llamas?
  2. ¡Hola! Soy Alejandro, de Buenos Aires, Argentina, y estudio chino.
  3. ¡Buenos días! Soy Miriam, de Bogotá, Colombia, y estudio japonés.
  4. ¡Hola! Me llamo Vicente, soy de San Juan, Puerto Rico, y estudio italiano.

  1. Ana; 2. Alejandro; 3. Miriam; 4. Vicente.

Para revisar y consolidar las funciones aprendidas de saludos y presentaciones, puede realizar el ejercicio 1 de la unidad 1 del *Libro de ejercicios* de *nuevo Prisma fusión A1+A2*.

1.2. La finalidad de esta actividad es doble: presentar contextualizados los pronombres personales sujeto y el lenguaje no verbal asociado a los mismos.

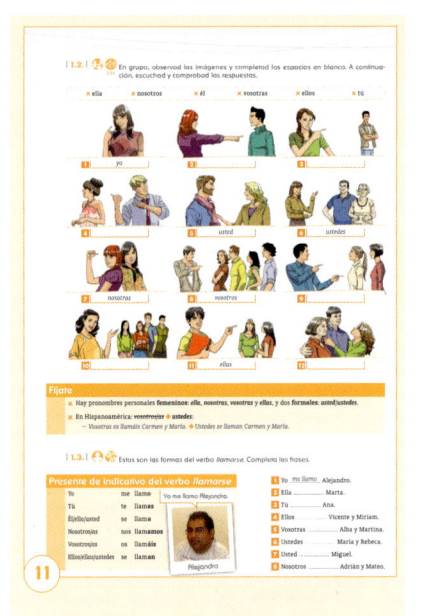

Antes de realizar la actividad, haga alusión al carácter no universal de los gestos y pregúnteles si se utilizan esos mismos gestos en sus lenguas. De esta manera, los alumnos pueden ampliar sus conocimientos interculturales.

Al igual que en las actividades anteriores, los estudiantes, en grupos de trabajo, y a partir del estímulo visual, deberán resolver la actividad induciendo las respuestas. Divida la clase en grupos de tres estudiantes y realice la actividad. Haga una puesta en común y compruebe las respuestas con el audio.

En el cuadro de llamada de atención se hace alusión a los pronombres personales femeninos, los pronombres formales y a la utilización de *ustedes* en lugar de *vosotros* en toda Hispanoamérica (también en parte de Andalucía y Canarias).

|2|
1. Yo me llamo Ana.
2. Tú te llamas Vicente.
3. Él se llama Vicente.
4. Ella se llama Olivia.
5. Usted se llama Adrián.
6. Ustedes se llaman Marta y Manuel.
7. Nosotras nos llamamos Claudia y Ana.
8. Vosotros os llamáis Alba, Carlos, María y Chema.
9. Vosotras os llamáis Cecilia y Carmen.
10. Ellos se llaman Ainhoa, Cristina, Aitor y Fernando.
11. Ellas se llaman Lucía y Teresa.
12. Nosotros nos llamamos Nieves, Pedro y Sofía.

1. yo; 2. tú; 3. él; 4. ella; 5. usted; 6. ustedes; 7. nosotras; 8. vosotros; 9. vosotras; 10. ellos; 11. ellas; 12. nosotros.

Para sistematizar e interiorizar la información aprendida, puede realizar el ejercicio 5 de la unidad 1 del *Libro de ejercicios*.

1.3. Para la corrección y explicación de las terminaciones, puede utilizar la proyección 1.

Proyección 1. Presente de indicativo del verbo *llamarse*.

Conjugación del presente de indicativo del verbo *llamarse* con las terminaciones resaltadas en color.

Dinámica. Antes de comenzar, explique que, en español, existen tres conjugaciones verbales (infinitivo en –*ar*, –*er*, –*ir*); póngales un ejemplo (*trabajar, comer, vivir*). A continuación, explíqueles que, en el presente de indicativo y en otros tiempos, cada conjugación tiene terminaciones diferentes para cada persona. Dígales que en este momento se van a centrar en las terminaciones de la primera conjugación (el resto de conjugaciones las verán en la unidad 2). A continuación, proyecte la imagen en la que aparece la conjugación del verbo *llamarse* y corrija.

1. me llamo; 2. se llama; 3. te llamas; 4. se llaman; 5. os llamáis; 6. se llaman; 7. se llama; 8. nos llamamos.

Para consolidar el conocimiento de los pronombres *me, te, se, nos, os, se*, puede realizar el ejercicio 6 de la unidad 1 del *Libro de ejercicios*.

2 EL ALFABETO. DELETREAMOS — 12

El epígrafe presenta el alfabeto y su función asociada: deletrear. El alumno aprende a preguntar por el nombre y a responder. Como contenido cultural, se introducen nombres y apellidos comunes en español.

> **1** En una primera escucha, pida a los estudiantes que repitan los nombres de las letras que oigan. El audio está preparado para que tengan tiempo de repetir. En una segunda escucha, pídales que completen los huecos de las letras que faltan. Posteriormente, déjeles un tiempo para que cotejen sus resultados con los de su compañero.

🔊 | 3 |
a, be, ce, de, e, efe, ge, hache, i, jota, ka, ele, eme, ene, eñe, o, pe, cu, erre, ese, te, u, uve, uve doble, equis, i griega/ye, zeta.

Para corregir la actividad puede hacer uso de la proyección 2.

Proyección 2. El alfabeto.

Dinámica. Proyecte la imagen en la que aparece el alfabeto completo para que los estudiantes comprueben si han escrito bien las letras que faltaban y corregirlas en caso necesario. Sugiérales que las vuelvan a leer en alto sin ayuda del audio; lo pueden hacer en grupos o en clase abierta.

B. be; D. de; E. e; G. ge; I. i; K. ka; N. ene; O. o; P. pe; S. ese; T. te; U. u.

1.1. Se trata de una actividad complementaria que puede realizar también antes de la actividad 1, si así lo estima necesario. Es un ejercicio basado en el juego entre pares para reforzar la competencia ortoépica, la relación sonido y grafía, sin echar mano de la comprensión auditiva sino a través de la imagen. Este ejercicio es un buen complemento para aquellos alumnos que sienten algo más de estrés con las actividades de comprensión oral. El juego se apoya en el reciclaje del léxico presentado, como refuerzo se explica a los alumnos que, organizados en parejas, tendrán que enseñarse palabras dibujándolas letra a letra en el aire, siempre escribiendo en mayúsculas. Se trata de un deletreo visual. Si el nivel de confianza es alto o si se aprecia que no puede haber conflictos de carácter cultural por la proximidad o el contacto, se puede llevar a cabo el juego haciendo que se dibujen los unos a los otros el deletreo en la palma de la mano o en la espalda. (Adaptado de *Imagine That!*, Helbling Languages, 2007).

Puede usar la ficha 1 como alternativa al juego propuesto.

Ficha 1. Deletreando y escribiendo palabras.

Tarjetas recortables que contienen diferentes palabras para que los alumnos practiquen en grupo los sonidos y las letras del alfabeto, deletreando y escribiendo palabras.

Dinámica. Recorte las tarjetas, divida la clase en dos grandes equipos y reparta las tarjetas (bocabajo) a cada equipo. De cada uno debe salir, por turnos, un miembro a la pizarra; el resto de sus compañeros de grupo le dicta una de las palabras: si el alumno no escribe la palabra correctamente, sus compañeros se la deletrearán. Gana el equipo que antes consiga escribir correctamente en la pizarra todas las palabras que le hayan correspondido.

> **2** y **2.1.** Recuérdeles, con ayuda del cuadro de explicación, cómo se pregunta y se responde por el nombre en español y llame su atención sobre el hecho de que en España e Hispanoamérica se usan dos apellidos: el primero del padre y el primero de la madre. A continuación, pídales que inventen un personaje que tenga un nombre y dos apellidos, también deben dibujar su cara. Después, por parejas, y siguiendo el modelo de la actividad 2.1., deben adivinar el nombre y apellidos del personaje de su compañero.

ELEteca
1. Los apellidos en España e Hispanoamérica.

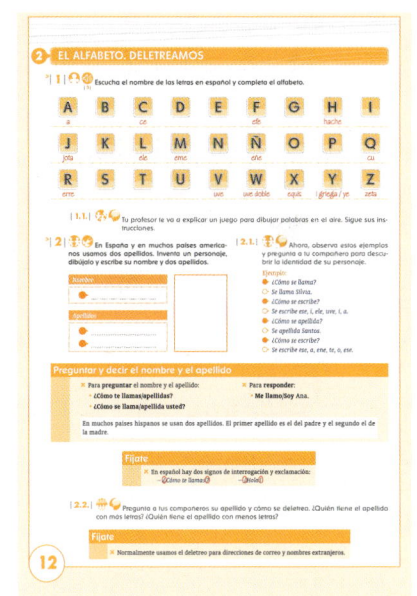

nuevo PRISMA fusión • Libro del Profesor • Unidad 1

3 UNA VUELTA AL MUNDO   13

En este epígrafe se presentan los nombres de los diferentes países y sus gentilicios, se aportan nuevos contenidos funcionales: identificarse, decir la nacionalidad y el origen. Se estudia, también, el presente de indicativo del verbo *ser*.

> **1** En parejas, tal y como se sugiere en la actividad, los estudiantes clasifican los países del mapa en el continente correspondiente. Si usted lo ve oportuno, divida la clase en dos grupos para que completen la lista con más países y proponga que consulten Internet, diccionarios u otras fuentes. Haga una puesta en común para realizar una única lista.

África: Egipto, Mauritania; América: Argentina, Cuba, México, Estados Unidos; Asia: India, Japón; Europa: Alemania, España, Portugal, Bélgica, Italia, Rusia; Oceanía: Australia.

1.1. Actividad de carácter inductivo para realizar en plenario. Indique a los alumnos que lean el cuadro de reflexión; resuelva sus dudas, si las tienen, y dirija la actividad preguntando, por turnos, a diferentes alumnos hasta que la tabla quede completa. Si el grupo lo requiere, puede plantear la actividad en parejas dejando un tiempo para su realización y su corrección posterior.

Alemania: alemanas; Argentina: argentina, argentinos; Bélgica: belga, belgas; Brasil: brasileño, brasileñas; China: chino, chinos; Colombia: colombianos, colombianas; España: española, españoles; Estados Unidos: estadounidenses, estadounidenses; Italia: italiana, italianas; Japón: japonés, japoneses.

> **2** 2. eres, eres japonesa; 3. es, es española; 4. somos, somos estadounidenses; 5. sois, sois francesas; 6. son, son egipcios.

> **3** y **3.1.** Sugiera a los alumnos que realicen una nueva lectura de la actividad 2, ya resuelta, para completar el cuadro. Para corregir la actividad puede utilizar la proyección 3. También dispone de la ficha 2 en la que aparecen algunas actividades para practicar el verbo *ser*.

Usos del verbo *ser*. 1. nombre de persona; 2. nacionalidad/origen; 3. nombre del país/ciudad.

Proyección 3. Identificarse y hablar del origen.

Ficha 2. Práctica del verbo *ser*.

1.
```
A S U I U N W E G O R M A T
N K I S Q C E R R E P E U E
E Q S O Y P E R A P D N T R
L L D N C L M O S H O E X O
A A M I O E T S C L M L A P
G O A S I A C O O L A R D I
X Q U I L E R M M A R A M B
A O J R L P R O O J M N U A
D R C I E R E S U Ñ X E S G
O T G U T A F I L I N A U I
X S O I S Ñ O M S O B O S M
T A R M T R U L I V E B T I
```

2. 1. es; 2. son, son; 3. es; 4. eres; 5. somos; 6. sois; 7. soy, es; 8. son.

3. 1. María es venezolana; 2. Ellos son de Japón; 3. Tú y yo somos de Málaga; 4. Celine es francesa y Dirk es alemán; 5. Vosotros sois de India; 6. Ellos son españoles y ellas son italianas.

4. 1. Miriam y Vicente son de Argentina; 2. Tú eres de Perú, ¿verdad?; 3. Ellos son belgas y yo soy italiana; 4. Vosotros sois españoles y ellas son alemanas; 5. Ustedes son de Italia, ¿no?; 6. No, nosotros somos de Francia. Ellos son de Italia.

Para practicar los usos de los verbos *ser* y *llamarse,* puede realizar el ejercicio 11 de la unidad 1 del *Libro de ejercicios*.

> **4** El alumno expresa por primera vez sus sentimientos y sensaciones en relación al español, reflexiona sobre su aprendizaje y comparte estas experiencias con sus compañeros. Esta información es útil también para usted porque podrá conocer de primera mano cuáles son los sentimientos de sus alumnos hacia la lengua que han comenzado a estudiar y el grado de ansiedad que les produce esta nueva experiencia. Las actividades referidas al estado de ánimo y a la afectividad en el proceso de aprendizaje aparecen en el *Libro del alumno* bajo la etiqueta | Sensaciones |.

Le recomendamos que lea el apéndice *Las emociones en el aprendizaje de ELE* que puede encontrar en la ELEteca antes de llevar a cabo este tipo de actividades.

4 PRESENTACIONES, SALUDOS Y DESPEDIDAS 15

En este epígrafe se introducen contenidos funcionales relacionados con saludos, presentaciones y despedidas, tanto en el contexto formal como en el informal. También se muestran algunas de las abreviaturas más comunes en español.

> **1** Después de la realización individual del ejercicio, déjeles un tiempo a los estudiantes para que cotejen sus resultados con los de su compañero y, luego, haga una puesta en común.

1. informal; 2. formal; 3. formal; 4. informal.

Proponga a los estudiantes que, en parejas, vuelvan a leer los diálogos anteriores y que reflexionen sobre los criterios que los han llevado a hacer la clasificación. La determinación de estos criterios ayudará al estudiante a establecer sus propias estrategias para identificar funciones comunicativas.

1.1. Los alumnos completarán el cuadro en parejas, tal como se sugiere en la actividad. Luego haga una puesta en común para corregirla.

1. ¿qué tal?; 2. ¿cómo estás?; 3. (yo) soy; 4. Buenos días; 5. Mucho gusto.

ELEteca
2. El saludo y la despedida en el mundo hispano.

> **2** El objetivo de esta actividad es que el alumno conozca algunas de las abreviaturas más comunes en español, y que pueda escribirlas y reconocerlas. Después de que los estudiantes completen los textos, déjeles unos minutos para que comparen el resultado en pequeños grupos. Haga una puesta en común y fomente una reflexión por parte de los estudiantes para que comparen las abreviaturas en su lengua con las del español.

Dr. Julián Sánchez Mateos; Sra. Marta Martín Encinar; Profa. titular; Sres. Carrasco Valera; Sres. Crespo Castro.

Para la práctica de las abreviaturas, puede realizar el ejercicio 8 de la unidad 1 del *Libro de ejercicios*.

2.1. Pídales que escriban una tarjeta de presentación profesional, que puede ser real o inventada. Una vez hecho esto, pídales que se levanten y que se paseen por la clase saludando y presentándose. Para prevenir el posible estrés que pueda provocar la actividad, dígales que se pueden guiar de los modelos que hay en la actividad 1.

> **3** Divida la clase en grupos de tres y asígnele a cada uno un diálogo de los que aparecen en la ficha 3. Déjeles unos minutos para practicarlo y super-

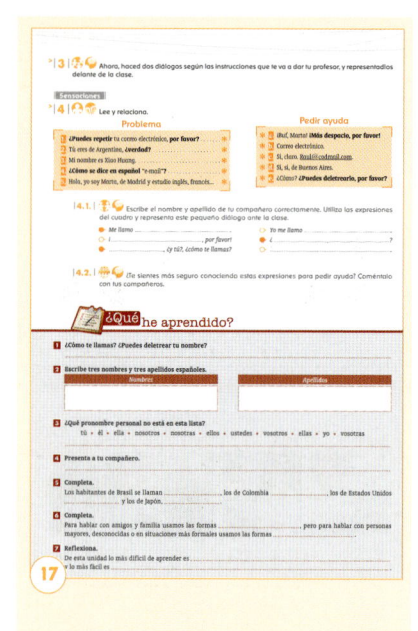

vise el trabajo de cada grupo. Luego, haga que los alumnos representen sus diálogos en clase. Tenga en cuenta que se trata de una actividad abierta, por lo que las claves son orientativas.

Ficha 3. Situaciones para diálogos.

Posible respuesta.

Diálogo A	Diálogo B
—Mire, ellos son mis compañeros de clase: Klaus, de Alemania, y Kate, de Inglaterra.	—Mira, Carlos, este es mi hermano Alejandro. Alejandro, te presento a Carlos, mi amigo colombiano.
—Os presento a Marta Jiménez, la directora de la escuela.	—¡Hola, Carlos!, ¿qué tal?
—Hola, mucho gusto. ¿Cómo está?	—¡Hola!, Muy bien, gracias, ¿y tú?
—¡Hola! Muy bien. ¿Y vosotros?	—¡Fenomenal!
—Muy bien también.	—Bueno, hasta pronto.
—Adiós. Hasta mañana.	—Hasta pronto, Carlos.

> **4** En esta actividad, que aparece enmarcada bajo el epígrafe de Sensaciones, se presenta el léxico de la supervivencia en clase, que en este estadio inicial de aprendizaje es fundamental para proveer al estudiante de las herramientas necesarias para reducir el estrés y la inseguridad.

Recomiende leer las frases de cada columna focalizando la atención en las palabras destacadas en negrita.

1. c; 2. d; 3. e; 4. b; 5. a.

Para consolidar el aprendizaje de estas preguntas, puede realizar los ejercicios 9 y 10 de la unidad 1 del *Libro de ejercicios*.

4.1. Si ya conocen sus nombres y apellidos, confeccione unas tarjetas con nombres y apellidos de su invención y repártalas. De este modo, el diálogo adquirirá un cariz más real al tener que buscar información desconocida.

4.2. Lleve a cabo una reflexión conjunta con el grupo sobre el nivel de confianza y seguridad que les da conocer estas expresiones. De este modo, podrán ir haciéndose conscientes del aspecto emocional que todo aprendizaje conlleva y verbalizar sus miedos e inquietudes.

¿QUÉ HE APRENDIDO?

El apartado *¿Qué he aprendido?* cierra cada unidad. En estos epígrafes el estudiante puede comprobar qué nuevos contenidos ha asimilado y reflexionar sobre su proceso de aprendizaje.

> **3** usted.

> **5** Los habitantes de Brasil se llaman brasileños, los de Colombia colombianos, los de Estados Unidos, estadounidenses y los de Japón, japoneses.

> **6** tú/vosotros; usted/ustedes.

> **7** Realice una puesta en común para que todos los alumnos conozcan la opinión de sus compañeros, ver si coinciden y, con su ayuda, encontrar estrategias que faciliten el aprendizaje.

ELEteca
COMUNICACIÓN. Presentaciones.
GRAMÁTICA. Soy..., me llamo.
LÉXICO. Países y nacionalidades.

ELEteca
Mi primer día.

2 ESTUDIANTE DE PROFESIÓN

El contenido temático de esta unidad gira en torno al léxico de la clase y de las profesiones. Los nuevos contenidos permitirán al grupo conocerse más a través de actividades de interacción e indagación sobre aspectos de la vida de los compañeros. Desde el punto de vista gramatical, se trabaja el género y el número de los sustantivos, así como los artículos determinados e indeterminados. Culturalmente, se presenta información general sobre España y sus comunidades autónomas.

1 ¡A CLASE!

Este epígrafe tiene como objetivo principal la adquisición de léxico relacionado con la clase. Se facilitan al estudiante estrategias para el adecuado aprendizaje del léxico nuevo y se reflexiona sobre ellas.

> **1 a 1.2.** Secuencia de actividades de trabajo cooperativo. Este tipo de actividades aparecen reflejadas en el libro del alumno bajo la etiqueta **Grupo cooperativo**. Le recomendamos que, previamente a su realización, consulte en la ELEteca el documento *El trabajo cooperativo en el aula de ELE*, donde aportamos información sobre esta dinámica de trabajo.

La intención del trabajo cooperativo es fomentar la participación directa y activa de los estudiantes en la realización de la actividad: todos van a trabajar juntos, colaborando para alcanzar objetivos comunes. En este caso, la adquisición de léxico relacionado con el aula y las estrategias más adecuadas para dicha adquisición.

En primer lugar, divida la clase en pequeños grupos o en parejas, dependiendo de la cantidad de estudiantes que compongan el grupo, e indíqueles que elaboren una lista con tres palabras que conozcan relacionadas con el aula; pasee entre los grupos o parejas para ayudarlos en la tarea. Una vez confeccionada la lista, por turnos, salen a la pizarra y escriben las palabras; el objetivo es crear una lista única, por tanto no se escribirán las palabras repetidas.

Indique a los grupos que asocien las palabras de la pizarra con las imágenes que aparecen en 1.2.

A continuación, pídales que dibujen la imagen de las palabras de la pizarra que no tienen ilustración y que escriban las palabras de las imágenes que se han quedado sin relacionar, de modo que todas las palabras tengan su imagen y viceversa.

Después, los alumnos, bien de manera individual o en pequeños grupos, realizan una dinámica de memorización. Durante un minuto observan la pizarra, luego se giran e intentan repetir la mayor cantidad de palabras de la lista que recuerden.

Por último, propóngales una reflexión sobre las estrategias de adquisición de vocabulario y la necesidad o conveniencia de encontrar sus propias estrategias para estudiar. Para ello, los estudiantes deben analizar la forma en que se han aproximado al léxico en las actividades precedentes.

En el caso de aulas monolingües, puede llevar a cabo una reflexión en su propia lengua para determinar qué estrategias les pueden resultar más útiles.

A. mapa o cartel; B. libro; C. silla; D. cuaderno; E. bolígrafo; F. lápiz; G. goma (de borrar); H. mesa o pupitre; I. papelera; J. borrador; K. pizarra; L. rotulador; M. móvil; N. ordenador; Ñ. tablet.

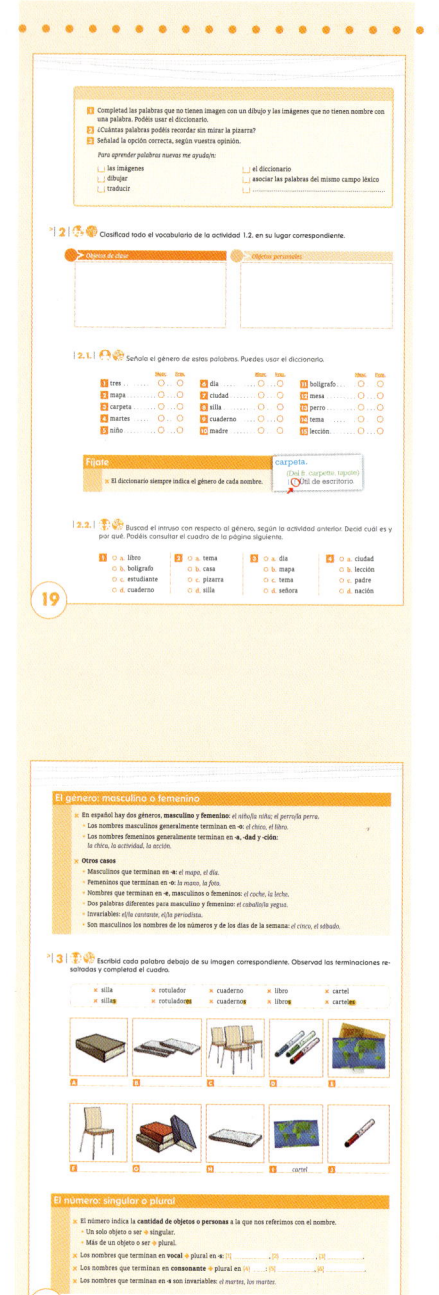

> **2** Compruebe que los alumnos reconocen la carga semántica de las palabras que han aprendido en las actividades anteriores. Realice la corrección en la pizarra y escriba al lado de cada palabra el artículo determinado que le corresponda para que puedan tener una muestra del paradigma de los artículos que necesitarán en los próximos ejercicios.

Objetos de clase: mesa o pupitre, silla, pizarra, papelera, mapa o cartel, rotulador, borrador; Objetos personales: bolígrafo, lápiz, cuaderno, libro, goma.

2.1. Avise a los alumnos con antelación para que dispongan de un diccionario en clase. Siguiendo el ejemplo del libro, muéstreles cómo encontrar la información referida al género de los nombres en las entradas de los diccionarios. Una dinámica diferente puede ser pedirles que marquen el género de las palabras por intuición y que comprueben sus respuestas en el diccionario.

Palabras masculinas: tres, mapa, martes, niño, día, cuaderno, bolígrafo, perro tema. Palabras femeninas: carpeta, ciudad, silla, madre, mesa, lección.

2.2. Actividad de práctica controlada donde los alumnos, agrupados en parejas, deben encontrar la palabra intrusa con respecto al género. Puede plantearlo en forma de competición: dígales que la pareja que antes encuentre los cuatro intrusos será la pareja ganadora.

Si lo considera necesario, después de realizar la actividad, puede repasar en plenario el cuadro de la página 20 en el que se sistematiza el funcionamiento del género en español y se presentan algunas excepciones.

1. c (es una palabra invariable); 2. a (tiene género masculino); 3. d (tiene género femenino); 4. c (es masculino).

> **3** Se pasa ahora al aprendizaje inductivo del número a través de las imágenes. Agrupe a los alumnos en parejas y haga que se fijen en las palabras que aparecen con las terminaciones resaltadas y en las imágenes, y pídales que las relacionen. Si lo hacen correctamente, podrán completar el cuadro de reflexión.

A. libro; B. cuadernos; C. sillas; D. rotuladores; E. carteles; F. silla; G. libros; H. cuaderno; I. cartel; J. rotulador.

El número: singular o plural. 1. sillas; 2. cuadernos; 3. libros; 4. –es; 5. rotuladores; 6. carteles.

Para la práctica del género y el número de los nombres, puede realizar los ejercicios 4 a 8 de la unidad 2 del *Libro de ejercicios*.

3.1. Puede optar por realizar la competición en plenario dividiendo la clase en dos grandes grupos. En este caso, escriba los cuadros en la pizarra para ambos equipos; los alumnos deberán salir por turnos a escribir las palabras en el cuadro correspondiente. Gana el equipo que consiga la tarea en menos tiempo y cometa menos fallos. Recuérdeles, si es necesario, que las palabras *problema, día, mapas, fotos…* no cumplen la regla general del género.

Masculino singular: problema, lápiz, día; Femenino singular: papelera, calle, leche, canción; Masculino plural: rotuladores, garajes, mapas, árboles; Femenino plural: carpetas, lecciones, fotos, manos.

2 ▸ DE COLORES   21

En este epígrafe aparece léxico relacionado con los colores y se presenta el artículo determinado. Esta información los guiará hacia el conocimiento de la concordancia en género y número entre artículo, nombre y adjetivo.

| 16 | nuevo PRISMA fusión • Libro del Profesor • Niveles A1 A2

> **1** Actividad que introduce el léxico de los colores y el artículo determinado. Antes de que los alumnos realicen la actividad, pídales que lean el cuadro sobre el artículo determinado y explique las dudas. Deje unos minutos para realizar la actividad y permítales, antes de corregir, que cotejen sus resultados con un compañero.

>   1. Los; 2. Los; 3. La; 4. Los; 5. El; 6. El; 7. La; 8. La.

> Si lo cree oportuno, y antes de continuar, puede pedirles que, por turnos, digan el artículo que corresponde a las palabras de la actividad 3.1. del epígrafe anterior (pág. 21).

> **2**, **2.1.** y **2.2.** La finalidad de estas actividades es la expresión libre del alumno sobre sus emociones y particularmente su estado de ánimo al estudiar español. En la actividad 2, de interacción oral, el alumno debe asociar colores a estados de ánimo, sensaciones, etc. En la actividad 2.1. va a tomar conciencia sobre su estado de ánimo y expresar sus sensaciones al estudiar español. Para finalizar, haga una puesta en común.

> Recuerde que las actividades referidas al estado de ánimo y a la afectividad en el proceso de aprendizaje aparecen bajo la etiqueta **Sensaciones**.

> Llame su atención sobre el cuadro amarillo que introduce el concepto de concordancia gramatical en el sintagma nominal. Para apoyar la explicación y consolidar estos contenidos, utilice la proyección 4 y la ficha 4, respectivamente.

Proyección 4. La concordancia gramatical.

Ejemplos de nombres y adjetivos que concuerdan gramaticalmente; el género y el número están marcados en colores diferentes de manera que el alumno pueda identificar los morfemas y comprender el funcionamiento de la concordancia gramatical.

Dinámica. Proyecte la imagen para realizar la explicación. En el primer ejemplo haga hincapié en la naturaleza del nombre como poseedor de género y número. Posteriormente, pase a los segundos ejemplos y focalice la atención en el nombre en concordancia con el artículo y el adjetivo. Puede mantener proyectada la imagen para facilitar la realización de la actividad 2.

Ficha 4. Concordancia gramatical.

Ejercicios de práctica para fijar las estructuras aprendidas.

Dinámica. Deje unos minutos para que los estudiantes realicen de manera individual los ejercicios de consolidación gramatical. Si lo ve oportuno, propóngales que realicen la corrección en parejas antes de la definitiva.

1. 1. los rotuladores negros; 2. la mochila roja; 3. el bolígrafo azul; 4. la goma blanca; 5. las sillas azules. **2.** 1. El bolígrafo es azul; 2. Las sillas son rojas; 3. Son unos chicos españoles; 4. El profesor es argentino; 5. La carpeta es negra; 6. Los rotuladores son rojos; 7. Las papeleras son grises; 8. Los papeles son blancos. **3.** 1. El lápiz es verde; 2. El rotulador es rojo; 3. Martin es un chico alemán; 4. La mochila es negra; 5. La mesa es blanca; 6. Los árboles son verdes; 7. La noche es negra; 8. Los coches son azules. **4.** 1. -a; 2. -es; 3. -os; 4. -o; 5. -a.

Antes de pasar a las actividades del epígrafe 3, se recomienda realizar el ejercicio 11 de la unidad 2 del *Libro de ejercicios*, de manera que el alumno se familiarice con el léxico que se va a trabajar.

3 ¿CUÁL ES TU PROFESIÓN? — 22

Se introduce el léxico relacionado con las profesiones y las estructuras para preguntar y hablar sobre el trabajo. El epígrafe terminará con la confección de un cartel informativo sobre el grupo de clase.

> **1** Antes de realizar la actividad propuesta, presente el cuadro en el que aparecen las estructuras para hablar de la profesión. Una vez presentado, dígales que, en parejas, relacionen el léxico con las imágenes. En este punto, haga una puesta en común. Cada pareja, por turnos, dice qué profesión tienen las personas de las fotos, por ejemplo: *La chica de la foto 2 es profesora de español*.

Si las características de su grupo lo permiten, puede alargar la actividad preguntándoles dónde trabajan estas personas. En el caso del ejemplo anterior: *La chica de la foto 2 es profesora de español y trabaja en una escuela de español/de idiomas*.

1. médico y enfermera; 2. profesora de español; 3. peluquero; 4. policías; 5. arquitectos; 6. jardinero; 7. abogada; 8. dependienta.

1.1. Si ha seguido la sugerencia anterior, la grabación puede servir para corregir la actividad. Si no, explique que van a escuchar un audio en el que se amplía la información personal y profesional de las personas de las fotos, y pídales que completen el cuadro.

🔊 |4|
1. Me llamo Sonia Carrasco y soy profesora. Trabajo en una escuela de idiomas en Madrid.
2. Él es Carlos, es peluquero y trabaja en una peluquería en Buenos Aires.
3. Ellos son Jaime y María, son arquitectos. Trabajan en una multinacional en Valencia.
4. Luis Miguel Santos es jardinero. Trabaja en el ayuntamiento de Alicante.
5. Ana y Javier son policías. Trabajan en una comisaría en Sevilla.
6. Silvia es enfermera y Marcos es médico. Trabajan en un hospital en Santiago de Chile.
7. Yo soy Eva María, soy abogada. Trabajo en una empresa en Bogotá.
8. Me llamo Esther. Soy dependienta. Trabajo en una papelería del centro de Bilbao.

1. Sonia, profesora; 2. peluquería, Buenos Aires; 3. multinacional, Valencia; 4. Luis Miguel, ayuntamiento; 5. policías, Sevilla; 6. hospital, Santiago de Chile; 7. Eva María, abogada, Bogotá; 8. Esther, dependienta, Bilbao.

1.2. En una segunda escucha, pídales que comprueben sus respuestas. Posteriormente, déjeles un tiempo para que comparen sus resultados con los de su compañero.

> **2** Comienza una secuencia de actividades en la que se une la práctica y consolidación de los contenidos anteriores con un tema cultural: la presentación de diversos personajes hispanos con diferentes profesiones y que son conocidos mundialmente. Sondee los conocimientos previos de los alumnos sobre las personas de las fotos. Es posible que, entre todos, sepan quiénes son y a qué se dedican (haga que se fijen bien en las imágenes pues pueden inferir fácilmente la profesión de Fernando Torres y Miguel López-Alegría). Esta actividad les permitirá compartir sus conocimientos con el resto de compañeros.

A. Fernando Torres, español, futbolista; B. Salma Hayek, mexicana, actriz; C. Miguel López-Alegría, español, astronauta; D. Isabel Allende, chilena, escritora.

2.1. y **2.2.** Actividad de comprensión lectora para resolver la actividad 2.2. Pídales que lean las frases, resuelva las dudas de vocabulario que puedan surgir y, en parejas, pídales que asignen las frases a los personajes que correspondan. Dígales que, si la actividad se resuelve correctamente, podrán completar las breves biografías de estos personajes que aparecen en la actividad 2.2. Por este motivo, es conveniente corregir ambas actividades a la vez.

A. (Fernando Torres): 3, 5, 9; B. (Salma Hayek): 1, 7, 12; C. (Miguel López-Alegría): 4, 8, 11; D. (Isabel Allende): 2, 6, 10.

Fernando Torres: español, Inglaterra, Chelsea; Salma Hayek: mexicana, Frida Kahlo, Los Ángeles; Miguel López-Alegría: estadounidense, pasa 215 días, retirado; Isabel Allende: chilena, Estadounidense de las Artes y las Letras, una novela.

> **3** Si cree que su clase lo necesita, antes de comenzar la actividad, céntrese en la información del cuadro amarillo para repasar los pronombres interrogativos y poder completar el formulario. Puede ayudarse de la proyección 5.

Proyección 5. Pronombres interrogativos.

Se ofrecen al alumno ejemplos del uso de los pronombres interrogativos y las posibles combinaciones para realizar preguntas en español.

Dinámica. Proyecte la imagen para realizar la explicación. Haga hincapié en la colocación del pronombre interrogativo dentro de la frase interrogativa y de la ubicación de las preposiciones si son necesarias. Mantenga la imagen proyectada mientras los alumnos confeccionan las preguntas para completar el formulario.

A continuación de la proyección, proponga practicar los pronombres interrogativos con los ejercicios 12 y 13 de la unidad 2 del *Libro de ejercicios*.

Una vez explicados estos contenidos, pídales que se pongan de pie para que elijan a un compañero y rellenen el formulario haciendo las preguntas correspondientes. Procure que las parejas que se formen no sean las habituales.

> **4** Además de un trabajo grupal, esta actividad pretende ser una tarea final integradora de los epígrafes anteriores donde los alumnos podrán poner en práctica todos los conocimientos que han adquirido. Utilice la ficha 5 en la que aparecen los formularios en tamaño mediano para poder colgarlos en un cartel. Para ilustrar los formularios, dígales que pueden utilizar imágenes que hagan referencia a sus respectivas nacionalidades e intereses personales (fotografías, imágenes de Internet, revistas, dibujos propios...). La actividad se puede enriquecer pidiendo a los alumnos que escojan un nombre para la clase, ya sea un animal, un color o cualquier nombre que les resulte atractivo. El objetivo es fomentar la cohesión grupal y el conocimiento mutuo, estableciendo un clima de trabajo cordial basado en el conocimiento de los compañeros, sus gustos, sus metas, etc.

Ficha 5. Formularios.

4 ESPAÑA Y SUS COMUNIDADES AUTÓNOMAS 25

En este epígrafe, de contenido cultural, se acerca a los alumnos a la división territorial y administrativa de España y sus peculiares características.

> **1** y **1.1.** La actividad 1 supone un acercamiento lúdico al tema tratado. Como si de un puzle se tratara, los alumnos, en parejas, encajan las cuatro co-

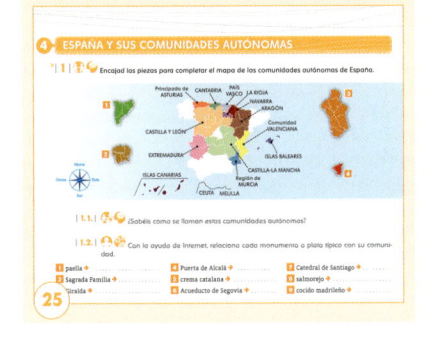

nuevo PRISMA fusión • Libro del Profesor • Unidad 2

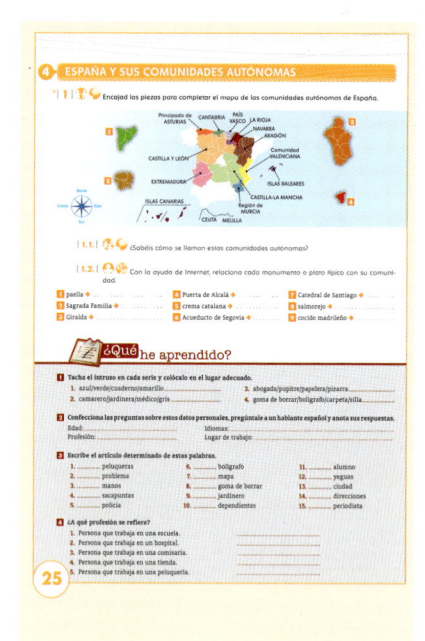

munidades autónomas que aparecen en blanco en el mapa. Sondee sus conocimientos previos y pídales que digan el nombre de estas comunidades autónomas.

3. España y sus comunidades autónomas.

1.2. Actividad lúdica en la que deben poner en relación algunos monumentos y comidas típicos con su respectiva comunidad autónoma. Sondee sus conocimentos previos sobre los temas y anímelos a que busquen la información desconocida en Internet. Puede ser una tarea para realizar fuera de la clase.

1. Comunidad Valenciana; 2. Cataluña; 3. Andalucía; 4. Comunidad de Madrid; 5. Cataluña; 6. Castilla y León; 7. Galicia; 8. Andalucía; 9. Comunidad de Madrid.

¿QUÉ HE APRENDIDO? 25

> **1** Las series correctas son: 1. azul, verde, gris, amarillo; 2. camarero, jardinera, médico, abogada; 3. silla, pupitre, papelera, pizarra; 4. goma de borrar, bolígrafo, carpeta, cuaderno.

> **2** Edad: ¿Cuántos años tienes/tiene?; Profesión: ¿A qué te dedicas/se dedica usted?; Idiomas: ¿Qué idiomas hablas/habla usted?; Lugar de trabajo: ¿Dónde trabajas/trabaja?

> **3** 1. las; 2. el; 3. las; 4. el; 5. el/la; 6. el; 7. el; 8. la; 9. el; 10. los; 11. el; 12. las; 13. la; 14. las; 15. el/la.

> **4** 1. profesor/a; 2. médico/a, enfermero/a; 3. policía; 4. dependiente/a; 5. peluquero/a.

ELEteca
Comunicación. **Información personal.**
Gramática. **El artículo determinado.**
Léxico. **Profesiones.**

ELEteca
¡Este soy yo!

ELEteca
Fonética y ortografía. **La sílaba.**

3 ¡BIENVENIDOS A CASA!

El título contextualiza uno de los ejes temáticos de esta unidad: la presentación del léxico de la casa. Se presenta también vocabulario relacionado con la calle y el barrio, y sus establecimientos. Gramaticalmente, la unidad se centra, entre otros contenidos, en la diferencia entre *hay/está(n)*.

Se sitúa al estudiante en dos calles emblemáticas de la cultura del habla hispana: la Gran Vía de Madrid y la calle Florida de Buenos Aires. Se presentan también dos modelos de vivienda típicos de España y Argentina, respectivamente, introduciéndose, de este modo, contenidos de tipo sociocultural. Se facilitarán estrategias para una adquisición más eficaz del léxico proponiendo la asociación de conceptos.

1 EN MI CALLE HAY DE TODO

El título del epígrafe hace referencia al contenido léxico y gramatical que presenta: los tipos de establecimientos que se pueden encontrar en una calle y la estructura gramatical para expresar la existencia o no de algo o de alguien: *(no) hay* + artículo indeterminado + sustantivo.

> **1** A través de los textos y las fotografías, se presenta el vocabulario de establecimientos comerciales. En parejas, y haciendo uso de su conocimiento del mundo, los estudiantes intentan relacionar las palabras con las imágenes.

Madrid: 1. E; 2. D; 3. A; 4. B; 5. C. Buenos Aires: 1. C; 2. E; 3. B; 4. D; 5. A.

ELEteca
4. Información sobre la Gran Vía de Madrid y la calle Florida de Buenos Aires.

ELEteca
5. Información sobre Madrid y Buenos Aires.

1.1. Pida a los alumnos que piensen sobre cómo es la calle en la que habitualmente viven en su país y que la describan, siguiendo el modelo de los textos que han leído. Déjeles para ello unos minutos. Luego, pídales que hagan su descripción en voz alta. Esta tarea tiene como finalidad la práctica oral del léxico presentado en la actividad anterior y que los alumnos establezcan relaciones entre la cultura hispana y la de su propio país a través de una comparación entre las calles de Madrid o Buenos Aires y la calle donde viven.

> **2** El estudiante debe completar las frases con las diferentes formas del artículo indeterminado. Puede hacer la corrección con la proyección 6.

Proyección 6. El artículo indeterminado.

Cuadro funcional sobre el artículo indeterminado al que se añaden más ejemplos.

Dinámica. Proyecte la imagen en la que aparecen las formas del artículo indeterminado y realice las explicaciones con los ejemplos que aparecen. Una vez corregido, focalice la atención en los ejemplos.

1. una, La; 2. un, una, La; 3. unos, Los; 4. La, unas.

Si lo cree necesario, puede realizar una práctica extra de consolidación de estos contenidos con la ficha 6.

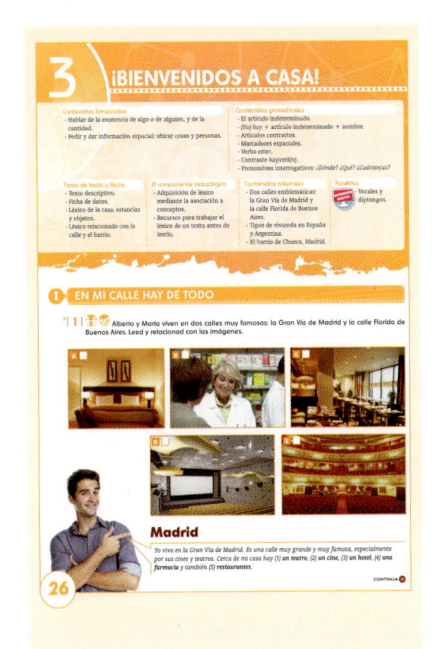

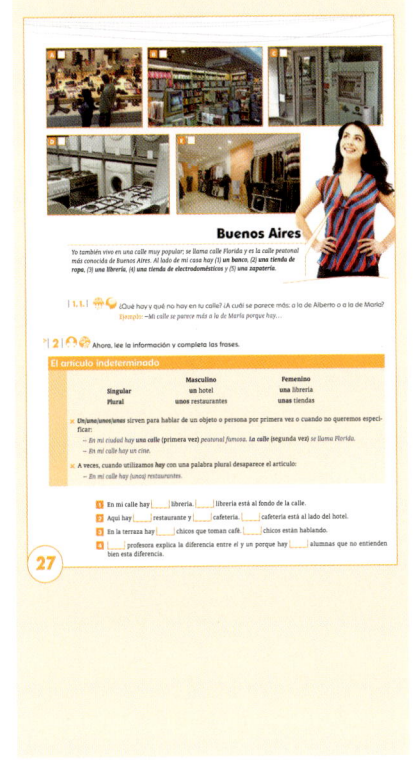

nuevo **PRISMA fusión** • Libro del Profesor • Unidad **3**

Ficha 6. El artículo indeterminado. *Hay* + artículo indeterminado + sustantivo.

Actividades de consolidación gramatical para realizar individualmente.

1. 1. una; 2. un; 3. un; 4. una; 5. un; 6. un; 7. un; 8. una; 9. una; 10. un; 11. una; 12. un. **2.** 1. unas librerías; 2. unos cines; 3. unos teatros; 4. unas farmacias; 5. unos restaurantes; 6. unos hoteles; 7. unos bancos; 8. unas tiendas de ropa; 9. unas zapaterías; 10. unos supermercados; 11. unas cafeterías; 12. unos gimnasios. **3.** 1. un/El; 2. una/La; 3. un/El; 4. un; 5. un/el; 6. un/un/El/el. **4.** 1. En mi habitación hay un espejo muy antiguo; 2. ¿Hay una librería en esta calle?; 3. Aquí hay un restaurante muy moderno; 4. ¿Hay una tienda de música cerca?; 5. ¿Dónde hay una biblioteca? **5.** Respuesta abierta.

> **3** Una vez realizadas las actividades anteriores, se les pide a los alumnos que, en parejas y de manera inductiva, sistematicen los conocimientos adquiridos en un cuadro de reflexión. Puede llevar a cabo la corrección con la proyección 7.

Proyección 7. Hablar de la existencia de cosas y personas y su cantidad.

Cuadro de reflexión que sistematiza las estructuras que sirven para hablar de la existencia de cosas y personas y de su cantidad.

Dinámica. Proyecte la imagen para realizar una corrección en conjunto con toda la clase y focalice la atención en los nuevos ejemplos, para profundizar en la explicación y asegurarse de que se comprenden las estructuras.

Hablar de la existencia de cosas y personas y su cantidad. 1. Hay; 2. cuántas; 3. Hay.

3.1. y **3.2.** El objetivo de esta actividad es fijar la estructura para expresar la existencia de algo que se presenta en el epígrafe en relación con el léxico de establecimientos del barrio y la ciudad. Dé las instrucciones de esta actividad con el material propuesto en la ficha 7.

Ficha 7. En mi calle hay...

Se basa en el juego de las diferencias. Se trata de dos tarjetas recortables (A) y (B), cada una con el dibujo de una calle con diferentes establecimientos.

Dinámica. Recorte las tarjetas y proponga a los estudiantes que se junten en parejas. Entregue a cada pareja dos tarjetas bocabajo (A) y (B) para que cada alumno escoja una de ellas. A continuación, déjeles tiempo a los estudiantes para que observen el contenido de la tarjeta detenidamente, para luego describírsela a su pareja. El compañero debe escuchar con atención y tomar notas. Una vez realizada la descripción, recomiéndeles que intercambien las tarjetas a modo de comprobación.

Calle A: Hay un garaje, un bar, un instituto, una tienda de electrodomésticos, un mercado, una farmacia y una librería; Calle B: Hay una tienda de ropa, un banco, un cine, una tienda de música, un teatro y un colegio.

3.3. Con esta actividad intercultural se pretende poner en funcionamiento todos los conocimientos adquiridos en el epígrafe, además de intercambiar información cultural sobre sus ciudades de origen. Si los estudiantes son de la misma ciudad, pídales que piensen en un lugar alternativo que conozcan y les guste, y realice la actividad.

Déjeles unos minutos para reflexionar y tomar notas, y pídales que expongan sus ideas en clase abierta. Una vez que todos hayan hablado, propóngales que establezcan parecidos y diferencias entre todas las calles, y que elijan aquellas que se parezcan más a la Gran Vía de Madrid, o a la calle Florida de Buenos Aires.

A continuación, divida la clase en varios grupos. Cada grupo debe escoger una ciudad de Hispanoamérica y buscar en Internet información sobre una de sus calles más famosas para después presentársela al resto de la clase. Asegúrese de que cada grupo va a trabajar sobre ciudades diferentes. Recomendamos que la búsqueda de información se haga en horas no lectivas.

Si la actividad les resulta interesante, y como alternativa, puede pedirles que confeccionen un póster con información e imágenes de la ciudad y calle seleccionada para colgar en clase. Una vez expuestos los pósteres, invítelos a leer los trabajos de sus compañeros.

2 ¡BIENVENIDOS A LA REPÚBLICA DE MI CASA! 28

En este epígrafe los estudiantes van a conocer el léxico relacionado con la casa: estancias y objetos; además de los recursos funcionales y gramaticales para expresar ubicación.

> **1** Tal y como se ha hecho en el epígrafe anterior, se presenta el nuevo léxico de las estancias de una casa a través de la imagen, sondeando de esta manera los conocimientos previos que el alumno, de manera intuitiva, pueda tener. Si usted lo cree conveniente, una vez realizada la actividad, sugiera a los estudiantes que se levanten y que formen grupos de tres o cuatro para comparar sus respuestas.

1. cocina; 2. cuarto de baño; 3. dormitorio; 4. terraza; 5. estudio; 6. salón.

> **2** La finalidad de esta actividad es ampliar el léxico relacionado con la casa, en este caso con los objetos que se pueden encontrar en sus estancias. Para ello, se sugiere una estrategia de adquisición de vocabulario basada en la asociación de léxico a campos semánticos. Los estudiantes deben ubicar los objetos que se sugieren en la estancia apropiada. Si ha seguido la recomendación de la actividad 1, puede cambiar la dinámica sugerida en el libro del alumno y mantener los grupos que ya se habían formado para resolver la actividad. Haga una reflexión a la vista de los resultados, para que los alumnos expresen su consideración sobre la estrategia de realizar mapas conceptuales de vocabulario y de establecer conexiones entre distintas palabras.

Salón: televisor, sofá, mesa; Cocina: nevera o frigorífico, fregadero, lavadora; Dormitorio: cama, mesilla de noche; Cuarto de baño: ducha, lavabo, inodoro.

2.1. 1. televisor; 2. mesa; 3. sofá; 4. nevera o frigorífico; 5. fregadero; 6. lavadora; 7. cama; 8. mesilla de noche; 9. ducha; 10. lavabo; 11. inodoro.

2.2. Se continúa la ampliación de léxico relacionado con objetos de la casa y se interioriza, mediante esta actividad práctica, la estrategia que desarrolla la capacidad de asociación de vocabulario. Divida la clase en pequeños grupos, y déles tiempo para que mediten sobre el lugar de la casa para colocar los objetos propuestos y lo comenten entre ellos. Haga una puesta en común para comprobar si todos los estudiantes están de acuerdo en la elección de la habitación y discutan en caso de discrepancias. Si quiere ampliar la actividad con más léxico, puede usar la ficha 8.

Ficha 8. ¿Qué habitación es mejor para colocar...

Ampliación de léxico sobre objetos que se pueden colocar en diferentes lugares de la casa.

> **3** En esta actividad los alumnos van a tener su primer contacto con los marcadores de ubicación. Recomiéndeles que observen con mucha atención las ilustraciones para que centren su atención en el lugar donde se encuentra el perro. Pídales que, antes de relacionar, lean los marcadores que aparecen en las frases. Llame su atención sobre el cuadro en el que se explican las dos únicas contracciones que existen en español: *del* y *al*.

A. 1; B. 3; C. 10; D. 6; E. 7; F. 9; G. 2; H. 4, 5, 8.

3.1. Haga copias de la ficha 9 y repártalas o proyecte la imagen para la realización de la actividad.

Ficha 9. La habitación de Nicolás.

Muestra de una habitación amueblada.

Dinámica. Déjeles a los estudiantes tiempo para que observen la imagen con atención, y luego puedan completar las frases con el correspondiente marcador de ubicación. Haga una puesta en común para realizar una corrección en conjunto.

Una vez corregida la actividad, pídales que se fijen en las formas del verbo *estar* que aparecen en las frases y que completen con ellas el cuadro de reflexión que hay a continuación. Puede utilizar la proyección 8 para corregir la actividad y fijar los contenidos gramaticales.

1. a la derecha; 2. A la izquierda de; 3. lejos de; 4. delante de; 5. Encima de; 6. entre... y. Presente de indicativo del verbo *estar*. 1. está; 2. están.

Proyección 8. *Presente de indicativo del verbo estar.*

Para practicar y consolidar los marcadores de ubicación, puede realizar el ejercicio 5 de la unidad 3 del *Libro de ejercicios*.

Puede llevar a cabo la siguiente actividad lúdica en clase abierta con el fin de realizar una práctica oral sobre la ubicación de objetos y fomentar la interacción y la comunicación de los estudiantes, así como trabajar el componente afectivo a través del juego y el movimiento. Proponga a un estudiante para que elija un objeto personal y, a la vista de todos, lo cambie de lugar; el estudiante más rápido en decir correctamente dónde está ubicado, tendrá que coger el mismo objeto y cambiarlo de lugar otra vez. De nuevo, el estudiante más rápido en decir correctamente dónde está el objeto, lo cogerá y lo cambiará de lugar, y así sucesivamente. Si un estudiante da una respuesta incorrecta, quedará eliminado. Puede pedir a la clase que sean ellos mismos los que corrijan las diferentes producciones. En este caso, tome el papel de árbitro e intervenga solo en caso necesario.

3.2. Pídales que se fijen de nuevo en las fotografías de la actividad 1 y que, por turnos, elijan un objeto. Sus compañeros deben adivinar qué objeto es haciendo preguntas sobre su ubicación. Las respuestas solo pueden ser *sí* o *no*.

> **4** Antes de realizar la redacción, proponga a los estudiantes que completen el formulario de la ficha 10 para sistematizar la información y estructurar el discurso.

Ficha 10. Mi casa.

Esta ficha aporta léxico relacionado tanto con las características de la casa y su ubicación, como de las distintas habitaciones y el mobiliario.

Dinámica. Proponga una lectura individual del léxico que se aporta en la ficha y haga una puesta en común para comprobar si los estudiantes han entendido el significado de todas las palabras. A continuación, indíqueles a los estudiantes que piensen en cómo es su casa, que lean de nuevo la ficha y señalen todas aquellas características, habitaciones, muebles y objetos que tiene su casa. Tenga en cuenta que esta ficha se trata de una preactividad del ejercicio 4, con la finalidad de que el alumno vaya revisando el léxico y las estructuras necesarias para describir su casa. Constituirá, pues, un borrador de su escrito.

3 SE VENDE, SE ALQUILA   31

En este epígrafe se introducen tipos de vivienda en España y en Argentina. Se trabaja, por tanto, el componente cultural, y se fomenta el trabajo del componente intercultural.

Se presenta también el emblemático barrio de Chueca en Madrid, y el contenido gramatical centra su atención en el contraste *hay/está(n)*.

> **1** Divida la clase en dos grupos. El primero debe leer los textos y, a continuación, completar las fichas. El segundo debe leer las fichas, luego los textos y, por último, completar las fichas. En ambos casos, los textos solo se pueden leer una vez.

Después del experimento, corrija la actividad y compruebe en cuál de los dos grupos la tarea se ha resuelto con más eficiencia y facilidad.

El objetivo es que los alumnos conozcan una estrategia de comprensión lectora que les permitirá resolver tareas sobre textos escritos de manera más eficiente. Conocer qué información necesitamos extraer de un texto escrito u oral para realizar una determinada tarea antes de su correspondiente lectura o audición, facilita la realización exitosa de dicha tarea. Esta técnica de focalización en la información pertinente, permite una lectura global que no haga necesario el conocimiento exhaustivo del léxico que aparece.

Haga referencia a la llamada de atención, que alude a las distintas formas de referirse a palabras relacionadas con la vivienda en España y en Argentina y que salen en el texto. Es importante que el alumno sea consciente de que ambas son correctas, simplemente se trata de variantes del español.

España. Tipo de vivienda: piso; Habitaciones: tres habitaciones, una cocina y un baño; Metros cuadrados (m²): 70 m². Argentina. Habitaciones: tres dormitorios, cocina americana, living, comedor, baño. Metros cuadrados (m²): 180 m² cubiertos y 800 m² de terreno; Localización: a las afueras de la ciudad.

1.1. y **1.2.** Tarea de reflexión sobre las estrategias utilizadas para llevar a cabo la actividad de comprensión lectora anterior. Se trata de que el alumno evalúe y valore la manera de resolver la actividad para que interiorice esta estrategia de lectura selectiva. Después de realizar la actividad 1.1. individualmente, haga una puesta en común y, si hay discrepancias, pídales que justifiquen sus respuestas.

Para seguir practicando el léxico relacionado con el tipo de vivienda, proponga la realización del ejercicio 6 de la unidad 3 del *Libro de ejercicios*.

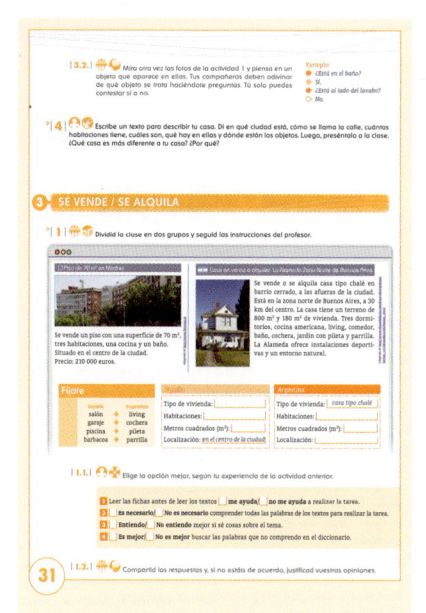

> **2** Antes de escuchar el audio, indique a los estudiantes que observen con atención las imágenes y que identifiquen de qué tipo de establecimiento o lugar se trata. Resuelva las posibles dudas.

F, A, C, D, E, B.

ELEteca
6. Información sobre el barrio de Chueca en Madrid.

2.1. Segunda tarea relacionada con el audio. En este caso deben localizar la información que es diferente entre el texto oral y el escrito y rectificar este último.

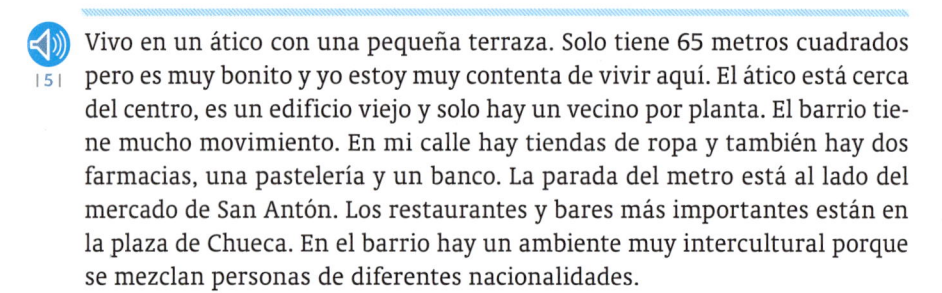

Vivo en un ático con una pequeña terraza. Solo tiene 65 metros cuadrados pero es muy bonito y yo estoy muy contenta de vivir aquí. El ático está cerca del centro, es un edificio viejo y solo hay un vecino por planta. El barrio tiene mucho movimiento. En mi calle hay tiendas de ropa y también hay dos farmacias, una pastelería y un banco. La parada del metro está al lado del mercado de San Antón. Los restaurantes y bares más importantes están en la plaza de Chueca. En el barrio hay un ambiente muy intercultural porque se mezclan personas de diferentes nacionalidades.

Vivo en un ático con una pequeña terraza. Solo tiene sesenta y cinco metros cuadrados pero es muy bonito y yo estoy muy contenta de vivir aquí. El ático está cerca del centro, es un edificio viejo y solo hay un vecino por planta. El barrio tiene mucho movimiento. En mi calle hay tiendas de ropa y también hay dos farmacias, una pastelería y un banco. La parada de metro está al lado del mercado de San Antón. Los restaurantes y bares más importantes están en la plaza de Chueca. En el barrio hay un ambiente muy intercultural porque se mezclan personas de diferentes nacionalidades.

Vuelva al texto escrito de la actividad 2.1. y pídales que se fijen en la estructura de las frases destacadas en negrita. Luego, dirija su atención a los cuadros de reflexión sobre la expresión de la existencia y la localización y pídales que lo completen. Luego, haga una puesta en común para su corrección.

Existencia y localización. 1. Hay; 2. Está; 3. está; 4. Están; 5. están.

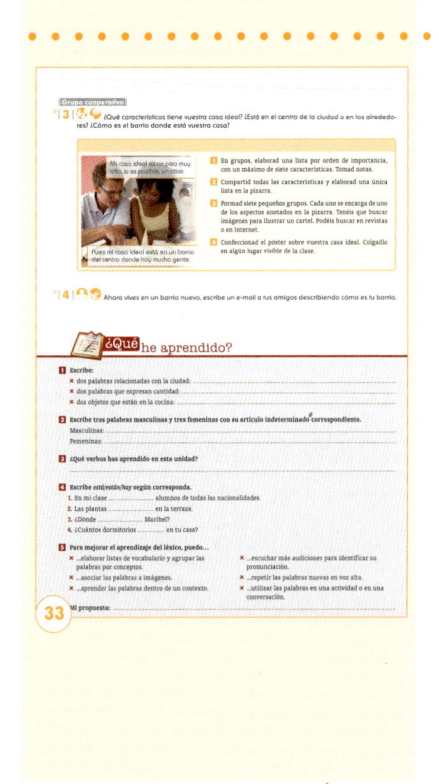

> **3** Para poner en funcionamiento todos los conocimientos adquiridos a lo largo de la secuencia, se propone una actividad de trabajo cooperativo en la que los alumnos confeccionarán un cartel en el que reflejarán cómo sería su casa ideal y su ubicación.

Las actividades 1 y 2 corresponden a la dinámica de la discusión en pirámide: primero, en grupos ya organizados previamente, eligen siete características de su casa ideal. Un representante de cada grupo, por turnos, saldrá a la pizarra a escribir las características escogidas por su grupo. Después de eliminar las que estén repetidas, se discute, entre todos, cuáles deben ser las siete características definitivas. Si no hay acuerdo, deben justificar su elección.

Forme grupos de siete alumnos y pídales que elijan una de las características de la lista anterior o asígnelas usted mismo, y que busquen imágenes que luego servirán para elaborar un cartel que se colgará en clase. Estas imágenes pueden obtenerlas en revistas, Internet o, incluso, pueden ser fotos propias.

> **4** Para finalizar la secuencia, pídales que imaginen que han ido a vivir a un barrio nuevo y que escriben un correo electrónico a un amigo para describirles cómo es, qué hay y dónde está.

¿QUÉ HE APRENDIDO? 33

> **3** Haber, estar, tener.

> **4** 1. hay; 2. están; 3. está; 4. hay.

> **5** Recomiende a los alumnos que, de manera individual, hagan una lectura reflexiva sobre estas estrategias para, luego, en clase abierta, debatir con los otros compañeros cuáles creen que son más útiles. Sugiérales que cada uno piense en una nueva estrategia para aprender léxico y la comente con el resto de la clase. Para ello, pueden pensar en los recursos que han utilizado para adquirir léxico de otra lengua extranjera que hayan estudiado y reflexionar si son válidos para el aprendizaje de léxico en lengua española.

ELEteca
COMUNICACIÓN. **Mi barrio.**
GRAMÁTICA. **La habitación de María.**
LÉXICO. **Estás en tu casa.**

ELEteca
Hogar, dulce hogar.

ELEteca
FONÉTICA Y ORTOGRAFÍA. **Vocales y diptongos.**

4 EL DÍA A DÍA

El núcleo temático de esta unidad es la expresión de actividades habituales. Se presentan contenidos funcionales como hablar de la rutina diaria, expresar posesión y pertenencia y expresar sensaciones y sentimientos. Gramaticalmente se trabaja el presente de indicativo regular, los números y el verbo *tener* y sus usos. Los contenidos culturales se centran en la vida universitaria española.

1 ¿QUÉ HACES NORMALMENTE? 34

En el primer epígrafe se trabaja el presente de indicativo regular a través de un texto en el que un universitario cuenta cómo es un día normal en su vida. Desde el punto de vista estratégico, se induce a los alumnos a comparar las formas verbales para facilitar su memorización. También se recuerdan y sistematizan los verbos reflexivos.

> **1** y **1.1.** Actividad de léxico relacionado con actividades de la vida cotidiana. En parejas, pida a los alumnos que observen las imágenes y que, echando mano de sus conocimientos previos, las relacionen con los infinitivos del cuadro. Antes de corregir, pídales que comparen sus resultados con otras parejas. Una vez corregida la actividad, llame su atención sobre las terminaciones de los infinitivos para hacerles conscientes de la existencia de tres conjugaciones: verbos en –*ar*, –*er*, –*ir*. Luego, lleve a cabo la actividad 1.1.

A. leer; B. vivir; C. escribir; D. trabajar; E. estudiar; F. comer.

Infinitivo en –*ar*: trabajar, estudiar; Infinitivo en –*er*: comer, leer; Infinitivo en –*ir*: escribir, vivir.

Si cree necesario consolidar estos contenidos, puede llevar a cabo las actividades 1 y 2 de la unidad 4 del *Libro de ejercicios*.

> **2** Actividad de prelectura que trabaja el léxico que va a aparecer en el texto de la actividad 2.1. El objetivo es facilitar la compresión posterior del mismo. La corrección la llevan a cabo los propios alumnos leyendo el texto pero, si lo cree necesario, puede dar la solución antes de la lectura.

1. d; 2. f; 3. a; 4. c; 5. e; 6. b.

2.1. Presentación contextualizada de las diferentes formas de presente de indicativo regular. Un universitario español relata cómo es un día normal en su vida. Pida a sus alumnos que lean individualmente el texto y que comprueben los resultados de la actividad 2. Después de aclarar dudas de vocabulario que puedan surgir, explíqueles que las palabras resaltadas en negrita son formas verbales de presente de indicativo con las que van a trabajar en la actividad 2.2.

2.2. En el cuadro, aparece, sistematizada, información gramatical sobre el verbo y las tres conjugaciones. Haga hincapié en las características generales que se señalan, pues esto les ayudará a comprender mejor el sistema morfológico del verbo en español. Puede añadir, si lo cree necesario o útil, que los verbos pueden ser regulares en un tiempo o modo e irregulares en otro: presente e imperfecto de indicativo, por ejemplo.

A continuación, lleve a cabo la actividad propuesta en la que los alumnos, individualmente, han de escribir los infinitivos de las formas verbales resaltadas en negrita en el texto.

| 28 | nuevo PRISMA fusión • Libro del Profesor • Niveles A1 A2

1. vivir; 2. estudiar; 3. entrar; 4. terminar; 5. comer; 6. hacer; 7. llegar; 8. cenar; 9. leer; 10. trabajar; 11. tomar; 12. escribir.

> **3** Cuadro en el que se sistematizan las formas del presente de indicativo regular para las tres conjugaciones. Para la presentación, le recomendamos utilizar la proyección 9.

Proyección 9. El presente de indicativo regular.

Una vez terminada la explicación, lleve a cabo la actividad controlada de práctica gramatical para la memorización de las desinencias verbales del presente de indicativo regular.

Si lo cree necesario, antes de continuar con la siguiente actividad, puede llevar a cabo las actividades propuestas en la ficha 11.

Ficha 11. El presente de indicativo regular.

Actividades para la práctica y consolidación del presente de indicativo regular.

Dinámica. Reparta la ficha entre los alumnos y déjeles un tiempo para que, individualmente, lleven a cabo las actividades propuestas en la ficha. Si lo cree oportuno, los alumnos pueden realizar la tarea en casa.

1. Verbos en –ar: -o, -as, -a, -amos, -áis, -an; Verbos en –er: -o, -es, -e, -emos, -éis -en; Verbos en –ir: -o, -es, -e, -imos, -ís –en.

2. Respuesta abierta.

3. 1. trabajo; 2. escriben; 3. lees; 4. llega; 5. abre; 6. bebemos; 7. pasáis; 8. entra; 9. comprenden; 10. recibe.

4. 1. viven; 2. desayuna; 3. trabaja; 4. tomas; 5. escribo; 6. entra. Los verbos *llamarse, comprender* y *vivir* no tienen frase.

Tomar: tomo, tomas, toma, tomamos, tomáis, toman; Leer: leo, lees, lee, leemos, leéis, leen; Escribir: escribo, escribes, escribe, escribimos, escribís, escriben; Levantarse: me levanto, te levantas, se levanta, nos levantamos, os levantáis, se levantan; Beber: bebo, bebes, bebe, bebemos, bebéis, beben; Abrir: abro, abres, abre, abrimos, abrís, abren.

Antes de continuar, puede llevar a cabo las actividades 3 a 6 de la unidad 4 del *Libro de ejercicios*.

3.1. Actividad controlada de práctica gramatical y léxica a través de imágenes. Los alumnos, individualmente, deben elegir la forma correcta del presente de indicativo para las acciones representadas en cada foto.

A. leen; B. mando/escribo; C. escribo; D. trabajamos/escribimos; E. comes; F. nadáis; G. trabaja.

nuevo PRISMA fusión • Libro del Profesor • Unidad **4** | **29** |

3.2. Actividad de carácter lúdico que tiene el objetivo de automatizar las formas verbales de presente de indicativo. Si su clase es numerosa, puede formar grupos de cinco alumnos y que jueguen simultáneamente. Es un juego de velocidad: un alumno dice una forma de presente de indicativo y el resto tiene que decir el infinitivo correspondiente. El primero que lo haga, obtiene un punto. El alumno que logre más puntos gana el juego.

>4 Actividad semicontrolada de expresión oral en la que los alumnos comentan cómo es la rutina diaria de un universitario en su país de origen. Puede realizar esta tarea en plenario o en grupos más pequeños.

>5 Actividad semicontrolada de expresión escrita en la que el alumno, siguiendo el modelo del texto de la actividad 2.1., describe su rutina diaria.

2 LOS NÚMEROS 37

En este epígrafe se presentarán los números desde el 0 hasta el 101 a través de una audición y se propondrán actividades de práctica y consolidación.

>1 Antes de llevar a cabo la actividad propuesta, puede repetir con ellos los números en orden para que se familiaricen con el léxico. Luego ponga el audio, y pídales que señalen los números que se dicen. Si lo considera necesario, puede poner el audio dos veces.

cien, treinta, sesenta y seis, cuatro, dieciocho, seis, trece, ochenta y ocho, cuarenta y dos, veintisiete

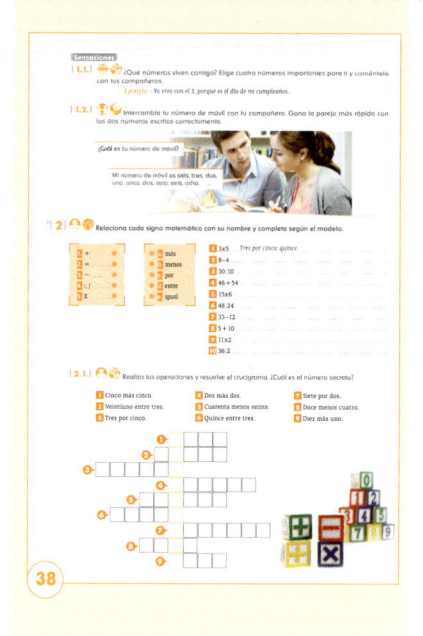

1.1. Actividad de práctica en la que se trabaja el componente emocional. Los alumnos piensan en cuatro números que son importantes para ellos, explicando el porqué. De esta manera, además de practicar los números tienen la oportunidad de conocerse un poco más.

1.2. Divida la clase en parejas. Por turnos, deben intercambiarse el número de móvil y apuntarlo. Cronometre el tiempo de cada pareja; el equipo más rápido será el ganador.

Si lo cree necesario, proponga intercambiar números de teléfono ficticios.

>2 La actividad sirve para la práctica conjunta de operaciones matemáticas y números.

1. a; 2. e; 3. b; 4. d; 5. c.

1. Tres por cinco: quince; 2. Ocho menos cuatro: cuatro; 3. Treinta entre diez: tres; 4. Cuarenta y seis más cincuenta y cuatro: cien; 5. Quince por seis: noventa; 6. Cuarenta y ocho entre veinticuatro: dos; 7. Treinta y tres menos doce: veintiuno; 8. Cinco más diez: quince; 9. Once por dos: veintidós; 10. Treinta y seis entre dos: dieciocho.

2.1. 1. diez; 2. siete; 3. quince; 4. cuatro; 5. veinte; 6. cinco; 7. catorce; 8. ocho; 9. once. Número secreto: dieciocho.

Si lo cree necesario, antes de la actividad 3 puede seguir practicando los números con el ejercicio 11 de la unidad 4 del *Libro de ejercicios*.

>3 Actividad lúdica final que reproduce la dinámica del juego del bingo. Pídales a los alumnos que rellenen las plantillas que aparecen en la actividad con números del 0 al 101, según su elección. Una vez que todos tengan sus números, usted debe ir diciendo números al azar: dice el número, lo repite, hace una pausa y sigue con el siguiente número. El primero que logre completar una de sus plantillas, lo dice en voz alta y gana. Convenga con ellos qué palabra pueden utilizar: *¡Yo!, ¡Bingo!...*

Llame su atención sobre la nota cultural que se incluye al final de la actividad sobre el bingo jugado en familia. Pregúnteles si en su país el bingo es también un juego típico de las reuniones familiares. De este modo, podrá iniciar un sencillo trabajo de conocimiento intercultural.

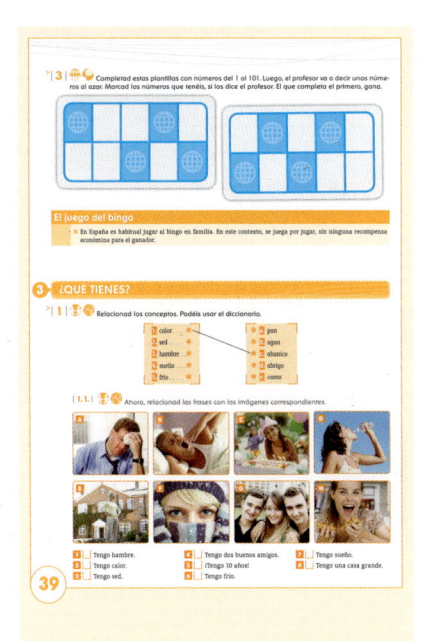

ELEteca
7. Algunos juegos de mesa tradicionales en España.

Otra propuesta para practicar los números y su memorización es hacer el juego *Carrera de números*. Se forman parejas; cada miembro de la pareja va a recitar un número por turnos, uno desde el número 0 o 1 y el otro desde el número 100 o 99, eligiendo entre pares o impares. Los primeros lo harán de forma ascendente: 0, 2, 4... (o bien, 1, 3, 5...) y los segundos, de forma descendente: 100, 98, 96... (o bien 99, 97, 95...). La tarea consiste, pues, en recitar los números hasta que ambos lleguen al número 50 o, en el caso de los impares, al 49. La dificultad radica en la memorización de la numeración y en no confundirse escuchando al compañero.

3 ¿QUÉ TIENES?   39

La finalidad de este epígrafe es trabajar el verbo *tener*, su morfología, usos y complementos más habituales. Si lo cree conveniente, puede realizar la pregunta del título del epígrafe en clase abierta para que los alumnos hagan una primera toma de contacto con la expresión de la posesión. Puede comenzar usted diciendo qué tiene y mostrando el objeto a la clase: "**Tengo** un bolígrafo". De esta manera, su respuesta servirá de modelo y los alumnos se animarán a participar aunque no conozcan esta forma verbal.

> **1** Actividad de léxico relacionado con las sensaciones físicas. En esta actividad, los alumnos, en parejas, tienen que relacionar, mediante la asociación de conceptos, una serie de sensaciones físicas (sed, hambre, calor, sueño, frío) con la palabra que representa el modo de satisfacerlas o remediarlas. Si tienen dificultades, puede ayudarse de la mímica para explicar el significado de estas sensaciones.

 1. c; 2. b; 3. a; 4. e; 5. d.

1.1. Actividad de léxico asociado a los diferentes significados del verbo *tener*. Siguiendo la dinámica anterior, los alumnos en parejas, deben relacionar las frases con la imagen que las representan.

 1. H; 2. A; 3. D; 4. G; 5. C; 6. F; 7. B; 8. E.

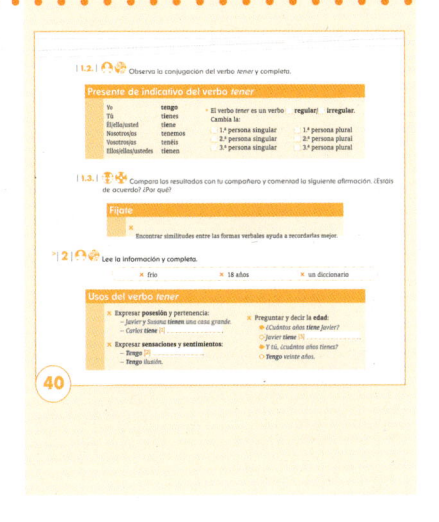

1.2. Actividad de gramática inductiva en la que el alumno observa la conjugación irregular del verbo *tener* para deducir la irregularidad que este posee. Por el momento, es suficiente con que aprenda este verbo. En unidades sucesivas se sistematizarán las irregularidades del presente de indicativo y retomarán el tema.

 El verbo *tener* es un verbo irregular. Cambian todas las personas excepto *nosotros/as* y *vosotros/as*.

1.3. Actividad de concienciación sobre el trabajo inductivo llevado a cabo en la actividad anterior y que va en la misma línea de lo ya trabajado en el epígrafe 1: la utilidad de comparar y establecer patrones morfológicos para facilitar la memorización.

> **2** Después de conocer el léxico relacionado con el verbo *tener*, los alumnos están ya preparados para deducir sus diferentes significados. Pídales que

lean la información del cuadro y que la completen con las expresiones del recuadro. Si lo cree conveniente, puede cambiar la dinámica y que los alumnos trabajen en pareja.

1. un diccionario; 2. frío; 3. 18 años.

Antes de seguir adelante, puede seguir practicando el verbo *tener* con las actividades 7 a 10 de la unidad 4 del *Libro de ejercicios*.

2.1. y **2.2.** Práctica guiada de los usos del verbo *tener*. Es una buena oportunidad para que los estudiantes interactúen en español y se conozcan un poco más, favoreciendo de este modo la cohesión emocional del grupo. Pídales que se levanten y vayan preguntando a sus compañeros si tienen o no esas cosas, edades o sensaciones que se proponen, de modo que todos, al final de la actividad, hayan podido completar la tabla con el nombre de algún compañero. Al final, haga una puesta en común como se recomienda en la actividad 2.2. En función de las características de su grupo, puede libremente cambiar o ampliar las opciones del test: por ejemplo, *coche deportivo* por *bicicleta*.

4 ¡QUÉ BIEN SUENA!   41

En este epígrafe dedicado a la fonética, el estudiante va a tener su primer contacto con los principales contrastes fónicos en español. En las tres actividades que componen el epígrafe, la intención es que los estudiantes escuchen, repitan y reconozcan sonidos.

A través de las actividades propuestas, se pretende que los estudiantes tomen conciencia de cuáles son los fonemas problemáticos en español. Estos se van a tratar con detenimiento en unidades sucesivas, pero en este primer acercamiento podrán conocerlos y reconocerlos de modo que se hagan más receptivos a su pronunciación cuando aparezcan.

Haga hincapié en el hecho de que no tiene relevancia saber el significado de las palabras, pues se trata únicamente de ejercicios de reconocimiento y producción de sonidos.

> **1** Esta actividad y la siguiente trabaja con pares mínimos, esto es, con pares de palabras que solo se diferencian en un sonido. Los que se tratan aquí, aunque de forma somera, son algunos de los pares de fonemas que más problemas ocasionan en el aprendizaje del español.

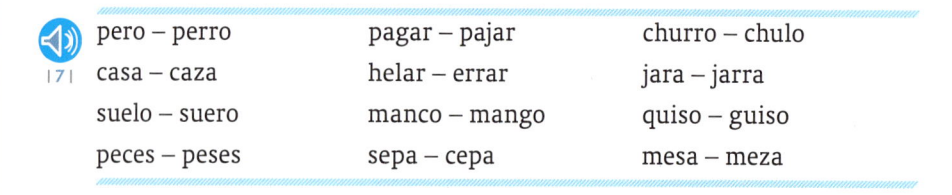

pero – perro	pagar – pajar	churro – chulo
casa – caza	helar – errar	jara – jarra
suelo – suero	manco – mango	quiso – guiso
peces – peses	sepa – cepa	mesa – meza

> **2** Lija, rama, vago, guerra, zueco, corro, caso, mango, loza, seta, perra, hola.

rama, guerra, zueco, mango, perra.

> **3** Se trata de una canción en la que se pide que identifiquen palabras que contienen algunos de los sonidos que han practicado de manera aislada en las actividades anteriores. Después de una primera escucha por parte de los estudiantes, déjeles un tiempo para que cotejen sus resultados con los de su compañero.

Mi casa está en un quinto piso,
desde aquí puedo ver todo Madrid.
Miro hacia el sur y me imagino
que me voy de viaje muy lejos de aquí.

Estribillo
Quiero viajar por todo el mundo,
desde Guinea hasta Hong Kong.
Quiero viajar por todo el mundo,
desde la India a Nueva York.

Ir a una playa al sur de Francia,
visitar La Habana y tocar el bongo,
cantar flamenco en Sevilla,

¿qué tal ir a Marruecos
y luego volar a Japón?
(*Estribillo*)

Sueño viajar por todo el planeta,
¡cuántos amigos deseo tener!
Sueño viajar por todo el planeta,
¡cuántos amigos deseo tener!

Bailar un tango en Argentina,
cantar en Memphis un rock and roll,
comer pimiento rojo en México,
cruzar la línea del Ecuador.
(*Estribillo*)

quinto, cuántos, México, tango, ¿Qué tal?, Guinea, Francia.

¿QUÉ HE APRENDIDO? 41

> **2** E1. vivimos; 2. trabajas; 3. comen; 4. tenéis; 5. escribe; 6. tengo.

> **3** 1, 3 y 6.

> **4** El verbo *ser*.

ELEteca
Comunicación. **Sensaciones.**
Gramática. **El presente de indicativo.**
Léxico. **Números.**

ELEteca
¿Qué haces ahora?

5 LA FAMILIA

Esta unidad gira en torno a la descripción de personas. Para ello el alumno va a adquirir el léxico y las estructuras necesarias para describir el aspecto físico y el carácter. También se trata el léxico relacionado con la familia. Los estudiantes conocerán algunos personajes famosos del mundo hispano actual: la cantante y actriz Jennifer López, la actriz Penélope Cruz, la cantante Shakira y el futbolista Leo Messi.

1 EN FAMILIA 42

> **1** Se presenta el léxico de la familia a través del personaje de Daniela. Dígales a los estudiantes que Daniela ha colgado en su Facebook fotos de su familia para presentarla. Dirija su atención a las palabras resaltadas en negrita explicándoles que son palabras que establecen las diferentes relaciones de parentesco. Luego, en parejas, establecen la relación entre comentarios y fotos, y hacen una puesta en común para comparar sus respuestas.

1. G; 2. I; 3. B; 4. F; 5. A; 6. D; 7. E; 8. H; 9. C.

1.1. Realice la corrección de la actividad anterior a través del audio.

> Mirad, os cuento: estos son mis abuelos, María y Ricardo. Aquí trabajo yo y ellos son mis compañeros, Alejandro y Patricia. Aquí está mi hermano mayor Jairo y su pareja Liliana. El niño es Alexander, el hijo de Liliana. Este es mi hermano Juan Carlos, ahora vive en Medellín. Ella es mi sobrina Claudia y estos son sus padres, Luis Fernando y mi hermana Yesenia. Aquí está mi prima Carolina con su novio David. Ella se llama Andrea y es mi mejor amiga. Y, por último, en esta foto estoy con mis padres, mi madre María Eugenia y mi padre Manuel.

1.2. Como refuerzo de los contenidos léxicos presentados, los alumnos, en grupos, completan el árbol genealógico de Daniela. Entregue una copia de la transcripción anterior para facilitar la realización del ejercicio.

1. María; 2. abuelo; 3. María Eugenia; 4. Manuel, padre, padres; 5. Liliana, pareja; 6. Jairo; 7. yo; 8. Juan Carlos; 9. Yesenia, hermana; 10. marido; 11. Alexander, hijo; 12. Andrea; 13. Claudia.

1.3. Actividad de comprensión lectora en la que los estudiantes deberán contrastar la información que da el texto con las afirmaciones de los cuadros.

María: Es la madre de la madre de Daniela, es de Medellín, tiene 65 años y vive en Bogotá. Ricardo: Es el padre de la madre de Daniela, es español de Orense y tiene 66 años.

1.4. Pida a sus alumnos que piensen en tres momentos importantes para reunirse en familia. Pida que escriban un pequeño texto y que traten de explicar en qué consisten esas reuniones y qué hacen normalmente, sin decir su nombre y sin dar muchas pistas que puedan identificar su nacionalidad u origen. Luego, recoja los textos y póngalos en las paredes del aula. Pida que paseen por clase y que lean los textos para tratar de identificar a qué compañero pertenecen. Cada alumno debe leer el texto del compañero que haya identificado. Luego se decidirá qué texto ha gustado más y por qué (si ha sido interesante, divertido, curioso, etc.).

> **2** y **2.1.** A través de estas actividades de carácter inductivo se introduce uno de los contenidos gramaticales de la unidad: los adjetivos posesivos. Una vez realizado el ejercicio 2, indique a los alumnos que, individualmente, completen el cuadro de reflexión que sistematiza el paradigma de los adjetivos posesivos con las palabras resaltadas en negrita. Puede realizar la corrección con la proyección 10.

1. c; 2. d; 3. a; 4. b; 5. e.

Adjetivos posesivos (adjetivo + nombre). 1. Mi; 2. Tu; 3. Nuestro; 4. Vuestra; 5. Sus.

Proyección 10. Adjetivos posesivos (adjetivo + nombre).

Cuadro sobre los adjetivos posesivos, en el que se aporta nueva información sobre los adjetivos posesivos de tercera persona, y el contraste *tú/tu*.

Dinámica. Proyecte la imagen y corrija la actividad. Haga hincapié en la nueva información que se aporta: la coincidencia en las formas de la tercera persona y las diferencias entre el pronombre personal *tú* y el adjetivo posesivo *tu*.

Después de la actividad 2.1., proponga la realización de la ficha 12 para afianzar el léxico aprendido.

Ficha 12. La familia.

Actividades de consolidación del léxico relacionado con la familia.

Dinámica. Si lo ve oportuno, proponga la actividad 2 para realizar en parejas o en pequeños grupos. Sugiera que focalicen su atención en las pistas que se aportan para resolver la tarea. A continuación, haga una puesta en común para la corrección final.

1. 1. c; 2. e; 3. a; 4. d; 5. b; 6. prima. **2.** 1. María; 2. Aníbal; 3. Amalia; 4. Laura; 5. Matilde.

2.2. Una vez confeccionado el esquema de relaciones del compañero, debe presentarlo a toda la clase. En el caso de que los alumnos no deseen hablar de su familia, sugiérales que se inventen una identidad falsa o que hablen de una familia famosa de su país de origen.

2 FAMOSOS Y FAMILIA — 44

A través de la biografía de tres de las mujeres más famosas en la actualidad del mundo hispano, los alumnos repasan y amplían las estructuras para pedir y dar información personal.

ELEteca
8. Jennifer López, Penélope Cruz y Shakira. Biografías.

> **1** y **1.1.** Preactividad de audio, en la que se sondean los conocimientos previos del estudiante. En el caso de que los estudiantes no hayan oído hablar nunca de Jennifer López, anímelos a que hagan hipótesis para contestar a las preguntas. Luego, ponga el audio para verificar sus respuestas.

Me llamo Thiago y soy fanático de Jennifer López desde pequeño. Tengo todos sus discos, sus películas... lo sé todo sobre ella...
¿Me quieren poner a prueba? Escuchen:
Jennifer Lynn López, más conocida como J. Lo, nació el 24 de julio de 1969 en el barrio del Bronx de Nueva York. Sus papás son boricuas como yo, de San Juan de Puerto Rico; su mamá se llama Guadalupe y trabaja en una

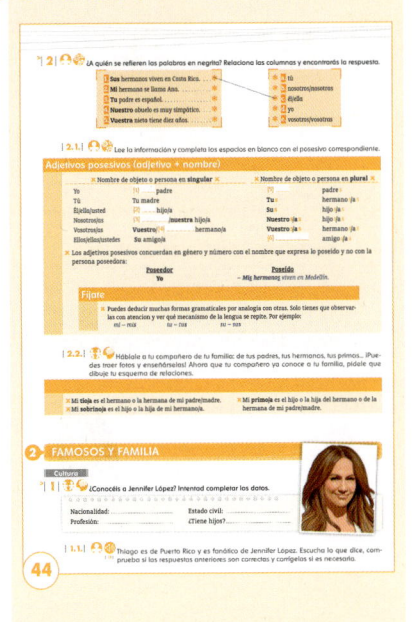

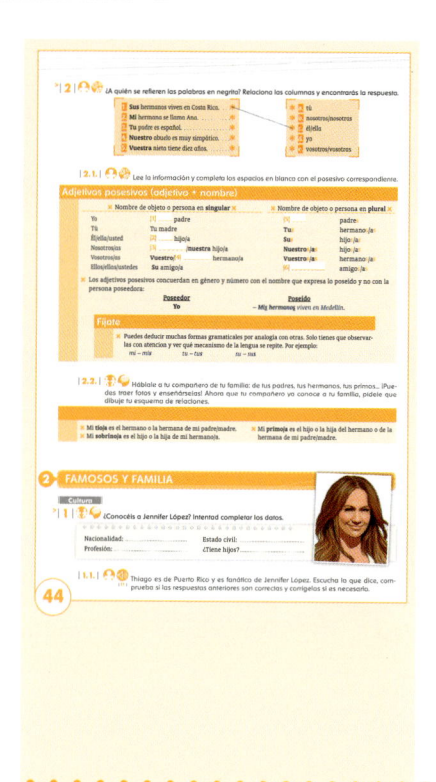

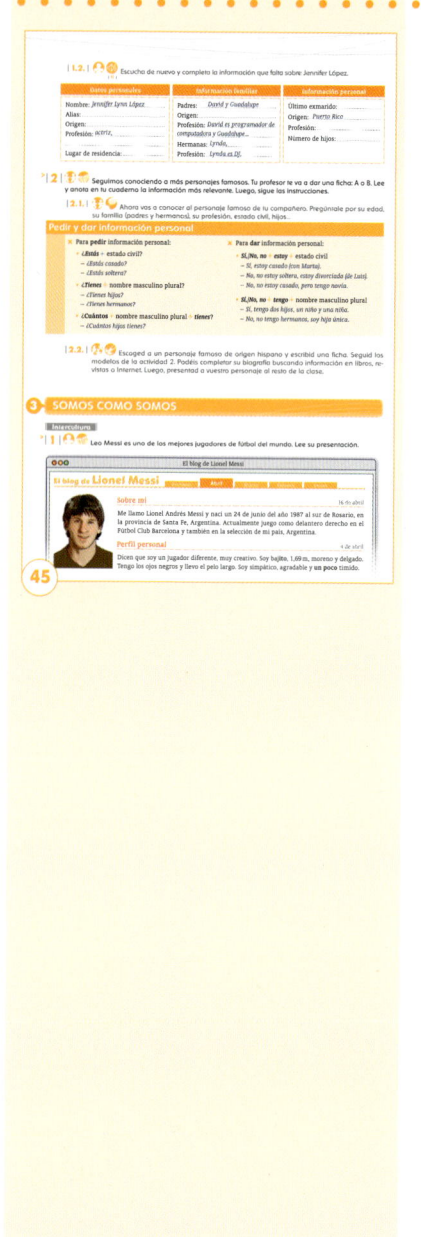

guardería y su papá, David, es programador de computadora. Jennifer tiene dos hermanas: Lynda, que trabaja como DJ de la radio WKTU en Nueva York, y Leslie, que es profesora de música.

Según la revista *People*, es la artista hispana con mayor influencia en los Estados Unidos y es que, además de actriz, es cantante, bailarina, empresaria, productora y diseñadora de moda, y además es muy linda…

Es la protagonista de muchas películas como *Mi Familia, Selena, Anaconda, ¿Bailamos?, Made In Manhattan, Bordertown…* Como cantante, uno de sus álbumes más exitosos es *J. Lo* del año 2001, con el que consigue cinco números uno en Estados Unidos. También con su álbum *Love* que se publicó en 2011. ¡Es que Jennifer es la mejor artista del mundo!

De su vida personal podemos decir que Jennifer López se ha separado tres veces; la última del actor y cantante de salsa Marc Anthony, también estadounidense y de papás puertorriqueños, con el que tiene dos hijos gemelos, Emme Maribel y Maximilian David.

¿Qué más quieren saber? Pregúntenme…

Nacionalidad: Estados Unidos. Estado civil: separada. Profesión: cantante, actriz, bailarina, empresaria, productora y diseñadora de ropa. ¿Tiene hijos? dos.

1.2. Proceda a realizar una nueva escucha y deje a los estudiantes un tiempo para que cotejen sus resultados con los de su compañero. Repita el procedimiento y proponga una puesta en común en clase abierta. Si lo considera oportuno, entregue la transcripción para una corrección final.

Datos personales. Alias: J. Lo. Origen: Estados Unidos; Profesión: actriz, cantante, bailarina, empresaria, productora y diseñadora de ropa. Lugar de residencia: Nueva York. Información familiar. Origen: Puerto Rico. Profesión: Guadalupe trabaja en una guardería; Hermanas: Lynda y Leslie. Profesión: Lynda es Dj y Leslie es profesora de música. Información personal. Último exmarido: Marc Anthony. Profesión: cantante y actor. Número de hijos: dos.

>2 Entrégueles una copia de la ficha 13, según sean alumno A o alumno B. Pídales que lean el texto elegido con detenimiento y que tomen notas. Mientras lo hacen, pasee por la clase para resolver las posibles dudas de vocabulario que puedan plantearse.

Explíqueles la estructura: "*Nació el* + fecha / *en* + lugar" y pídales que la localicen en los textos que se proporcionan. Dígales que este dato les servirá para hablar de la edad de sus personajes.

Ficha 13. Penélope Cruz y Shakira.

2.1. Pídales que intercambien información sobre sus personajes haciéndose preguntas y contestándolas. Para ello, previamente, explique las estructuras del cuadro "Pedir y dar información personal", advirtiéndoles que, en su caso, deben utilizar la tercera persona de las formas verbales: *¿Está casada? No, está soltera; ¿Tiene hijos? Sí, tiene dos hijos…* Para focalizar la atención en la explicación, le proporcionamos la proyección 11. Le recomendamos que la mantenga proyectada durante la realización de la actividad, de manera que les sirva de guía para llevar a cabo la tarea que se requiere.

Proyección 11. Pedir y dar información personal.

2.2. Puede, previamente, hacer una lluvia de ideas, apuntando en la pizarra nombres de personajes hispanos famosos que vayan diciendo, clasificándolos según su actividad profesional. Si sus alumnos no conocen a suficientes personajes hispanos famosos, utilice la ficha 14 donde se sugieren algunos nombres. Recomendamos que la búsqueda de información se realice fuera de horas lectivas.

Ficha 14. Personajes famosos del mundo hispano.

Dinámica. Recorte las tarjetas de la ficha y péguelas en la pizarra de modo desordenado. Los alumnos, por grupos, se acercan a la pizarra y emparejan un nombre, una foto y una pequeña biografía. Siga por turnos hasta que todas las tarjetas estén ordenadas. Luego, siga con la actividad propuesta en el libro del alumno. Los datos aparecen en el orden correcto en la ficha.

3 SOMOS COMO SOMOS — 45

En este epígrafe los estudiantes conocerán adjetivos de descripción física y del carácter en combinación con los verbos *ser*, *tener* y *llevar*.

> **1** En esta primera actividad el estudiante va a conocer al jugador de fútbol argentino Lionel Messi a través de su perfil de blog. El objetivo de este ejercicio es aportar una muestra real de una descripción física y de carácter.

ELEteca
9. Lionel Messi. Biografía.

1.1. Pida a los alumnos que lean de nuevo el texto y que subrayen todas las frases que encuentren que describan el físico y el carácter del personaje, y que las clasifiquen. Se trata de una primera toma de contacto con este léxico que se ampliará en la actividad 1.2.

Aspecto físico: es bajito, moreno y delgado. Tiene los ojos negros y lleva el pelo largo. Carácter: como jugador es muy creativo y es simpático, agradable y un poco tímido.

1.2. Para ampliar el léxico relacionado con el aspecto físico, le recomendamos realizar la actividad propuesta en la ficha 15.

Ficha 15. Léxico de descripción física.

Actividad para ampliar el léxico relacionado con el aspecto físico.

Dinámica. Una vez relacionadas las fotografías con los adjetivos, pídales que, en parejas, comparen los resultados. A continuación, haga una puesta en común para una corrección en plenario.

a. gorda, 3; b. baja, 2; c. feo, 4; d. ojos oscuros, 6; e. pelo corto, 5; f. pelo rizado, 7; g. mayor (viejo), 1.

1.3. Se sigue ampliando el léxico relacionado con la descripción física a través de una actividad con vacío de información. Deben completar las fichas de las personas de las fotos con el léxico propuesto en el recuadro. Compruebe que los alumnos conocen el significado de los adjetivos propuestos (algunos han aparecido previamente), aclare las posibles dudas y proceda a realizar la actividad.

1. delgada; 2. claros; 3. largo; 4. moreno; 5. barba; 6. bigote; 7. bajita; 8. castaño; 9. gafas; 10. pelirrojo.

1.4. Actividad de reflexión para consolidar todos los contenidos aprendidos hasta el momento en el epígrafe. Los estudiantes, a través de las muestras de lengua que han aparecido en las actividades anteriores, tienen que completar el cuadro con las estructuras que sirven para describir el aspecto físico de las personas. Utilice la proyección 12 para la corrección de la actividad.

Describir el aspecto físico. 1. adjetivo; 2. Tener/llevar; 3. llevar.

Proyección 12. Describir el aspecto físico.

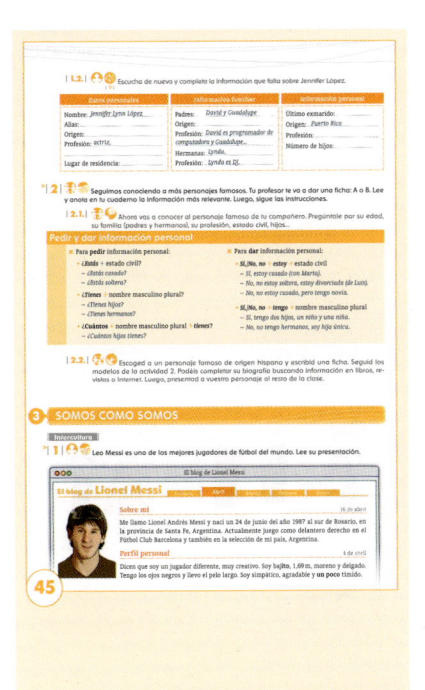

nuevo **PRISMA** fusión • Libro del Profesor • Unidad **5** | **37** |

1.5. Pasamos al trabajo de léxico relacionado con los adjetivos de carácter. Llame la atención sobre el cuadro en el que se sistematiza la estructura para describir el carácter y el mecanismo de atenuación que se usa más comúnmente para hablar de aspectos negativos. Con respecto a este tema, en el ítem número 4 se señala *torpe* como contrario de *inteligente*. Indíqueles a los estudiantes que la primera acepción de *torpe* es la de una persona con poca pericia o habilidad física. Sin embargo, en el ejercicio se presenta como alternativa a *tonto*, como una manera de atenuar la carga negativa, ya que *tonto* puede tratarse de un insulto.

1. positiva; 2. positiva; 3. positiva; 4. negativa; 5. negativa; 6. positiva; 7. negativa; 8. negativa.

Después de la actividad 1.5., le proporcionamos la ficha 16 para consolidar el vocabulario aprendido.

Ficha 16. Léxico de descripción del carácter.

Actividad de consolidación de vocabulario, en la que los estudiantes deben asociar los adjetivos con las fotografías.

Dinámica. A. Proponga a los alumnos que resuelvan la tarea de forma individual. Luego, déjeles unos minutos para que comparen sus resultados con un compañero. Tenga en cuenta que según la interpretación de los alumnos es posible más de una respuesta, la intención es que puedan justificar su elección. Realice la corrección con una puesta en común.

B. Después, pídales que, en parejas, elijan tres adjetivos (dos positivos y uno negativo) que correspondan a su carácter para que se describan. Si lo cree oportuno, haga una puesta en común.

1. 1. b; 2. a; 3. b; 4. a; 5. a; 6. a; 7. b; 8. a. **2.** Respuesta abierta.

Para continuar trabajando el léxico relacionado con el carácter, puede realizar los ejercicios 3 a 5 de la unidad 5 del *Libro de ejercicios*.

>2 y **2.1.** Una alternativa a la actividad es pedirles que escriban el perfil de una persona famosa o que todos conozcan dentro del entorno de la escuela. Una vez escrito el perfil, inicie el juego. Un alumno lee su descripción y los demás deben adivinar de quién se trata. Puede añadir la siguiente variante: si nadie adivina de qué persona se habla, pueden hacer preguntas de respuesta *sí* o *no*, con preguntas del tipo: *¿Es un hombre/chico? ¿Su familia vive aquí? ¿Es americana?*, etc.

4 ¡MUÉSTRAME TU ARMARIO Y TE DIRÉ QUIÉN ERES!   47

El título del epígrafe hace alusión al refrán "Dime con quién andas, y te diré quién eres", que significa que se puede deducir el carácter de una persona por los amigos y sitios que frecuenta. En el caso del título de este epígrafe es una adaptación que advierte sobre la relación que hay entre la profesión o aficiones para determinar el estilo de vestimenta o la ropa que llevamos habitualmente.

>1 Para hacer la asociación, hágales notar que casi todas las prendas que se mencionan vienen acompañadas de un adjetivo de color.

1. I; 2. J; 3. A; 4. B; 5. E; 6. D; 7. F; 8. H; 9. C; 10. G.

1.1. Pídales que, antes de iniciar la búsqueda en el diccionario, intenten hacer la asociación entre las imágenes y las palabras y que, luego, usen el diccionario para comprobar sus respuestas. De esta manera, el aprendizaje será más efectivo.

1. camiseta; 2. chándal; 3. zapatillas; 4. cinturón; 5. vaqueros/tejanos; 6. delantal; 7. botas.

1.2. Para practicar de manera controlada el léxico recién adquirido, se les pide que, en parejas, describan la ropa de las personas que aparecen en la actividad 1.1. y que hagan hipótesis para deducir qué profesión tienen por su indumentaria. Haga una puesta en común con toda la clase y ponga el audio 12. Una vez escuchado, ínsteles a que revisen las respuestas que han dado para ver si han acertado con la profesión o no.

A. En mi decálogo de ropa debe haber un pantalón de chándal, unas zapatillas deportivas muy cómodas y por supuesto camisetas grandes, muy grandes... Para bailar necesito ropa cómoda. Soy bailarina. Hago *Street Dance*.

B. Bueno, siempre llevo la misma ropa, pantalones de vestir, cinturones, camisas de colores claros y zapatos. Soy profesor y trabajo en una escuela de adultos, tengo que vestir bien.

C. Creo que soy una chica normal, sencilla. A la escuela siempre voy cómoda, llevo vaqueros y camisetas.

D. Soy jardinero y por eso en mi vestuario no falta una camisa y un pantalón, no importa el color, un delantal de trabajo y botas de lluvia para el barro.

A. bailarina; B. profesor; C. estudiante; D. jardinero.

>2 y **2.1.** Divida la clase en grupos de tres, indíqueles que escojan un perfil de profesión o afición para que elaboren un decálogo de ropa. Si lo cree conveniente, designe usted mismo el perfil para cada grupo. Aporte material gráfico para que puedan confeccionar un cartel o pídales que lo busquen ellos mismos en horas no lectivas. Dedique un tiempo de la clase a la confección del cartel. Recuérdeles que tienen un modelo para seguir en la actividad 1 del epígrafe. Cuando hayan acabado, pídales a los grupos que hagan una breve presentación de su cartel al resto de la clase. Cuando terminen, cuelgue los carteles por la clase. Como fin de actividad puede proponerles la siguiente actividad lúdica: la confección, entre todos, de un decálogo de ropa y los accesorios de un estudiante de español.

>3 La actividad es una práctica libre que reúne todos los contenidos principales de la unidad. Amplíe la descripción asociando la forma de vestir a la percepción del carácter. Si lo cree conveniente, puede aportar otras fotografías para enriquecer la actividad.

>4 Esta actividad tiene como objetivo principal la reflexión por parte del estudiante sobre su proceso de aprendizaje del español y el impacto emocional que le produce. En este estadio del aprendizaje, el alumno carece de vocabulario específico para expresar una valoración sobre sus estudios. Por ello, le brindamos con esta actividad una manera de "visualizar" su percepción: actitud, sentimientos, sensaciones, etc., con respecto a su proceso de aprendizaje. Tenga en cuenta que una valoración constante del propio proceso de aprendizaje es fundamental para elaborar o encontrar estrategias que nos permitan llegar a cumplir con las metas educativas y detectar a tiempo sentimientos negativos: vergüenza, miedo, ansiedad...

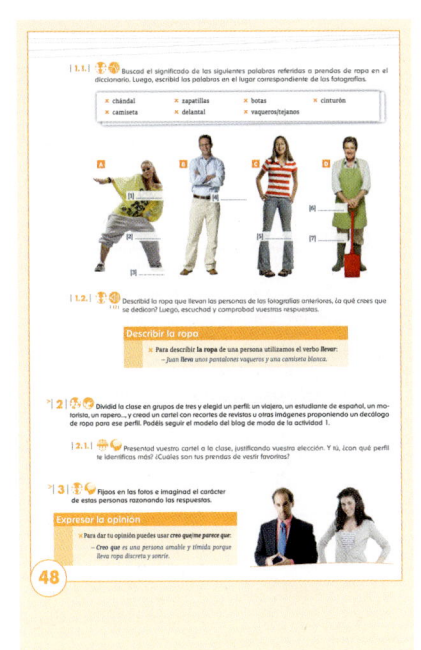

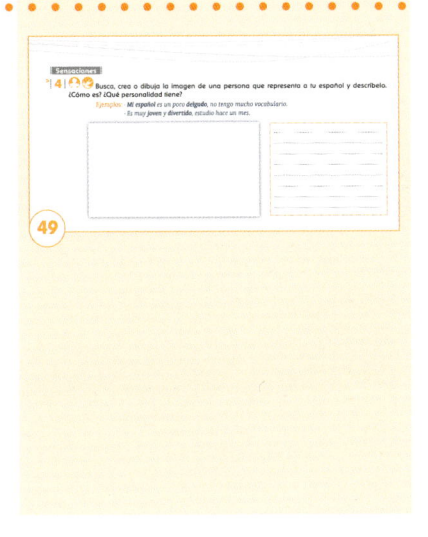

¿QUÉ HE APRENDIDO?

> **1** 1. mi abuelo; 2. mi abuela; 3. mi tía; 4. mi primo; 5. mi nieto; 6. mi hermano.

> **2** Incorrectas: *ser* + nombre; *tener* + adjetivo.

> **3** 🔊 Moreno, nerviosa, inteligente, vestido, guapa, falda, aburrida, alto, zapatillas.
|13|

Descripción física: moreno, guapa, alto. Descripción de carácter: nerviosa, inteligente, aburrida. Ropa: vestido, falda, zapatillas.

ELEteca
Comunicación. **Los vecinos de Miguel.**
Gramática. **Mis amigas.**
Léxico. **La ropa.**

ELEteca
Buscando la pareja ideal.

ELEteca
Fonética y ortografía. **Contraste /g/, /x/ y /k/. Las grafías *g/j*.**

6 ¿DÓNDE VAMOS?

En esta unidad se presentan las estructuras necesarias para pedir y dar información de cómo moverse en una ciudad y, asimismo, se profundiza en el léxico relacionado con el transporte. En el apartado gramatical, la presentación de los verbos *necesitar*, *querer* y *preferir*, más sus complementos habituales, permitirán al alumno poder expresar necesidades, deseos y preferencias. Por lo que respecta al componente estratégico, se reflexiona sobre cómo enfrentarse a un texto con léxico desconocido.

La información sobre algunas ciudades españolas como Málaga, San Sebastián y el paraje natural de Cabo de Gata concentran los contenidos culturales más relevantes de la unidad.

1 PERDIDO EN BARCELONA 50

En este epígrafe los alumnos conocerán el léxico relacionado con los medios de transportes, además de los recursos funcionales necesarios para poder moverse por la ciudad.

> **1** y **1.1.** Antes de leer los diálogos, centre la atención en las fotografías y en los gestos que hacen los personajes. De este modo, facilitará la actividad. Haga hincapié en la importancia del lenguaje no verbal para la comunicación. Una vez terminada la actividad, ponga el audio para realizar la corrección.

|14|
- Perdón, ¿cómo puedo ir desde aquí a Plaza de España? ¿Está muy lejos?
- No, no está lejos; pero lo mejor es coger el metro aquí, en Plaza Cataluña. Mira, aquí es. Coge la línea roja, dirección Hospital de Bellvitge. Son cuatro paradas.
- ¿Sabes cuánto cuesta el billete?
- El billete sencillo son dos euros, pero si vas a hacer más viajes, lo mejor es comprar el T-10, cuesta nueve euros con veinticinco y puedes hacer diez viajes.
- ¡Muchas gracias por tu ayuda! ¡Adiós!
- ¡De nada! ¡Adiós!

1. C; 2. B; 3. A.

1.2. Actividad de reflexión inductiva sobre las estructuras que sirven para pedir y dar información.

Pida a los alumnos que se agrupen en parejas y que se fijen en las expresiones en negrita. Pregúnteles, sin mirar el título del cuadro, si saben para qué sirven y cuando se utilizan. Una vez que se haya contextualizado el uso de las expresiones, pídales que las clasifiquen en el cuadro.

Pedir y dar información. 1. ¿Cómo puedo ir...?; 2. Lo mejor es coger el metro...; 3. ¿Sabes cuánto cuesta...?; 4. Cuesta nueve euros con veinticinco; 5. Muchas gracias por tu ayuda.

Para practicar estas estructuras, le proporcionamos la ficha 17.

Ficha 17. Moverse en la ciudad.

Actividades para practicar las estructuras presentadas en el cuadro funcional sobre pedir y dar información para moverse en la ciudad.

Dinámica. Proponga realizar la actividad 1 de manera individual; para una comprobación de resultados sugiera a los alumnos que vuelvan a leer el

nuevo PRISMA fusión • Libro del Profesor • Unidad **6**

diálogo ordenado de la actividad 1. En la actividad 2, indíqueles que elijan una pareja y observen con atención el plano de metro de Valencia, que lean las instrucciones, y que preparen el diálogo. Si lo cree conveniente, puede proponer que sigan practicando diálogos, escogiendo ellos mismos otros lugares (punto de salida y destino).

1. 1. cómo puedo; 2. Coge; 3. Cuánto cuesta; 4. el billete cuesta; 5. (Muchas) gracias; 6. De nada.

1.3. Una vez resuelta la actividad de relacionar, pregunte a los alumnos en clase abierta si conocen otros medios de transporte que no aparecen en la actividad. Luego, haga hincapié en el régimen preposicional del verbo *ir*, señalando el uso de la preposición *en* cuando el complemento introduce un medio de transporte, frente al uso de *a* para indicar el destino. Adviértales de estas dos excepciones: *ir a pie* e *ir a caballo*.

1. B; 2. C; 3. A; 4. D.

1.4. a **1.6.** Se trata de una secuencia de actividades para poner en práctica tanto el léxico como las estructuras que sirven para hablar de medios de transporte y desplazamientos. En la primera actividad, cada uno, individualmente, completa los cuadros con su información personal. Ponga un ejemplo referido a usted mismo como modelo: *Yo voy al cine en metro.* Una vez finalizada la actividad individual, pídales que se levanten y que vayan preguntando a los compañeros cómo se desplazan a los diferentes lugares. Si la clase es numerosa, divídala en grupos y asigne a cada grupo una pregunta. Para finalizar, haga una puesta en común para conocer cuál es el medio de transporte que más se utiliza en clase.

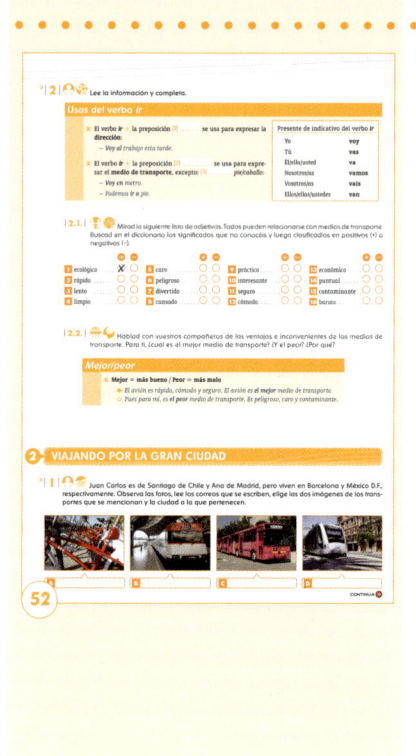

> **2** Actividad de sistematización de los contenidos presentados. Después de completar el cuadro con los usos, llame la atención de los alumnos sobre las formas irregulares del verbo *ir*.

Usos del verbo *ir*. 1. a; 2. en; 3. a.

2.1. Positivos: 1, 2, 4, 7, 9, 10, 11, 12, 13, 14, 16; Negativos: 3, 5, 6, 8, 15.

2.2. Antes de llevar a cabo la conversación, haga que se fijen en el cuadro y sus ejemplos.

Para la práctica de los adjetivos que hacen referencia a los medios de transporte, puede realizar los ejercicios 6 y 7 de la unidad 6 del *Libro de ejercicios*.

2 VIAJANDO POR LA GRAN CIUDAD   52

En este epígrafe el alumno activará estrategias para mejorar la comprensión lectora y completará un formulario. Además, conocerá algunos transportes peculiares de Barcelona y de México D.F.

> **1** Antes de comenzar con la lectura, pregúnteles a los alumnos sobre los medios de transporte que aparecen en las fotos, cómo se llaman, qué características tienen, etc. Luego, oriénteles para que realicen una lectura que les permita cumplir con la tarea: identificar los medios de transporte que se mencionan y las ciudades que corresponden. Para ello, pida a los alumnos que elijan las palabras clave (conocidas o no) de los textos. Explíqueles antes qué es una palabra clave: aquella que contiene una carga semántica imprescindible para comprender una frase o un párrafo. Una vez seleccionadas, sugiera diferentes estrategias para conocer el significado de dichas palabras a través de la proyección 13. Presentadas las estrategias, proponga que intenten deducir la carga semántica de las palabras clave que no conocen. Luego, déjeles un tiempo para cotejar los resultados con un compañero.

A. Barcelona; C. México D.F.

Proyección 13. Estrategias para deducir el significado de palabras nuevas.

Presentación de técnicas y estrategias para facilitar la tarea de deducción e inferencia de léxico nuevo.

Dinámica. Proyecte la imagen para realizar la explicación. Haga especial hincapié en los ejemplos aportados para cada estrategia. Puede mantener proyectada la imagen para facilitar la realización de la actividad.

1.1. 1. México D.F.; 2. Barcelona; 3. Barcelona; 4. México D.F.

ELEteca
10. *Bicing* en Barcelona y Programa Atenea en México D.F.

>2 y **2.1.** Una vez realizada la actividad individualmente, ponga el audio para hacer la corrección.

● Hola, buenos días.
○ Buenos días, dígame.
● Mire, necesito información sobre la tarjeta *Bicing*.
○ Sí, claro, es muy fácil. Usted entra en la página web de *Bicing* y rellena el formulario.
● ¿Cuál es la página web?
○ Es www.bicing.cat
● ¿Qué datos necesito para el formulario?
○ Pues, sus datos personales: nombre y apellidos, dirección actual... Es muy sencillo, usted solo debe seguir las indicaciones...
● ¿En la página web me informan también sobre las tarifas?
○ Sí, le informan de todo. La tarifa es anual y cuesta 29,66 euros.
● ¿Y cómo se paga: en efectivo o con tarjeta de crédito?
○ Con tarjeta de crédito.
● Ahora mismo voy a solicitar la tarjeta. Muchas gracias por la información.
○ De nada.

1. B; 2. A; 3. D; 4. C.

2.2. Sugiera a los estudiantes que lean en primer lugar la información que pide el formulario y haga mención a las explicaciones del cuadro de llamada de atención sobre las siglas DNI y NIE. Una vez rellenado el formulario, proponga una comprobación de resultados con otras parejas de la clase. Luego, haga una puesta en común para una corrección final.

Nombre de usuario: Jcarlos; Nombre: Juan Carlos; Apellidos: Díaz Sepúlveda; Contraseña: Jc1974dZ; Sexo: hombre; DNI/NIE: 37654764D; Teléfono de contacto: 93.221.31.29; Repita contraseña: Jc1974dZ; Fecha de nacimiento: 05/06/1974; Profesión: médico; Dirección: c/ Urgell, 25; Código postal: 08014; Ciudad: Barcelona; País: España; E-mail: juancarlosdiaz@spmail.com.

Después de la actividad 2.2., para seguir con esta práctica, los alumnos pueden cumplimentar el formulario del ejercicio 8 de la unidad 6 del *Libro de ejercicios*.

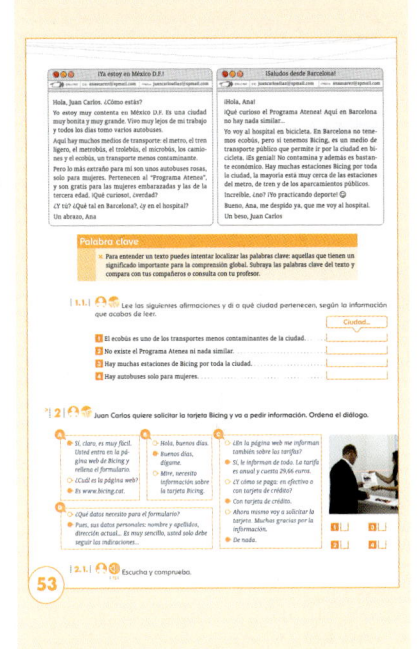

>3 Divida la clase en grupos por nacionalidades o, en el caso de que sean del mismo país, divídalos en pequeños grupos. Asígneles una ciudad de España o Hispanoamérica y pídales que busquen información en Internet sobre sus medios de transporte: qué medios de transporte hay y cuáles se usan más, cuánto cuestan, si son o no ecológicos, etc. Una vez recopilada la información, sería conveniente que cada grupo hiciera un resumen de su trabajo al resto de la clase.

3 ¡LLEGAN LAS VACACIONES! 54

Este epígrafe centra su atención en el léxico relacionado con los viajes y las vacaciones. Se introducen, asimismo, los verbos *querer*, *preferir* y *necesitar* para que los estudiantes aprendan a expresar sus deseos, preferencias y necesidades con respecto al tema.

Antes de realizar la actividad 1, utilice la ficha 18 como presentación del léxico.

Ficha 18. Actividades en vacaciones.

Tarea previa para conocer el léxico que se presenta en la actividad 1 del epígrafe. Se trata de una actividad para relacionar palabras e imágenes.

Dinámica. Pida a los alumnos que realicen la actividad de forma individual. Luego, déjeles un tiempo para que cotejen el resultado con un compañero. Para corregir haga una puesta en común. Si quiere alargar un poco la actividad, puede preguntarles qué actividades de las que se mencionan les gusta hacer.

1. c; 2. f; 3. h; 4. g; 5. b; 6. e; 7. i; 8. a; 9. d.

> 1 Realice la escucha. Puede repetirla si lo cree necesario. Haga una puesta en común para corregir la actividad.

🔊 **Elena:** ¡Qué bien, Fran! ¡Dos semanas y ya estamos de vacaciones!
|16| **Fran:** ¡Sí, es verdad! No me lo creo todavía... Oye, ¿ya sabes dónde vas a ir?
Elena: Pues, no lo sé... Quiero ir a un lugar muy tranquilo, sin ruidos y estar en contacto con la naturaleza.
Fran: ¿En serio? Yo no... Prefiero visitar una ciudad y cada día hacer una cosa diferente. Quiero unas vacaciones divertidas y conocer a mucha gente...
Elena: Sí, visitar una ciudad es siempre muy interesante, pero ahora yo necesito un viaje más relajante... Estar en la playa, disfrutar del mar, ver un parque natural... y, sobre todo, ¡practicar submarinismo! ¡Es fantástico!
Fran: Bueno, yo prefiero otro tipo de emociones: visitar museos, ir a conciertos, pasear por las calles, salir de noche y también ir a la playa como tú...
Elena: ¿A la playa en una ciudad? ¡Buf! ¡Cuánta gente!
Fran: Sí, pero eso es justo lo que yo quiero...
Elena: Pues yo, la verdad...

Fran: 2, 3, 4, 5, 8, 9. Elena: 1, 6, 7, 8.

1.1. Dígales que van a leer información sobre tres destinos turísticos en España: el Cabo de Gata en Almería, Málaga, ambas en Andalucía, y San Sebastián, Guipúzcoa, en el País Vasco. La tarea consiste en elegir, en parejas, el destino que más se ajuste a los deseos de Elena y Fran. Tienen que apoyar su elección con argumentos. Antes de hacer una puesta en común, realice la reflexión gramatical de las actividades 1.2. y 1.3.

ELEteca
11. Cabo de Gata, Málaga y San Sebastián.

1.2. Proponga una relectura de los textos de la actividad 1.1. para buscar ejemplos de las estructuras que se presentan y completar el cuadro. Utilice la proyección 14 para la explicación de los contenidos lingüísticos y la corrección de la actividad.

Usos de los verbos *querer* y *preferir*. Querer + infinitivo/nombre: ¿Quieres disfrutar de unos días de descanso en plena naturaleza?, ¿Quieres practicar submarinismo? *Preferir* + infinitivo/nombre: Si prefieres un turismo más cultural, puedes visitar la casa del pintor malagueño Pablo Ruiz Picasso...; Si prefieres ir a los numerosos espectáculos de la ciudad o disfrutar de su gastronomía, la ciudad cuenta con (...).

Proyección 14. Usos de los verbos *querer* y *preferir*.

Cuadro funcional con ejemplos de las estructuras que sirven para expresar deseos y preferencias.

Dinámica. Proyecte la imagen para realizar la explicación focalizando la atención en los ejemplos. Para terminar puede preguntar a los alumnos sobre las estructuras lingüísticas que se emplean en su lengua para expresar deseos y preferencias de manera que puedan buscar similitudes o paralelismos.

1.3. Mantenga proyectado el cuadro y focalice la atención en las formas de los verbos *querer* y *preferir*. Escriba en la pizarra el paradigma del verbo *comer* y pídales que comparen las formas. El objetivo de la actividad es iniciar un acercamiento a los verbos irregulares en presente de indicativo. Las irregularidades se tratarán en profundidad en la unidad 7. Si lo cree conveniente, puede proponer esta actividad para reflexionar en parejas y luego realizar una puesta en común.

Son irregulares porque cambian la *e* del infinitivo en *ie* en las personas del singular y en la tercera persona del plural.

Como refuerzo, puede realizar el ejercicio 2 de la unidad 6 del *Libro de ejercicios*.

1.4. y **1.5.** Actividades que presentan los contenidos lingüísticos para expresar necesidades. Una vez realizadas las actividades, puede proponer el siguiente juego: entregue a cada alumno una hoja en blanco para que escriban una lista con las ocho cosas que consideran imprescindibles para sus viajes. Recoja las listas y mézclelas, entregue a cada alumno una. Ellos, por turnos, deben leerlas en voz alta y el resto de la clase debe adivinar quién es el autor.

1. G; 2. B; 3. C; 4. H; 5. F; 6. E; 7. D; 8. A.

>2 Para finalizar el epígrafe, proponga la siguiente actividad cooperativa indicando con precisión las siguientes pautas:

1. Divida la clase en tres o más grupos en función del número de alumnos, repártales una hoja en blanco, e indíqueles que elaboren una lista de preferencias y deseos para unas vacaciones.

2. Cada grupo entrega su lista de preferencias al grupo de la derecha y recibe la del grupo de la izquierda. En función de las peticiones de la lista que han recibido deben escoger un destino apropiado. Al terminar se repite el procedimiento de intercambio de listas.

3. Este tercer grupo, debe valorar el destino elegido para completar una lista con las cosas necesarias para ese viaje. Resuelva las dudas de vocabulario que puedan surgir durante la tarea.

4. Realice una puesta en común. Por turnos tienen que informar al primer grupo del destino y las cosas que tienen que llevar.

¿QUÉ HE APRENDIDO?

> **5** 1. ¿Cómo puedo ir a...?; Lo mejor es coger el metro...; 2. ¿Cuánto cuesta?; Cuesta/son...

> **6** México D.F. (México); Barcelona, Málaga, Cabo de Gata en Almería y San Sebastián (España).

ELEteca
COMUNICACIÓN. ¿Cómo puedo ir a...?
GRAMÁTICA. ¿Regular o irregular?
LÉXICO. Vamos de viaje.

ELEteca
Disculpe, ¿me puede ayudar?

ELEteca
FONÉTICA Y ORTOGRAFÍA. La entonación interrogativa y enunciativa. *Porque/por qué.*

7 ¡HOY ES MI DÍA!

El núcleo temático de la unidad gira en torno a las actividades y rutinas diarias. Se presentan contenidos culturales como los horarios en España, la ciudad de Bogotá (haciendo especial hincapié en sus actividades de ocio y cultura) y la figura del ilustrador hispano Jordi Labanda. Los contenidos gramaticales presentan el paradigma de los verbos reflexivos, por un lado, y el de los verbos con irregularidad vocálica en el presente de indicativo, por otro, junto a los marcadores temporales y adverbios de frecuencia que se utilizan para hablar de actividades cotidianas. En relación con el componente estratégico, se trabaja el uso de técnicas de memorización y la obtención de información de un texto a través de los títulos y subtítulos.

1 ¿A QUÉ HORA NOS VAMOS? 58

Este primer epígrafe se centra en las estructuras para hablar de la hora y los horarios mostrando las franjas horarias como exponente de una dimensión cultural.

> 1 Antes de proceder a la escucha, en clase abierta, pregunte a los alumnos sobre los lugares o establecimientos de las fotos. Tenga en cuenta que determinar esta información les facilitará la resolución de la tarea.

Diálogo 1
| 17 |
- Oye, ¿sabes a qué hora abre el supermercado?
- A las nueve y media…
- ¡Qué tarde! No me da tiempo…
- Pero está abierto hasta las nueve de la noche y no cierra al mediodía.

Diálogo 2
- María, ¿a qué hora sale el avión de Medellín?
- Sale de Medellín a las nueve en punto.
- ¿Y a qué hora llega a Bogotá?
- A las diez menos diez.
- ¡Qué rápido!

Diálogo 3
- El lunes tengo un examen y en casa no puedo estudiar.
- ¿Por qué no vas a la biblioteca que está al lado de tu casa?
- ¿Sabes los horarios?
- Sí, abre todos los días incluidos los fines de semana desde las ocho de la mañana hasta las diez de la noche.
- ¿En serio? Esta tarde voy…

Diálogo 4
- ¿Qué hora es?
- Es la una y cuarto.
- ¡Oh, no! Tengo que ir al banco y seguro que ya está cerrado.
- ¡Que no, hombre! El banco cierra a las dos.

Diálogo 5
- Disculpe, ¿tiene hora?
- Sí, son las nueve menos diez.
- Muchas gracias.

A. 2; B. 4; C. 3; D. 1; E. 5; F. no tiene diálogo.

nuevo PRISMA fusión • Libro del Profesor • Unidad 7

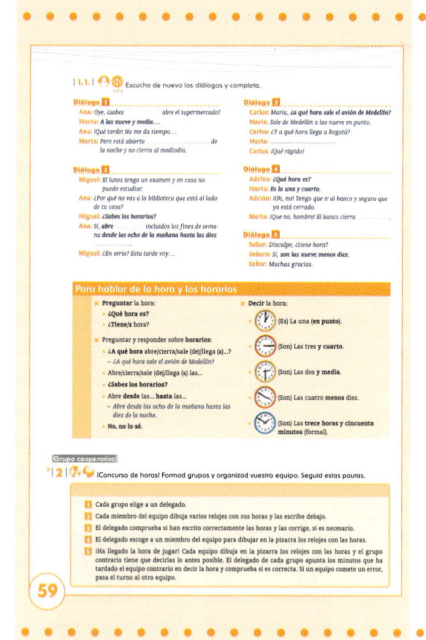

1.1. Proceda a una nueva escucha para que completen los diálogos, déjeles un tiempo y proponga a los alumnos que cotejen la información con un compañero.

Diálogo 1: a qué hora; hasta las nueve. Diálogo 2: A las diez menos diez. Diálogo 3: todos los días; de la noche. Diálogo 4: a las dos.

Pregunte a los alumnos si hay alguna información sobre los horarios de los diálogos que les llame la atención y que expliquen por qué. Esta actividad de carácter intercultural es una primera reflexión sobre los horarios en un país hispano, que se tratará de una manera más profunda en la actividad 3.

Focalice la atención de los alumnos en el cuadro con las estructuras para hablar de la hora y los horarios. Puede utilizar la proyección 15.

Proyección 15. Para hablar de la hora y los horarios.

>2 Actividad de trabajo cooperativo, de carácter lúdico, para la práctica de las horas.

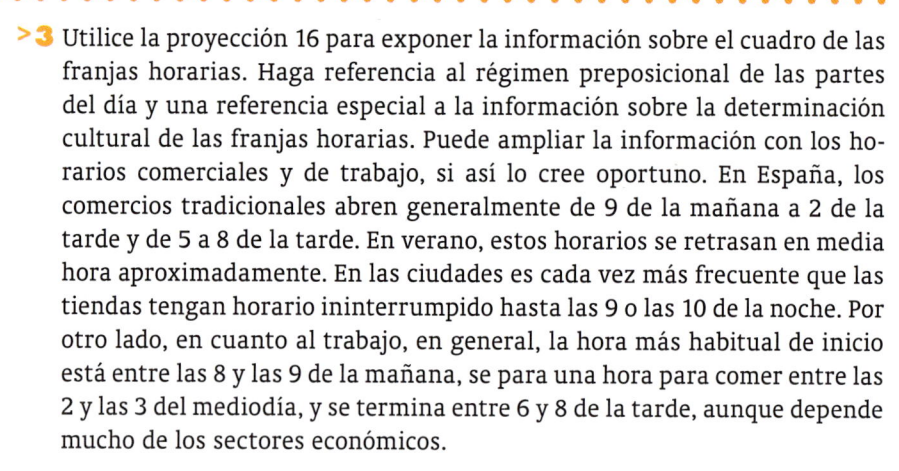

>3 Utilice la proyección 16 para exponer la información sobre el cuadro de las franjas horarias. Haga referencia al régimen preposicional de las partes del día y una referencia especial a la información sobre la determinación cultural de las franjas horarias. Puede ampliar la información con los horarios comerciales y de trabajo, si así lo cree oportuno. En España, los comercios tradicionales abren generalmente de 9 de la mañana a 2 de la tarde y de 5 a 8 de la tarde. En verano, estos horarios se retrasan en media hora aproximadamente. En las ciudades es cada vez más frecuente que las tiendas tengan horario ininterrumpido hasta las 9 o las 10 de la noche. Por otro lado, en cuanto al trabajo, en general, la hora más habitual de inicio está entre las 8 y las 9 de la mañana, se para una hora para comer entre las 2 y las 3 del mediodía, y se termina entre 6 y 8 de la tarde, aunque depende mucho de los sectores económicos.

Si lo cree conveniente, puede solicitar a los alumnos que dibujen las partes del día en su país siguiendo el modelo del cuadro, con el fin de exponerlo a la clase.

Proyección 16. Las partes del día.

>4 Esta actividad es una primera toma de contacto con el contenido cultural sobre la ciudad de Bogotá, su condición de capital de Colombia y su situación geográfica. Indique a los alumnos que observen el mapa con atención y completen la ficha. Sondee los conocimientos previos que puedan tener los alumnos sobre Colombia y la ciudad de Bogotá para enriquecer la actividad.

Ciudad: Bogotá. País: Colombia. ¿Es la capital? Sí. Dos ciudades del mismo país: Medellín, Cali. Países fronterizos: Venezuela, Brasil, Ecuador, Perú, Panamá.

ELEteca
12. Bogotá.

4.1. y **4.2.** Actividades de vacío e intercambio de información sobre lugares de ocio y tiempo libre de la ciudad de Bogotá y sus horarios comerciales. Divida la clase en pequeños grupos, asígnele a cada grupo una letra (A o B) y entrégueles la parte de la ficha 19 que les corresponde. Antes de llevar a cabo la actividad, exponga en clase abierta la información del cuadro de llamada de atención sobre los días de la semana. Llame la atención de los alumnos sobre cómo se abrevian los nombres de los días de la semana en el calendario.

Ficha 19. Horarios de Bogotá.

La ficha consta de tres partes, texto informativo para el grupo A, texto informativo para el grupo B y sus respectivos cuestionarios.

Dinámica. Divida la clase en grupos de cuatro, entregue a cada grupo (A o B) su ficha informativa y un ejemplar de la hoja del cuestionario. Cada alumno del grupo se encarga de leer uno de los textos. Una vez leídos los cuatro textos, entre todos los miembros del grupo, completan el cuestionario correspondiente a su letra.

	Lugares	Días de la semana	Horario de apertura	Horario de cierre
A	Museo Botero	De lunes a sábado Domingos Martes cerrado	9:00 10:00	17:00 17:00
	Parque Metropolitano Simón Bolívar	De domingo a domingo	6:00	18:00
	Zona Rosa	Acceso permanente	Acceso permanente	Acceso permanente
	Teatro Nacional La Castellana	De miércoles a viernes	20:30	
		Sábados Domingos	18:00 y 20:00 14:30	

	Lugares	Días de la semana	Horario de apertura	Horario de cierre
B	Restaurante El Criollo	De lunes a domingo	12:00 19:00	16:00 23:00
	Planetario de Bogotá	De martes a viernes	9:00 14:30	11:00 16:30
		Sábados, domingos y festivos	11:00	14:30
		Lunes	Cerrado	
	Museo Nacional	Martes De miércoles a sábado	10:00 10:00	20:00 18:00
		Domingos	10:00	16:00
		Lunes	Cerrado	
	Plaza de Bolívar	Acceso permanente	Acceso permanente	Acceso permanente

Reorganice los grupos de modo que haya dos alumnos del grupo A y dos alumnos del grupo B para intercambiar la información. Pídales que completen la parte que les falta para tener toda la información. Antes, recuérdeles las estructuras para hablar de horas y horarios que aparecen en el cuadro de atención.

4.3. Si la clase es numerosa, divídala en dos grupos. Tienen que consensuar una agenda de visitas a la ciudad de Bogotá para un fin de semana. Si ha hecho la división en dos grupos, pídales que cada uno exponga en clase su agenda.

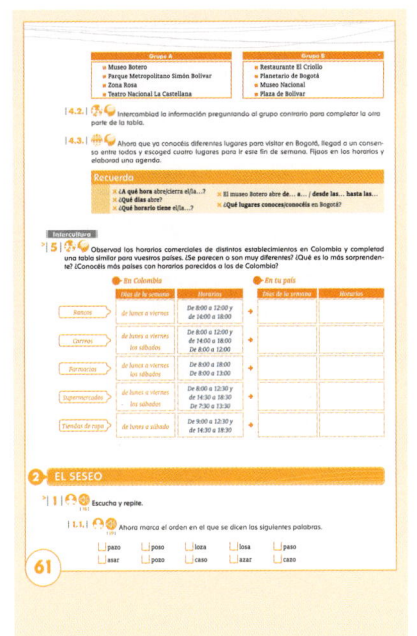

> 5 Agrupe a los alumnos de un mismo país para que realicen la actividad. Haga una exposición en clase abierta de los horarios y realice las preguntas de reflexión que se proponen en la actividad. Si la clase es monolingüe, pídales que busquen información sobre un país hispano que les interese para completar con ella la tabla.

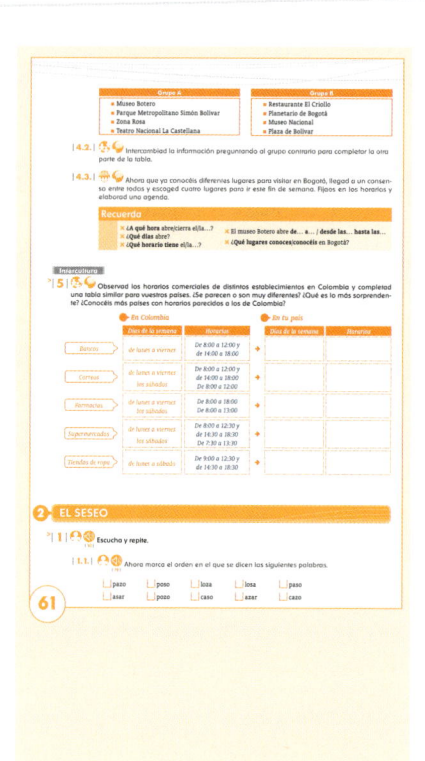

A continuación, para la práctica de las horas y horarios, puede realizar el ejercicio 6 de la unidad 7 del *Libro de ejercicios*.

2 EL SESEO — 61

En este epígrafe se presentan actividades diseñadas para trabajar el contraste de los sonidos /s/ y /θ/ en relación con las grafías c/z/s.

> **1** Pida a los estudiantes que repitan las palabras que escuchen. El audio está preparado para que tengan tiempo para repetir. El objetivo es que se familiaricen con estos sonidos.

🔊 Azul, zapato, pez, cereza, cizaña, zueco, hoz, zócalo, cinta, palacio.
| 18 | Soso, sándalo, esperar, sístole, sol, más, suspiro, sepia, mesas, oscuro.

1.1. Ejercicio de discriminación de pares mínimos. Indique a los alumnos que deben escribir el número que escuchan al lado de la palabra correspondiente.

🔊
| 19 |
1. azar   3. pozo   5. cazo   7. poso   9. asar
2. losa   4. caso   6. paso   8. loza   10. pazo

1. azar; 2. losa; 3. pozo; 4. caso; 5. cazo; 6. paso; 7. poso; 8. loza; 9. asar; 10. pazo.

1.2. Proponga a los estudiantes que lean el cuadro en el que se explica en qué consiste el seseo y asegúrese de que todos entienden este fenómeno. A continuación sugiera que, de manera individual, lean las palabras del ejercicio 1.1., dejándoles un tiempo para que reflexionen sobre su pronunciación. En clase abierta, comente con ellos cómo se sienten al pronunciar los sonidos /s/ y /θ/, si les parece fácil, difícil o si es más cómodo para ellos sesear.

Es muy probable que por una cuestión de economía fonética los alumnos opten por sesear, ya que el fonema /s/ está presente en un gran número de sistemas fonéticos de otras lenguas y requiere un menor esfuerzo articulatorio. Tenga en cuenta que el seseo es un fenómeno que está aceptado en la norma culta de las variantes hispanoamericanas y del español meridional (Andalucía y Canarias) y se dan pocos casos de ambigüedad semántica que se pueden resolver por el contexto (*cierra/sierra; caza/casa*).

ELEteca
13. El seseo.

3 UN DÍA CON JORDI LABANDA — 62

En este epígrafe se presenta el léxico relacionado con las actividades de la vida cotidiana, algunos verbos reflexivos del presente de indicativo, y los adverbios y expresiones de frecuencia que se utilizan para hablar sobre hábitos o rutinas diarias. Se presentan y se sistematizan también los verbos con irregularidad vocálica en presente de indicativo y, a través de este contenido, el componente estratégico trabaja técnicas de memoria visual para el aprendizaje de la morfología irregular de estos verbos.

Los estudiantes conocerán también a un ilustrador hispano de fama universal: Jordi Labanda.

> **1** Trabajo en parejas para la presentación del léxico relacionado con las actividades cotidianas a través de imágenes.

A. desayunar; B. ducharse; C. despertarse; D. lavarse los dientes; E. levantarse; F. acostarse; G. comer; H. trabajar; I. ir al gimnasio; J. ver la televisión; K. dormir la siesta; L. estudiar.

Una vez que los estudiantes hayan comprobado sus respuestas con otra pareja de la clase, haga una puesta en común para una corrección final. En el cuadro de atención se propone una estrategia para recordar el léxico recién aprendido: incluir el término dentro de un contexto que sea familiar al alumno y que le permita reconocer fácilmente su significado. Pídales que lean el cuadro detenidamente y, después, lleve a cabo la siguiente actividad: cada alumno elige una de las acciones de la actividad anterior y pone un ejemplo referido a su vida cotidiana. Haga, por último, una puesta en común.

1.1. Práctica lúdica de consolidación del léxico aprendido. Divida la clase en grupos, cada miembro del grupo debe pensar en un verbo y representar la acción con gestos; en ningún momento puede acompañar la explicación gestual con palabras. El compañero que lo adivine, debe pensar en otro verbo y representar la acción al resto del grupo y así sucesivamente. Si lo cree conveniente, puede proponer este ejercicio en clase abierta.

> **2** Presente al personaje (puede ampliar sus datos biográficos con la información extra número 14 de la ELEteca) y muestre, si así lo cree conveniente y los alumnos muestran interés, algunos de sus dibujos (puede encontrar muestras en su página web http://www.jordilabanda.com/). Pídales que lean las afirmaciones antes de escuchar el audio. Ponga la audición dos veces. Después de la segunda escucha, déjeles un tiempo para que cotejen los resultados con un compañero. Para una corrección final, puede entregar la transcripción.

|20| Un día normal en la vida, en mi vida. Uf... Para comenzar tengo que decir que mi vida es mucho más normal de lo que piensa la gente. La gente piensa que me paso la vida de avión en avión y de fiesta en fiesta, pero no siempre es así, y un día normal, pues..., me levanto temprano por la mañana, me ducho, desayuno bien y empiezo a trabajar sobre las ocho. Tengo dos estudios en casa, donde está mi equipo, la gente que trabaja conmigo... Trabajar en casa es un placer. Todos los días, por la mañana, tengo una reunión de trabajo y aquí paso horas y horas, siempre como muy tarde. Habitualmente como en un restaurante cerca de casa y nunca antes de las tres; voy con la gente de mi equipo o con algún cliente nuevo... ¿Qué hago después de comer? Bueno, después de comer no duermo la siesta, eso es imposible para mí... Por la tarde, hago mis dibujos, estoy solo en mi despacho, es mi momento para pensar, para crear... Todas las noches escucho música o leo algo. Casi nunca veo la tele. Ceno en casa tranquilo y si puedo, me acuesto a eso de las doce. Y así paso el día, tampoco es más misterioso.

1. no; 2. no; 3. sí; 4. sí; 5. sí; 6. no; 7. no; 8. sí; 9. no; 10. no; 11. sí.

ELEteca
14. Jordi Labanda. Biografía.

2.1. Antes de pasar a la interacción oral, presente los marcadores de frecuencia. Utilice la proyección 17 donde se reproduce el cuadro de la actividad con los marcadores de frecuencia ordenados gradualmente y explique el

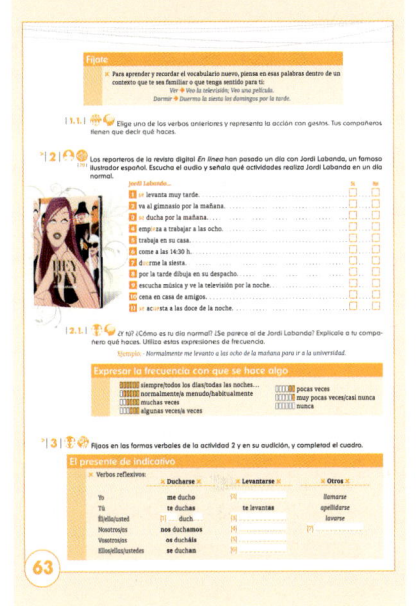

nuevo Prisma fusión • Libro del Profesor • Unidad **7** | 51 |

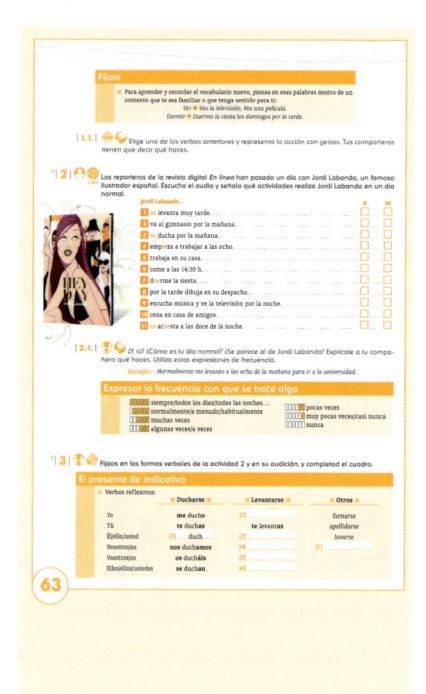

contenido. Una vez hecho esto, divida la clase en parejas y pídales que hablen sobre lo que ellos hacen habitualmente y con qué frecuencia. Puede usted explicar su día normal como ejemplo. Mantenga proyectado el cuadro como ayuda. Pasee entre las parejas para asegurarse de que la interacción se lleva a cabo correctamente.

Proyección 17. Expresar la frecuencia con que se hace algo.

Cuadro funcional para expresar la frecuencia con que se hace algo y ejemplos.

Dinámica. Proyecte la imagen para la explicación y manténgala proyectada para la realización de la actividad 2.1. Focalice la atención en los ejemplos que se proporcionan y haga mención a la colocación dentro de la frase de los adverbios y expresiones de frecuencia.

Para consolidar los adverbios y expresiones de frecuencia puede realizar los ejercicios 4 y 5 de la unidad 7 del *Libro de ejercicios*.

> **3** Indique a los estudiantes que para completar el cuadro sobre el presente de indicativo fijen su atención en las palabras y letras resaltadas en color de la actividad 2. Con ellas el alumno podrá completar de manera inductiva el cuadro de los verbos reflexivos, indispensables para hablar de actividades cotidianas, y los verbos con irregularidad vocálica en presente de indicativo. Ponga la proyección 18 para la corrección y así focalizar la atención de la clase en los contenidos importantes. La actividad, además, es la muestra para el trabajo estratégico que aparece en la actividad 3.1.

El presente de indicativo. 1. se ducha; 2. me levanto; 3. se levanta; 4. nos levantamos; 5. os levantáis; 6. se levantan; 7. acostarse; 8. empieza; 9. duerme; 10. pensar; 11. acostarse; 12. poder; 13. nosotros/as; 14. vosotros/as; 15. tengo; 16. estoy; 17. hago.

Proyección 18. El presente de indicativo.

3.1. Pida a los estudiantes que observen las imágenes que aparecen en la actividad: una tienda de campaña, una zapatilla deportiva y una goma de borrar. A continuación, señale en la proyección 20 las formas irregulares de los verbos *empezar* y *dormir* y pregúnteles a qué forma de las anteriores se parece más el contorno señalado.

A continuación, sugiérales que lean el cuadro de llamada de atención que hace hincapié en el uso de la memoria visual como estrategia para recordar un nuevo contenido, en este caso, los verbos que presentan irregularidad en presente de indicativo y las personas gramaticales en las que se produce.

Insista en que este es un buen método de memorización especialmente para aquellos que posean memoria visual.

Si desea completar y sistematizar el paradigma de verbos irregulares en presente de indicativo, puede utilizar la ficha 20.

Una zapatilla deportiva.

Ficha 20. El presente de indicativo irregular.

Ejercicios de gramática inductiva para ampliar el paradigma de verbos irregulares en presente de indicativo.

Dinámica. Agrupe a los alumnos en parejas y pídales que completen el paradigma de los verbos irregulares con las formas que faltan utilizando los modelos que aparecen asociados.

1. quiere, quieren; puedes, podemos; pides, piden; juego. **2.** 1. e; 2. c; 3. f; 4. b; 5. d; 6. g; 7. a. **3.** vienen, tienes, tenemos, tienen; digo, dicen. **4.** destruyo, destruyes, destruye, destruimos, destruís, destruyen. **5.** vas, vais, van; es, somos.

Para ampliar la práctica de las formas del presente de indicativo, puede realizar el ejercicio 8 de la unidad 7 del *Libro de ejercicios*.

> **4** Antes de realizar la actividad, deténgase en la recomendación de carácter estratégico que aparece en el cuadro de atención. Hace referencia a la utilidad de la información que los títulos y subtítulos de un escrito pueden proporcionar para facilitar la tarea propuesta en una comprensión lectora. Haga una puesta en común de los resultados de la actividad.

4.1. Informe a los alumnos de que el ejercicio cuenta con dos tareas: en la primera, individualmente, deben escribir al lado de cada actividad el porcentaje correspondiente a cada hábito cotidiano que se indica en la encuesta, y en la segunda, trabajando con su compañero, tienen que marcar el adverbio o expresión de cantidad que consideran más adecuado según ese porcentaje. Antes de proceder a la realización de la actividad, utilice la proyección 19 para explicar la concordancia gramatical en las estructuras generalizadoras. Haga una puesta en común para una corrección final. Si los resultados no coinciden, pídales que justifiquen sus elecciones.

Proyección 19.
Concordancia gramatical en las estructuras generalizadoras.

1. 56%, muchos; 2. 32%, pocos; 3. 14%, muy pocos; 4. 62%, la mayoría; 5. 34%, pocos; 6. 22%, muy pocos; 7. 58%, muchos; 8. 58%, muchos; 9. 0%, nadie.

> **5** Se trata de una actividad para consolidar la competencia adquirida en la expresión de hábitos y rutinas. Introducimos la prueba escrita para permitir que los alumnos planifiquen y consoliden a la vez que desarrollan sus habilidades lectoescritoras. Se trata de una elaboración de notas como estrategia de organización textual. Pida a sus alumnos que elaboren una lista con acciones que hacen normalmente e indíqueles que introduzcan un gazapo, algo que sea falso. Como a estas alturas del libro el grupo probablemente ya se conozca, la actividad consistirá en jugar con el nivel de conocimiento que tienen los unos de los otros (se recomienda que usted mismo participe para hacer comunidad y estructura de grupo en clase).

5.1. Recoja las listas elaboradas en la actividad anterior y repártalas aleatoriamente entre los alumnos, asegurándose de que a nadie le toque su propio texto. Luego explique ya en voz alta que tendrán que reconocer al compañero e identificar el gazapo. La identificación de los gazapos se hará en plenario.

Puede sugerir la realización de la ficha 21 para ampliar la información sobre hábitos y costumbres de los españoles en cuanto a otras actividades.

Ficha 21. Actividades y hábitos culturales.

Secuenciación de actividades cuyo objetivo es practicar las estructuras necesarias para expresar hábitos y costumbres.

Dinámica. Realice las actividades tal y como se sugiere en la ficha. Tenga en cuenta que las actividades 1 y 2 son ejercicios de respuesta abierta que buscan orientar a los alumnos hacia la temática que se abordará en la comprensión lectora.

3. 1. escuchar música; 2. leer; 3. ir al cine; 4. ballet o danza; 5. obras de ópera; 6. la fotografía; 7. la pintura o dibujo.

nuevo PRISMA fusión • Libro del Profesor • Unidad **7**

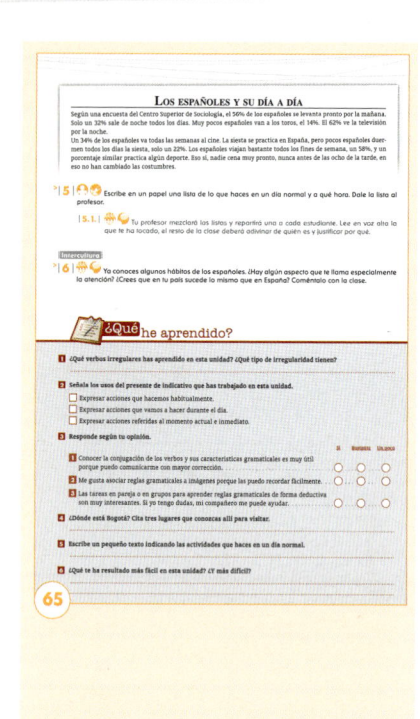

> **6** Actividad intercultural final de unidad en la que los estudiantes en grupo abierto comentan los hábitos de los españoles que han conocido y sus impresiones y los comparan con los de su país. Puede cambiar la dinámica siguiendo estos pasos:

1. Divida la clase en pequeños grupos e indíqueles que escriban una lista con tres hábitos de los españoles.

2. Por turnos, un miembro de cada grupo escribe su lista en la pizarra. Debe controlar que estos no se repitan.

3. Una vez escritos, en clase abierta, deben clasificarlos por orden de relevancia, siendo el número uno aquel que sea el más frecuente.

4. Por último, fomente una reflexión intercultural entre todos los alumnos con estas preguntas: *¿Qué hábitos de la lista son comunes también en tu país? ¿Cuáles son muy diferentes? ¿Qué hábitos te parecen más curiosos? ¿Por qué?...*

Tenga en cuenta que en esta actividad la función del profesor como mediador intercultural es muy importante, pues es necesario matizar los posibles estereotipos que establezcan los estudiantes con respecto a la cultura española para no derivar en generalizaciones poco adecuadas a la realidad.

¿QUÉ HE APRENDIDO? 65

> **2** Expresar acciones que hacemos habitualmente.

> **4** En Colombia.

> **6** Déjeles un tiempo para que reflexionen sobre estas preguntas. A continuación, haga una puesta en común para saber qué es lo que les ha resultado más fácil y más difícil de esta unidad y comprobar si las respuestas coinciden. Recuerde que esta información le ayudará a saber qué contenidos resultan más complicados para los estudiantes.

ELEteca
COMUNICACIÓN. ¿A qué hora...?
GRAMÁTICA. ¡Todos los días lo mismo!
LÉXICO. Los días de la semana.

ELEteca
¿Qué horario tiene...?

8 ¿A CENAR O AL CINE?

El título hace referencia a dos actividades de ocio, uno de los ejes temáticos de la unidad junto a la comida y los alimentos. Los estudiantes conocerán los hábitos alimentarios en España y las bases de la dieta mediterránea. Los contenidos funcionales giran en torno a los gustos y preferencias, y la expresión del dolor. Los contenidos gramaticales presentan los verbos del tipo *gustar*, los pronombres de objeto indirecto asociado a este tipo de verbos y los adverbios de cantidad: *nada, poco, demasiado, bastante, mucho...*

1 DISFRUTA DE TU TIEMPO LIBRE 66

Este epígrafe presenta el léxico relacionado con las actividades de ocio y tiempo libre. A través de una actividad de grupo cooperativo, los alumnos van a practicar y ampliar el vocabulario relacionado con el ocio y tiempo libre para poder elaborar una agenda de actividades para el fin de semana.

> **1** Actividad de precalentamiento que pretende despertar su interés a través de las imágenes anticipando el contenido general de las mismas. Puede ampliar la actividad preguntándoles qué hacen las personas en cada foto e ir apuntando en la pizarra el léxico relacionado que conozcan. De este modo, activará los conocimientos previos de los alumnos sobre este campo léxico y favorecerá el aprendizaje en colaboración.

Todos están realizando actividades de ocio.

1.1. Actividad de práctica sobre combinaciones léxicas en la que se fija qué verbo aparece asociado a cada actividad de ocio. Es importante que insista en el carácter combinatorio de estas expresiones.

A. jugar; B. tomar; C. ver; D. tomar; E. ir/salir; F. tocar; G. ir/salir; H. jugar.

1.2. Actividad de consolidación de estas combinaciones léxicas. Si lo cree conveniente, proponga a los estudiantes que comparen los resultados en parejas y haga una puesta en común. Antes de continuar, recalque las diferencias combinatorias que tienen los verbos *jugar* (deportes, juegos) y *tocar* (música) en español, por ser su uso diferente en otras lenguas. De este modo, evitará un error fácilmente fosilizable por influencia de la lengua 1.

Tomar: un café. Ver: una película, una obra de teatro. Ir/Salir: de compras, de tapas, a un concierto, de vacaciones, al campo, a comer. Tocar: la guitarra, el piano. Jugar: al fútbol, al baloncesto, a la pelota, a las cartas, al ajedrez.

Deténgase un momento en el cuadro de atención para ampliar el campo léxico de las actividades de ocio. Puede aportar léxico nuevo sobre las actividades de ocio relacionadas con las nuevas tecnologías: además de *navegar por Internet*, *chatear* o *tuitear*, por ejemplo.

A continuación, proponga la actividad de trabajo cooperativo en la que los estudiantes van a pensar en diversas actividades de ocio y las van a clasificar dependiendo de sus características (si son de cultura o espectáculos, de deportes, para hacer con la familia, con amigos...). Se trata de una discusión en pirámide que se desarrolla en grupos para acabar en un acuerdo final de toda la clase. Para realizar los puntos 5 y 6 de la actividad, utilice la proyección 20 en la que aparece la tabla de clasificación para fotocopiar y proyectar.

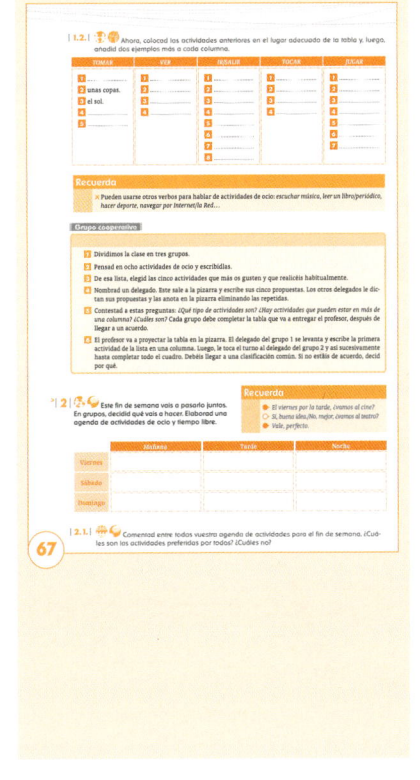

nuevo **PRISMA** fusión • Libro del Profesor • Unidad **8** | 55 |

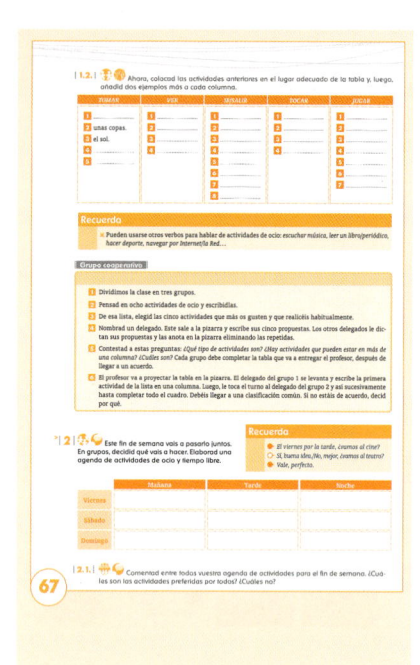

Proyección 20. Clasificación de las actividades de ocio.

A continuación, puede consolidar el léxico aprendido con el ejercicio 1 de la unidad 8 del *Libro de ejercicios*.

> **2** Divida la clase en grupos. Dígales que van a pasar el próximo fin de semana juntos y que tienen que decidir qué van a hacer para elaborar una agenda. Para ello, pueden utilizar la tabla que han hecho en la actividad anterior. Antes de dar comienzo al trabajo en grupo, asegúrese de que saben cómo hacer una propuesta, aceptarla o rechazarla y proponer otra nueva. En el cuadro de atención tienen un ejemplo con estas estructuras.

2.1. Haga una puesta en común de la actividad anterior y pídales que, según los resultados, establezcan cuáles son las actividades de ocio preferidas por la mayoría de la clase y cuáles no.

2 ▶ PARA GUSTOS, LOS COLORES — 68

El título de este epígrafe hace referencia a un refrán que avala la idea de que no hay un gusto mejor que otro, depende de las personas. El epígrafe presenta el verbo *gustar* y su estructura en relación a las actividades de ocio.

> **1** Dirija la atención de los estudiantes hacia las fotos de comida que ilustran la actividad. Las comidas que aparecen tachadas con una cruz son las que no les gustan. Explique cómo se llama cada una de ellas (por orden: gazpacho, tortilla de patatas, arepa, bandeja paisa y gazpacho). Una vez hecho esto, pídales que lean el texto y lo completen con las expresiones del recuadro. Estas expresiones son las que utilizarán en la reflexión posterior. Si están interesados, puede explicarles brevemente en qué consisten estos platos.

1. me gustan; 2. le gustan las arepas; 3. le gusta la tortilla de patatas; 4. No nos gusta nada el gazpacho.

ELEteca

15. Gazpacho, tortilla de patatas, arepas, bandeja paisa.

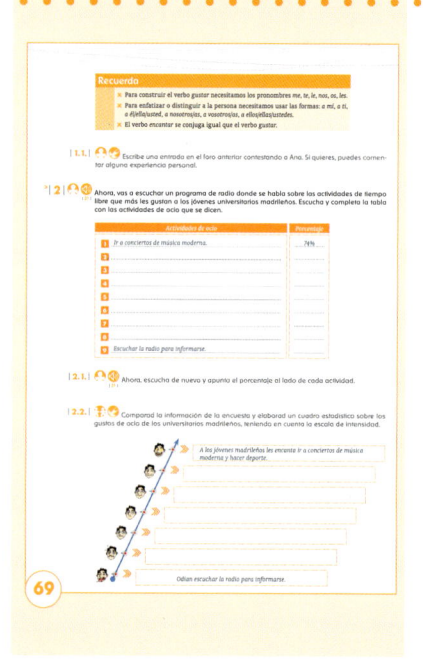

1.1. En la actividad que se propone en el cuadro de reflexión se hace una primera aproximación a la estructura del verbo *gustar* en la que se delimitan las formas que habitualmente se usan con este verbo y de otros con la misma estructura (*encantar, interesar, doler, molestar...*). Pida a los alumnos que vuelvan a leer las frases que han colocado en el texto anterior y que las relacionen con las tres estructuras que aparecen en el cuadro. Después, dígales que relacionen los elementos del cuadro de reflexión entre sí. Una vez corregida la actividad, puede sugerirles que comparen estas estructuras con las que se usan en su lengua y en otras lenguas que conozcan. De este modo, se harán conscientes de la peculiaridad de una estructura en la que el sujeto gramatical y el sujeto lógico no coinciden.

1. a, C; 1. b, A; 2. c, B.

Prosiga con la reflexión para sistematizar y ampliar la información lingüística sobre el verbo *gustar*: los pronombres de objeto indirecto que acompañan obligatoriamente al verbo, la forma "*a* + nombre de persona/pronombre" que sirve para enfatizar la persona que experimenta la acción verbal, los adverbios de cantidad que matizan el grado del verbo y, por último, otros verbos que poseen la misma estructura. Puede usar la proyección 21 para la explicación.

Proyección 21. El verbo *gustar*: grados de intensidad.

Para sistematizar estos contenidos, puede realizar los ejercicios 2, 3 y 4 de la unidad 8 del *Libro de ejercicios*.

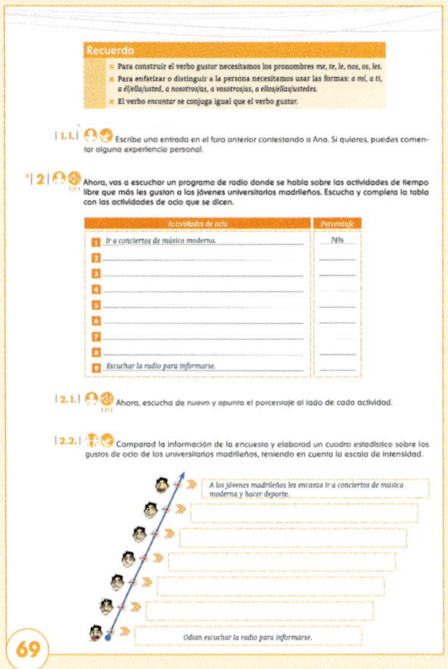

> **2** y **2.1.** Secuencia de actividades de compresión auditiva para consolidar los contenidos presentados anteriormente. Antes de escuchar por primera vez, dígales que, de momento, solo tienen que completar la columna "Actividades de ocio". Puede hacer dos escuchas, si lo cree necesario. A continuación, tienen que completar la columna "Porcentaje". Para ello realice una nueva escucha. Asegúrese de que todos han completado correctamente la tabla pues los datos son los que les servirán para llevar a cabo la actividad 2.2.

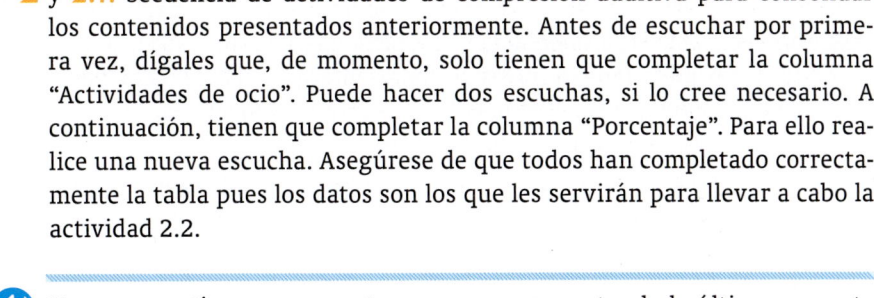

|21| Vamos a continuar con nuestro programa comentando la última encuesta sobre los gustos de los jóvenes universitarios madrileños, según un estudio elaborado por la Universidad San Pablo-CEU y la ONG Cooperación Internacional.

Los resultados son muy interesantes: cerca de un 74% de los universitarios de Madrid dice que les encanta ir a conciertos de música moderna y lo hace varias veces al mes. El 69% asegura que les gusta mucho salir con sus amigos: el 47% sale entre una y cuatro veces al mes y el 22% más de cuatro veces al mes.

Además, en su tiempo de ocio, a los universitarios les gusta conectarse a Internet (64,8%) y escuchar música (53%). Sin embargo, la mayoría de los universitarios lee poco, tan solo el 38% lee entre uno y tres libros al año. Pero sí les gusta mucho practicar deportes, cerca de un 70% realiza algún tipo de deporte durante, al menos, seis horas a la semana.

Según la encuesta, los universitarios madrileños ven muy poco la televisión (10%) y prefieren ver series o películas por Internet (60%). Nos dicen, también, que casi nunca escuchan la radio para informarse (2%), solo para oír música.

2. Salir con amigos, 69%; 3. Conectarse a Internet, 64,8%; 4. Escuchar música, 53%; 5. Leer, 38%; 6. Practicar deporte, 70%; 7. Ver la televisión, 10%; 8. Ver series o películas por Internet, 60%; 9. Escuchar la radio para informarse, 2%.

2.2. El objetivo es hacer un cuadro estadístico en el que, interpretando los datos, utilicen los adverbios de intensidad que han visto anteriormente. Puede utilizar de nuevo la proyección 21 como ayuda.

A los jóvenes madrileños les encanta ir a conciertos de música moderna y hacer deporte; Les gusta muchísimo salir con amigos; Les gusta mucho conectarse a Internet y ver películas y series por Internet; Les gusta bastante escuchar música; No les gusta demasiado leer; No les gusta nada ver la televisión; Odian escuchar la radio para informarse.

2.3. Actividad de práctica para la elaboración de un cuadro similar referido a sus países de origen. Distribuya a los alumnos por grupos de nacionalidad y pídales que elaboren un cuadro similar al de la actividad 2.2. sobre los jóvenes de su país o ciudad. En el caso de que todos sean de la misma nacionalidad, distribúyalos en grupos y pídales que elijan un país o ciudad para realizar la tarea. Unos y otros pueden buscar información en Internet. Prevea esta posibilidad para que tengan los datos a la hora de realizar la tarea.

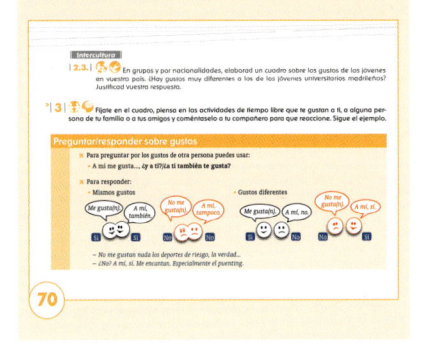

> **3** Antes de realizar la actividad, focalice la atención de los estudiantes en el cuadro funcional *Preguntar/responder sobre gustos*. A continuación, sugié-

3 ¿SOMOS LO QUE COMEMOS? 70

El título de este epígrafe es una pregunta que hace alusión a la relación que se suele establecer entre la alimentación y las personas, en este caso los hábitos alimentarios y una dieta sana. A través de la presentación sobre la dieta mediterránea los alumnos podrán conocer más léxico sobre la alimentación y los hábitos relacionados con la comida en la cultura española.

> **1** Preactividad que sirve para activar los conocimientos previos del alumno sobre el tema y para presentar el léxico relacionado con la alimentación. Corrija la actividad con vistas a la siguiente en la que tendrán que dar una definición de dieta mediterránea.

Países: Portugal, España, Francia, Italia, Grecia y Malta. Alimentos que se toman habitualmente: fruta, legumbre, pescado, verdura y aceite de oliva. Alimentos que se consumen con moderación: lácteos y carne.

ELEteca
16. La dieta mediterránea.

1.1. La dieta mediterránea es una dieta equilibrada y sana basada en los alimentos tradicionales de España, Francia, Italia, Grecia, Malta y otros países del mar Mediterráneo. Consiste en tomar frutas, verduras, legumbres, aceite de oliva como grasa esencial, pescado y hacer un consumo bajo de carne y lácteos. La dieta mediterránea es Patrimonio Cultural Inmaterial de la Humanidad.

> **2** Antes de proceder a realizar la actividad, utilice la proyección 22 para explicar el uso de los adjetivos y adverbios de cantidad. Con el fin de guiar al alumno en su intervención oral, escriba en la pizarra las estructuras para expresar opinión que están en negrita en el ejemplo (*Para mí...*, *Yo creo que...*). Haga especial hincapié en el cuadro de atención que hace referencia a la connotación negativa de *demasiado*. Luego, divida a la clase en pequeños grupos y entrégueles una copia de la ficha 22 en la que aparecen imágenes de diferentes alimentos. Resuelva las dudas de léxico que puedan generarse y dé comienzo a la actividad propuesta.

Proyección 22. Adjetivos y adverbios de cantidad.

Ficha 22. Léxico de los alimentos.

Lámina con imágenes de alimentos.

Dinámica. Divida la clase en pequeños grupos, entréguele a cada grupo una lámina y propóngales que clasifiquen los alimentos de las láminas en más o menos sanos, justificando su elección y siguiendo el ejemplo que aparece en la actividad del libro.

2.1. Dibuje en la pizarra una tabla con dos columnas con los títulos *Alimentos sanos/Alimentos menos sanos*. En clase abierta, los alumnos deben decidir, después de llegar a un consenso, qué alimentos deben ir en cada columna.

Para consolidar el léxico sobre alimentos, puede realizar el ejercicio 7 de la unidad 8 del *Libro de ejercicios*.

> **3** Antes de la lectura, dirija la atención de los alumnos al cuadro que deben completar. De este modo, su lectura será más efectiva. Una vez corregida la actividad, inicie una conversación en clase para ver qué aspectos de los hábitos alimentarios de los españoles les han llamado más la atención. La comparación con los de su país se hará en las actividades a continuación.

Adviértales que estas notas se refieren a España no a Hispanoamérica: por ejemplo, el almuerzo en muchos países hispanoamericanos designa la comida de mediodía. Además, puede señalar que en España el verbo *comer* puede utilizarse de manera general como sinónimo de *ingerir* o, de manera específica, para hablar de la comida del mediodía.

Horario	Nombre	Verbo	Alimentos
Desde las 6:00h hasta las 9:00h. Por la mañana.	Desayuno.	Desayunar.	Café con leche, tostadas, bollo o galletas.
Aproximadamente a las 10:30h. Por la mañana.	Almuerzo.	Almorzar.	Café con leche, un pequeño bocadillo, una pieza de fruta.
De las 14:00h hasta las 16:00h. Al mediodía.	Comida.	Comer.	Verduras, legumbres, arroz, carne o pescado. Fruta o algún dulce.
Entre las 17:00h y 18:00h. Por la tarde.	Merienda.	Merendar.	Bocadillo pequeño, bollo, zumo.
Desde las 20:30h, pero normalmente después de las 21:00h, especialmente los fines de semana. Por la noche.	Cena.	Cenar.	Sopa, verduras, huevos, queso, fruta.

3.1. Agrupe a los alumnos por nacionalidades para confeccionar el texto. Si son todos del mismo país, pídales que completen la actividad individualmente y que luego comparen en parejas para ver si coinciden.

3.2. Retome en la puesta en común el concepto de dieta mediterránea para que los alumnos establezcan una comparación con su país o países de origen.

Para finalizar el epígrafe, dispone de la ficha 23 que sirve para conocer los hábitos alimentarios de la clase.

Ficha 23. Y tú, ¿qué comes?

Encuesta para conocer los hábitos alimentarios de la clase y poner en funcionamiento todos los conocimientos adquiridos hasta el momento.

Dinámica. Divida la clase en grupos de seis o menos, en función del número de alumnos, entrégueles un ejemplar de la ficha y pídales que se hagan la encuesta unos a otros. Antes, deben elaborar las preguntas. Una vez realizado el intercambio y en esos mismos grupos, pídales que hagan un recuento de datos para compartirlo, luego, con el resto de la clase. Haga una puesta en común de los datos obtenidos en los diferentes grupos para hacer un recuento final. La dinámica termina con la actividad C donde la clase debe componer un cartel con imágenes e información sobre los hábitos alimentarios de la clase. Si lo cree oportuno, esta actividad puede llevarse a cabo fuera de las horas lectivas.

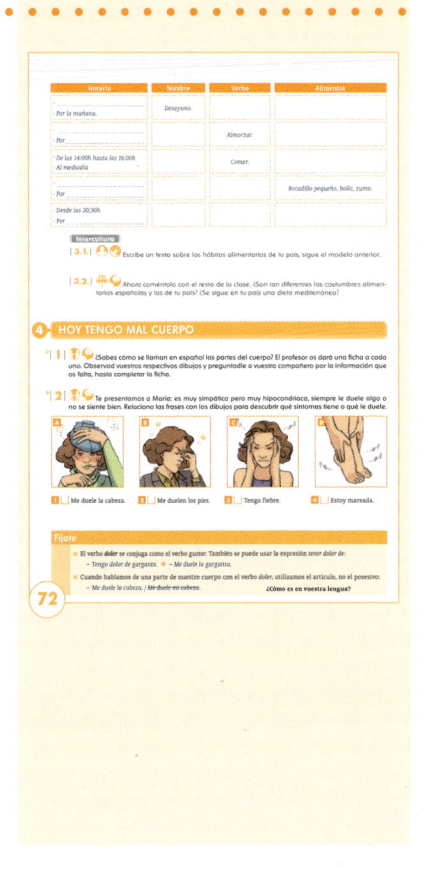

nuevo PRISMA fusión • Libro del Profesor • Unidad **8**

4 HOY TENGO MAL CUERPO 72

En este epígrafe el alumno va a aprender el léxico relacionado con las partes del cuerpo humano y los remedios para aliviar los dolores. El contenido gramatical centra su atención en la presentación del verbo *doler* y la expresión *tener dolor de*.

> **1** Pregunte en clase qué partes del cuerpo humano conocen. Vaya apuntando el léxico conocido en la pizarra. De este modo, activará los conocimientos previos de los alumnos y el aprendizaje en colaboración. A continuación, distribuya la clase en parejas y entrégueles la ficha 24. Asegúrese de que al final de la actividad todos tienen completada su ficha correctamente. La ficha se usará en la actividad 1.1.

Ficha 24. Léxico del cuerpo humano.

Ficha de léxico sobre las partes del cuerpo con vacío de información.

Dinámica. Una vez dividida la clase en parejas, entregue a cada alumno una de las fichas: A o B y pídales que intercambien la información hasta completarlas. Se trata de que los alumnos, por turnos, se señalen las partes del cuerpo y pregunten: *¿Cómo se dice/se llama esto en español? Se dice… / Se llama…*

1. cabeza; 2. ojo; 3. nariz; 4. oreja; 5. boca; 6. pecho; 7. espalda; 8. brazo; 9. tripa; 10. mano; 11. dedo; 12. rodilla; 13. pierna; 14. pie.

> **2** Actividad inicial de reflexión sobre cómo expresar dolencias en español. Aclare el término *hipocondriaco* (se refiere a las personas preocupadas excesivamente por su salud), pídales que relacionen las viñetas con las frases y, después de corregir, centre la atención de los alumnos en el cuadro de llamada de atención. Escriba en la pizarra: *Me duele el estómago* y *Me gusta el café* (u otros ejemplos similares), y pídales que le digan qué relación puede haber entre estas dos frases. El objetivo es que se den cuenta de que ambos verbos tienen la misma estructura. Presente la segunda estructura para expresar dolor y haga hincapié en la necesidad del uso del artículo frente al posesivo para indicar la parte del cuerpo afectada: *Me duele el estómago* frente a **Me duele mi estómago.*

1. C; 2. D; 3. A; 4. B.

A continuación proponga la realización de la ficha 25 para consolidar todos estos contenidos.

Ficha 25. ¿Qué tengo, doctor?

Actividades de práctica controlada del léxico y las estructuras lingüísticas relacionadas con la expresión de una dolencia.

Dinámica. Los alumnos, individualmente, completan las actividades 1, 2 y 3. Déjeles un tiempo, el que considere oportuno, y corrija las actividades. Luego, en parejas, los alumnos inventan un diálogo médico-paciente similar al de la actividad 3 y lo representan para la clase.

1. 1. mano; 2. nariz; 3. boca; 4. pecho; 5. tripa; 6. rodilla; 7. dedo; 8. brazo; 9. espalda. **2.** Me duele: la tripa, el pie derecho, la cabeza, la espalda, la rodilla. Me duelen: los ojos, las piernas, los oídos. Tengo: tos, gripe, dolor de tripa, fiebre, dolor de garganta. Estoy: enfermo, resfriado. **3.** 1. b; 2. e, Estoy, tengo; 3. f, tiene, Le duele, tengo; 4. d, Toma, Tomo; 5. a, Tiene, tiene, Tengo; 6. c, tiene.

Puede continuar la práctica con el ejercicio 8 de la unidad 8 del *Libro de ejercicios*.

> **3** Explique qué es un remedio casero con un ejemplo y pregúnteles si son partidarios de este tipo de remedios naturales o creen que es mejor medicarse. A continuación, realice la actividad.

> **4** La posibilidad de asociar una dificultad en el aprendizaje con una dolencia física permite al alumno visualizar la problemática y buscar alternativas en forma de estrategias pedagógicas para solucionarla.

4.1. Después del trabajo en parejas, pregunte en clase abierta las *dolencias* (dificultades en el aprendizaje) que han expresado todos los alumnos y escríbalas en la pizarra. A continuación, pida que propongan *remedios* (estrategias) para solventarlas; así, la clase puede observar las dificultades y las estrategias útiles para superarlas.

¿QUÉ HE APRENDIDO? 73

> **2** me, te, le, nos, os, les.

> **3** encantar, importar, doler, interesar.

> **4** A mí también; A mí no.

> **9** Doler; tener dolor de.

ELEteca
Comunicación. ¿Qué te pasa?
Gramática. *Gustar* y *doler*.
Léxico. Las partes del cuerpo.

ELEteca
¡Qué dolor!

ELEteca
Fonética y ortografía. Contraste /l/, /r/ y /rr/. Las grafías *r/rr*.

9 NOS VAMOS DE TAPAS

Esta unidad gira en torno a la expresión de planes e intenciones en cuanto a las actividades de ocio. Una de ellas, típicamente española, salir de tapas, se trata por extenso en el primer epígrafe y da título a la unidad.

Por otro lado, se hace especial hincapié en el componente estratégico, aportando pautas para definir objetivos y metas de aprendizaje, y recursos para establecer y comparar diferentes formas de aprender una lengua.

1 ¿QUÉ VAIS A TOMAR? 74

Este epígrafe presenta a los estudiantes el concepto *salir de tapas*, así como las distintas tapas, raciones y pinchos que se pueden tomar en los bares españoles. Se proporciona también la información funcional necesaria para poder pedir comidas y bebidas en un bar.

> **1** Si los alumnos estudian en inmersión en alguna ciudad española, es probable que puedan contestar a las preguntas inmediatamente. Si no es así, antes de desvelar la solución, divida la clase en pequeños grupos y déjeles un tiempo para que reflexionen sobre las preguntas que se plantean. Puede guiar a los estudiantes con otras preguntas: *¿Las personas están de pie o sentadas? ¿Por qué? ¿Cómo son los platos de comida: grandes o pequeños? ¿Creéis que se trata de una comida o una cena? ¿Por qué?*

Las personas están en un bar, en España, tomando unas tapas.

Antes de seguir con el resto de la secuencia de actividades del epígrafe, puede realizar la ficha 26 para ampliar el léxico relacionado con el bar.

Ficha 26. Léxico relacionado con el bar.

Actividades del léxico relacionado con los bares en España.

Dinámica. Agrupe a los alumnos en parejas para trabajar. Explíqueles que la ilustración muestra un bar típico español y que deben relacionar el léxico que aparece en el cuadro con los elementos del dibujo a que se refieren. Dígales que pueden utilizar el diccionario, si lo necesitan. Una vez corregida la actividad, aclare el vocabulario de la actividad 2 y pídales que realicen el trabajo individualmente. Tenga en cuenta que se trata de una tarea de producción libre y de solución abierta. Usted debe comprobar que las combinaciones que formulen los estudiantes no sean agramaticales. Por último, haga una puesta en común de las diferentes combinaciones, indicando si son posibles según el patrón cultural de España sin provocar extrañeza en una situación real: por ejemplo, es común en España pedir un café con hielo en verano, la cerveza siempre se sirve muy fría, no es normal la combinación de tapas y café o té, etc. Usted debe ejercer el rol de mediador intercultural para lograr que los alumnos desarrollen su competencia cultural.

1. 1. mesa; 2. camarero; 3. carta/menú; 4. barra; 5. palillos; 6. taza; 7. servilletas; 8. cliente; 9. taburete; 10. silla; 11. tenedor; 12. copa; 13. cucharilla; 14. vaso.

> **2** Actividad que los estudiantes pueden realizar de manera individual o también en parejas. Sugiérales que antes de elegir una respuesta, observen de nuevo con atención las fotos de la actividad 1. Una vez elegida su opción, pídales que lean el texto para confirmar o corregir su respuesta.

b.

i+ ELEteca

17. Las tapas en España.

2.1. Reparta copias de la ficha 27, pídales que lean el texto y que relacionen tapas y fotos.

Ficha 27. Tapas. ¿Qué vais a tomar?

A. tapa de aceitunas; B. pincho de tortilla; C. tosta de paté; D. ración de patatas bravas; E. pincho de chorizo; F. tapa de paella; G. tosta de jamón y tomate; H. ración de pulpo; I. pincho de morcilla; K. tapa de boquerones en vinagre; K. tapa de patatas fritas; L. ración de calamares.

Realice la corrección en clase abierta y sondee a los estudiantes para saber si han tenido alguna experiencia con el tapeo, si hay algún plato que, a priori, les resulte extraño, qué tapa de las que ven les gustaría probar. Si los alumnos están en inmersión, puede programar una salida a un bar para que disfruten de esta experiencia cultural y gastronómica.

Para consolidar y ampliar el vocabulario relacionado con las tapas, puede realizar el ejercicio 2 de la unidad 9 del *Libro de ejercicios*.

>3 En la primera escucha déjeles un tiempo para que puedan escribir los pedidos de los clientes. Después de una segunda escucha, proponga una comprobación de resultados en parejas. Una vez resuelta la actividad y antes de pasar a la siguiente, deténgase en el cuadro de atención en el que se señala una de las estructuras más usadas en español para hablar del futuro inmediato, la perífrasis *ir + a + infinitivo*. Es la que utilizan los camareros en la grabación (¿Qué va a tomar? ¿Qué vais a tomar?...) pero puede resultarle muy útil y rentable al alumno en el caso de querer expresar sus planes e intenciones en otros contextos. Si quiere profundizar en este contenido, puede realizar las actividades propuestas en la ficha 28.

Ficha 28. *Ir + a + infinitivo*.

Secuencia de actividades para practicar la estructura *ir + a + infinitivo* para expresar planes o intenciones en el futuro.

Dinámica. Reparta la ficha entre los estudiantes, déjeles un tiempo para leer el diálogo y completar la actividad. Después de corregir, llame la atención de los estudiantes sobre el cuadro explicativo que amplía la información que aparece en el libro del alumno. Déjeles un tiempo para que lo completen con ejemplos del diálogo y corríjalo en grupo abierto.

Las actividades 2 y 3 son de fijación de contenidos y se realizan de modo individual.

1. 1. próximo; 2. ir; 3. noche; 4. Dentro de, viajar; 5. llevar; **2.** Por la tarde voy a ir al gimnasio con Alberto; Después, nos vamos a bailar a una discoteca de la calle Mayor; Dentro de dos días voy a viajar a Alicante; El próximo sábado voy a ir al mercado por la mañana a comprar; **3.** 1. vamos a ir; 2. voy a celebrar; 3. van a comprar; 4. vamos a viajar; 5. vais a alquilar; 6. Vamos a cenar; 7. se va a relajar/va a relajarse; 8. van a jugar.

Diálogo 1

|22|
● Hola, buenos días.
○ Buenos días.
● ¿Qué va a tomar?
○ Una coca-cola, con hielo y limón, por favor.
● ¿Algo de comer?
○ Mm... Sí, me pone un pincho de tortilla de patata, ¿está caliente, verdad?
● Sí, sí, recién hecha. ¿Algo más?

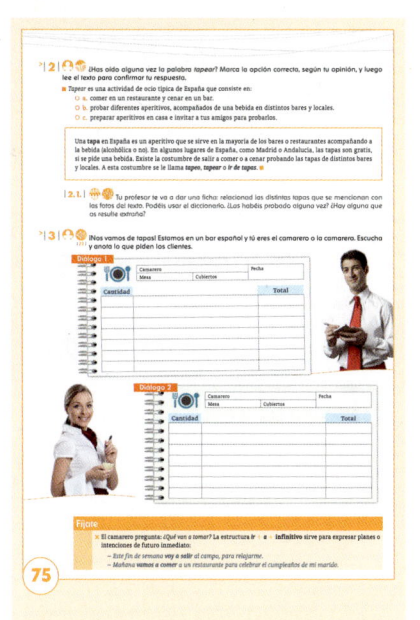

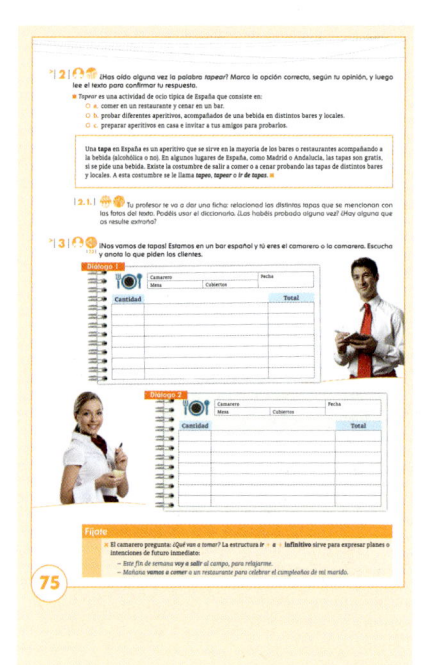

○ No, gracias.
● Aquí tiene caballero, ¡que aproveche!
○ Gracias. (...) La cuenta, por favor.
● Son dos con noventa y cinco.
○ Aquí tiene.

Diálogo 2
● Hola, buenas tardes...
○ Hola...
● Hola...
● ¿Qué vais a tomar?
○ Yo una cerveza bien fría.
● Para mí una copa de vino tinto. ¿Puede ser rioja?
● Sí, no hay problema. Ponemos un rioja de la casa que está estupendo. ¿Vais a comer algo?
○ Sí, unas tapas para compartir. Una de aceitunas y una ración de patatas bravas.
● ¿Pan vais a querer?
● Sí, un poco de pan.
● ¿Algo más?
● No, por el momento está bien.
● Perfecto.
(...)
○ Perdona, ¿cuánto es?
● ¿Todo junto, verdad?
○ Sí, todo junto.
● Vamos a ver, una cerveza, una copa de vino, una de aceitunas y una ración de patatas, pues... son dieciséis con treinta.

Diálogo 1: Una coca-cola con hielo y limón; un pincho de tortilla de patata.
Diálogo 2: Una cerveza; una copa de vino tinto; una tapa de aceitunas y una ración de patatas bravas; pan.

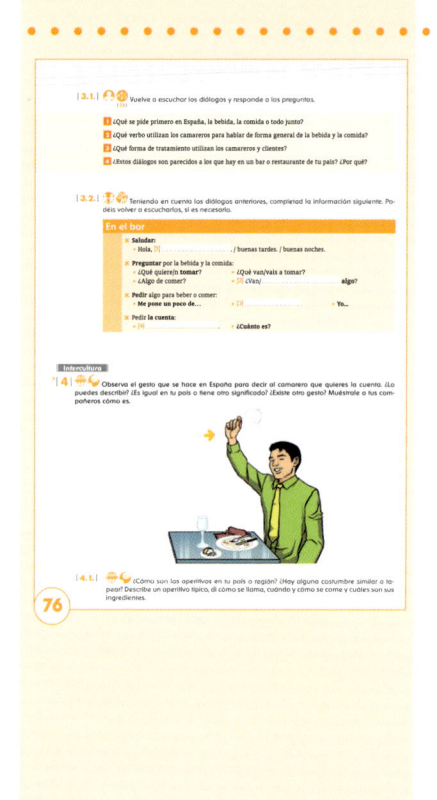

3.1. Vuelva a poner el audio y déjeles unos minutos a los estudiantes para que, de manera individual, puedan responder a las preguntas. Si lo cree conveniente, aporte la transcripción para facilitar la tarea. A continuación, haga una puesta en común para poder comentar en clase abierta los resultados y que puedan comparar con el comportamiento en establecimientos similares en su país o países de origen.

Indique a los alumnos que las formas de tratamiento en un bar (*tú, vosotros/ usted, ustedes*) pueden variar dependiendo de factores económicos, sociales y de edad, aunque en los lugares más caros y elegantes es casi obligado el uso de *usted* tanto por parte del camarero como del cliente.

1. Primero la bebida y después la comida; 2. El verbo *tomar*; 3. En el primer diálogo, tanto el camarero como el cliente se tratan de *usted* y en el segundo diálogo, el camarero utiliza el tratamiento informal *vosotros* para dirigirse a los clientes, y los clientes utilizan la forma *tú*.

3.2. Actividad de reflexión lingüística en la que deben completar el cuadro que sistematiza el lenguaje y las estructuras que habitualmente se utilizan en un bar o restaurante.

1. buenos días; 2. ¿Van/Vais a comer algo?; 3. Para mí...; 4. La cuenta, por favor.

>4 En clase abierta, proponga a los estudiantes que se fijen en el dibujo que refleja el gesto que se hace en España para pedir la cuenta e invítelos a que lo hagan ellos también. Indíqueles que este gesto puede ir también acompañado de la frase: *¿Me trae la cuenta, por favor?* o *La cuenta, por favor.* O simplemente se hace el gesto. Si quiere ampliar con otros gestos que suelen utilizarse en el bar, puede usar la proyección 23.

Proyección 23. Gestos en el bar.

Serie de ilustraciones que muestran gestos asociados a expresiones idiomáticas o que sirven para captar la atención del camarero en un bar.

Dinámica. Antes de proyectar la imagen, explique que en los bares de España con frecuencia hay mucha gente y mucho ruido. Por eso, para reforzar la intención comunicativa, los hablantes suelen utilizar gestos para captar la atención del camarero o enfatizar expresiones lingüísticas habituales en un bar. A continuación, exponga los gestos que aparecen en la proyección y realícelos usted mismo para ejemplificarlos. Pregunte a los alumnos si utilizan estos gestos en un bar o establecimiento similar en su país. En caso afirmativo, que los comparen con los de la proyección y comenten al resto de la clase las similitudes y diferencias.

Si quiere proseguir con la práctica, recorte los gestos de la ficha y repártalos entre los estudiantes. Luego, escriba en la pizarra la frase que representan y pídales que peguen su ilustración al lado de la frase que les corresponda.

4.1. Para seguir trabajando el componente intercultural en el aula, propóngales a los alumnos que reflexionen sobre los aperitivos en su lugar de origen. Agrupe a los alumnos por países y pídales que describan a la clase cómo es un aperitivo de su país. Si todos son del mismo país, pídales que comparen los aperitivos que toman allí habitualmente con las tapas españolas. En el cuadro de atención pueden conocer otros términos que se usan en Hispanoamérica para referirse a las tapas.

> 5 A continuación, proponga la siguiente actividad de trabajo cooperativo en la que la clase se va a transformar en un bar. Siga las instrucciones y ofrézcales la posibilidad de dividirse en camareros o clientes según sus preferencias. El grupo de los clientes (A) piensa en lo que va a tomar para luego pedirlo. Para ello, elabora una lista con las tapas, pinchos y bebidas escogidas. El grupo de los camareros (B) elabora dos cartas diferentes para ofrecerles a los clientes; una carta de pinchos y tapas y otra de bebidas.

Finalmente, se representa el diálogo y tanto los clientes como los camareros desempeñan su papel. Supervise la distribución de mesas, de clientes y camareros y recomiende a los estudiantes que tomen como modelo los diálogos de la actividad 3.

2 ¿QUEDAMOS? 77

El título hace referencia a una pregunta habitual para concertar una cita, uno de los contenidos funcionales de este epígrafe. Se presenta el verbo *quedar*, y la estructura *poder* + infinitivo para sugerir o proponer planes.

> 1 Con esta actividad, comienza el trabajo de reflexión lingüística sobre las expresiones que se usan relacionadas con planes y citas. Realice la actividad tal y como se indica y, una vez corregida y antes de pasar a la actividad 2.1., llame la atención de los estudiantes sobre las expresiones resaltadas preguntándoles para qué creen que sirven. Esto los ayudará a resolver la actividad siguiente.

B, F, A, E, C, D.

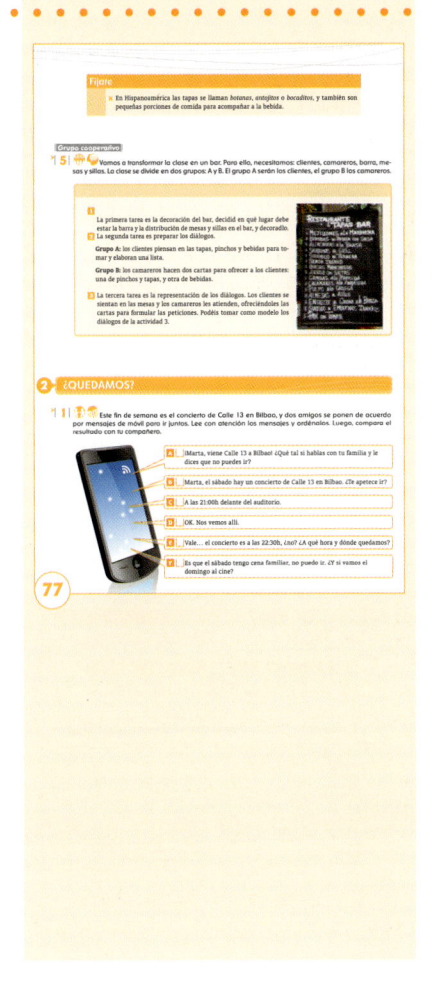

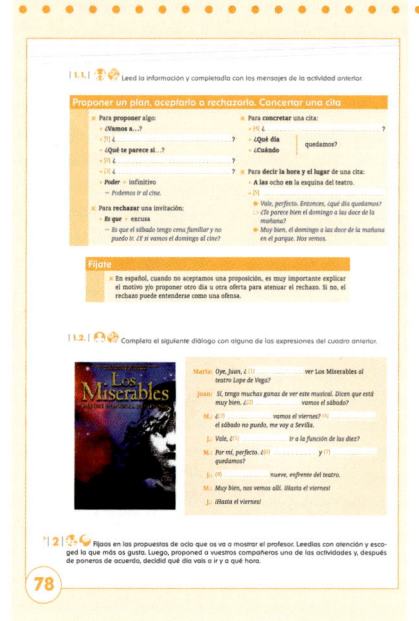

1.1. Actividad de reflexión lingüística de carácter inductivo en la que los estudiantes, individualmente, deben completar el cuadro con las expresiones que se proporcionan en la actividad 1 y su significado funcional. Puede corregir la actividad con la proyección 24.

Proponer un plan, aceptarlo o rechazarlo. Concertar una cita. 1. ¿Te apetece...?; 2. ¿Qué tal si...?; 3. ¿Y si...?; 4. ¿A qué hora y dónde quedamos?; 5. A las 21:00 h delante del estadio.

Proyección 24.
Proponer un plan, aceptarlo o rechazarlo. Concertar una cita.

Cuadro funcional completo de la actividad 1.1. del libro del alumno.

Dinámica. Proyecte la imagen para corregir la actividad. Haga hincapié en el cuadro de llamada de atención que hace referencia a las formas para atenuar el rechazo cuando no aceptamos una proposición.

1.2. Actividad de práctica controlada para consolidar los conocimientos adquiridos en las actividades anteriores.

1. vamos a/te apetece; 2. Qué te parece si/Y si/Qué tal si; 3. Qué te parece si/Y si/Qué tal si; 4. Es que; 5. te apetece; 6. A qué hora; 7. dónde; 8. A las.

Para seguir practicando las expresiones y el léxico relacionado con las funciones de *proponer un plan, aceptarlo, rechazarlo o concertar una cita*, puede realizar los ejercicios 7 y 8 de la unidad 9 del *Libro de ejercicios*.

>2 Divida la clase en pequeños grupos. Indique a los estudiantes que lean con atención las tres propuestas de ocio de la ficha 29 y que, entre todos, escojan una de ellas para realizar juntos. Puede proponer también otras actividades de ocio que encuentre en Internet. Una vez que se pongan de acuerdo en la actividad, deben decidir el día y la hora a la que van a ir. Pasee por los grupos para controlar la actividad y resolver las posibles dudas.

Ficha 29. ¿Qué hacemos?

Diferentes propuestas de ocio: el musical *El Rey León*, la película *La piel que habito* de Pedro Almodóvar y un concierto del grupo Amaral.

Dinámica. Haga copias de la ficha y entregue una a cada grupo. Pídales que lean la información sobre cada espectáculo y que decidan a cuál les apetece más asistir. Una vez que se hayan puesto de acuerdo, tienen que quedar, teniendo en cuenta las diferentes agendas de cada uno y la información de la ficha.

ELEteca
18. *El Rey León*, *La piel que habito* y Amaral.

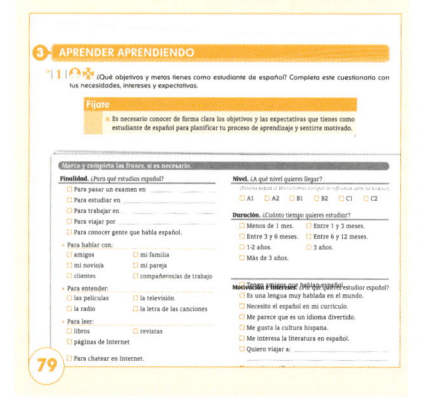

3 APRENDER APRENDIENDO

El alumno reflexiona sobre sus objetivos y metas como estudiante de español e intercambia esta información con sus compañeros. También conoce métodos de estudio y analiza los recursos y estrategias que utiliza en su proceso de aprendizaje.

>1 y **1.1.** La información sobre las metas e intereses de los alumnos puede ser de mucha utilidad para usted como profesor pues le facilitará la planificación de las clases y la elección de los temas. Además, esta información le será muy útil también en su papel de orientador, pues podrá atender a las necesidades individuales de cada alumno. Haga que, individualmente, completen el cuestionario. Si lo cree necesario, explíqueles que hay una gradación de 6 niveles establecida por el Consejo de Europa que van desde el nivel elemental hasta la maestría y que ellos están cursando en este momento el primer nivel. Puede utilizar la proyección 25 para explicar de manera general los niveles. Después de unos minutos, haga una puesta en común para intercambiar experiencias. Tome usted nota de lo más significativo y téngalo en cuenta a partir de este momento.

Proyección 25. Los niveles de competencia según el MCER.

Cuadro con un resumen de los niveles de competencia del MCER.

Dinámica. Proyecte la imagen y haga que un alumno por turno lea la descripción de cada nivel. Resuelva las posibles dudas de léxico que puedan surgir e informe, si cree que puede ser de interés para sus alumnos, sobre los exámenes oficiales DELE que se pueden realizar en casi todos los países del mundo en cualquier nivel. Para obtener información sobre los mismos puede entrar en: http://diplomas.cervantes.es/informacion/niveles/tipos.html

> **2** En esta actividad se introducen diferentes técnicas que permiten aprender un idioma y que reproducen diferentes estilos de aprendizaje. Además, se presenta el gerundio para expresar el modo en que se hace algo. Antes de la escucha, proponga una lectura de las frases para cerciorarse de que todos los alumnos comprenden el vocabulario, al tiempo que se familiarizan con la información. Después, déjeles un tiempo para que cotejen el resultado con un compañero.

| 23 |

a. Yo me grabo con mi móvil hablando en inglés. Escuchándome, conozco mis errores de pronunciación y puedo corregirlos.

b. Es muy divertido hablar con personas del país de la lengua que estudias e intercambiar con ellos los conocimientos sobre la cultura. ¡Se aprende tanto!

c. Me encanta leer y por eso leo libros que puedo entender según mi nivel de alemán: se llaman lecturas graduadas y las consigo en las librerías y bibliotecas.

d. Me gusta ver películas y series, es mi forma favorita de practicar un idioma. Ahora estoy viendo una telenovela en italiano...

e. No tengo mucho tiempo para estudiar francés, por eso estoy aprendiendo con un libro que tiene todos los ejercicios y notas gramaticales en español. Me ayuda mucho.

f. Mi método es hablar y hablar, siempre que puedo hablo en inglés. Prefiero aprender hablando que aprender escribiendo, es mucho más productivo...

1. f; 2. d; 3. a; 4. b; 5. c; 6. e.

2.1. Después de haber tomado contacto con diferentes métodos y técnicas de estudio, en esta actividad se propone una reflexión por parte de los estudiantes sobre sus propias técnicas de estudio. Una vez que han completado la ficha individualmente, forme grupos de trabajo para compartir las respuestas que han dado entre los miembros del grupo. De esta forma, van adquiriendo, a través de su propia experiencia y la de otros estudiantes, destrezas, técnicas y estrategias de aprendizaje en un trabajo cooperativo.

2.2. Proponga una relectura de las actividades 2. y 2.1. focalizando la atención en las palabras en negrita. Déjeles un tiempo para completar el cuadro y haga una puesta en común para corregir. Puede utilizar la proyección 26.

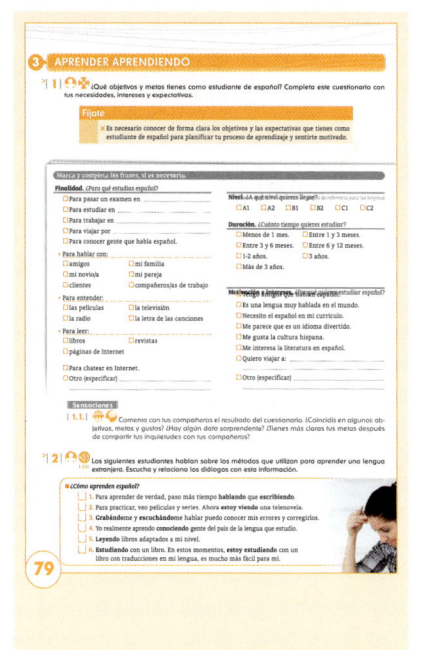

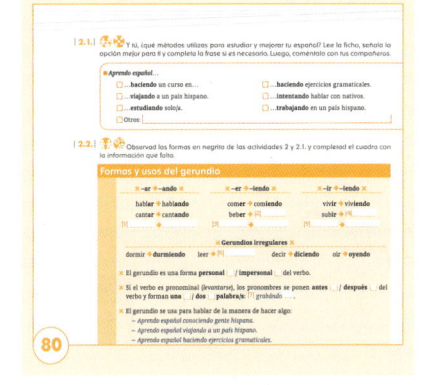

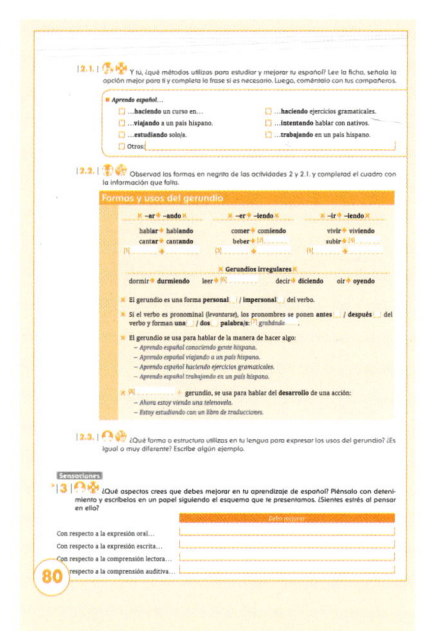

Proyección 26. Formas y usos del gerundio.

Cuadro sobre las formas y usos del gerundio.

Dinámica. Proyecte la imagen. Una vez corregido, focalice la atención en los ejemplos. Mantenga la imagen proyectada para la realización de la actividad 2.3.

Formas y usos del gerundio. 1. grabar, grabando; 2. bebiendo; 3. conocer, conociendo; 4. subiendo; 5. escribir, escribiendo; 6. leyendo; El gerundio es una forma impersonal; los pronombres se ponen después del verbo y forman una palabra; 7. grabándome; 8. Estar.

2.3. Deje un tiempo a los alumnos para que reflexionen sobre las preguntas que se proponen. Haga una puesta en común y, si lo cree conveniente, escriba en la pizarra los ejemplos que aportan los estudiantes para analizarlos en plenario.

Si necesita ampliar la práctica sobre el gerundio, puede realizar la ficha 30.

Ficha 30. ¿Qué estoy haciendo?

Actividades de práctica controlada sobre las formas y usos del gerundio.

Dinámica. 1. Deje unos minutos para que los estudiantes realicen de manera individual la actividad. Si lo ve oportuno, propóngales que realicen la corrección en parejas antes de la corrección con el profesor. **2.** Indique a la clase que forme dos grupos. Por turnos, deben pensar en un lugar y una actividad que deben trasmitir a un representante del equipo contrario para que lo exprese con gestos (mímica) a su grupo con el fin de que adivinen qué lugar es y qué actividad está realizando. El procedimiento se repite hasta que lo realicen todos los miembros de cada equipo. Usted debe controlar el tiempo para determinar qué grupo ha empleado menos tiempo y es el ganador.

1. 1. Está escribiendo; 2. Están mirando; 3. Está durmiendo; 4. Están leyendo; 5. Está hablando; 6. Está escuchando.

Para fijar los conocimientos adquiridos sobre la forma y los usos del gerundio proponga los ejercicios 3 a 6 de la unidad 9 del *Libro de ejercicios*.

>3 La actividad enmarcada en la etiqueta de sensaciones, tiene un doble objetivo: motivar la reflexión constante sobre el propio proceso de aprendizaje y controlar la ansiedad que puede producir ser consciente de las dificultades que uno tiene a la hora de hablar otra lengua. Para ello, es importante hacer un planteamiento positivo de las carencias y brindarles soluciones a las mismas. Evite formulaciones del tipo: *No puedo hablar con nativos porque no tengo vocabulario,* y fomente estas otras: *Me gustaría poseer más vocabulario para entenderme mejor con nativos de esta lengua.*

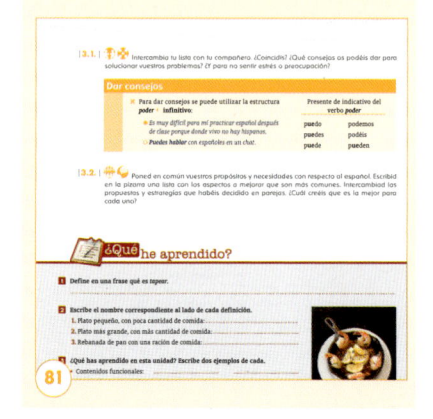

3.1. Antes de proceder a realizar la actividad, presente el contenido del cuadro *Dar consejos*. Proponga a los estudiantes que intercambien la lista de la actividad 3 con un compañero de su elección y deje un tiempo para realizar la actividad. Pasee entre las parejas y converse con los alumnos transmitiendo siempre una actitud positiva con respecto al aprendizaje.

3.2. Haga una puesta en común para que, entre todos, escojan las sugerencias más atractivas o rentables. Si lo cree oportuno, puede sugerir que cada alumno establezca, en función de sus necesidades y las sugerencias planteadas, un plan de actuación que consiste en generar una ruta de trabajo que implique un compromiso de realización. Por ejemplo, si un estudiante tiene dificultades con respecto a la comprensión lectora y se le sugiere que utilice lecturas graduadas que desarrollen su competencia lectora, debe comprometerse a leer, por ejemplo, un libro cada quince días. Al cabo del tiempo estipulado, el alumno debería volver a realizar una evaluación acerca de las metas y objetivos que se propuso, si los ha conseguido o no, estableciendo nuevas estrategias según los resultados.

¿QUÉ HE APRENDIDO?

> **1** Probar diferentes aperitivos, acompañados de una bebida en distintos bares y locales.

> **2** 1. tapa; 2. ración; 3. tosta.

> **4** Para hablar del desarrollo de una acción.

> **6** Finalidad: 3, 6; Motivos e intereses: 1, 5; Método: 2, 4.

ELEteca
COMUNICACIÓN. En el bar.
GRAMÁTICA. En gerundio.
LÉXICO. ¿Qué vais a tomar?

ELEteca
¿Qué te parece si...?

ELEteca
FONÉTICA Y ORTOGRAFÍA. /ch/, /y/. La grafía y.

10 ¡YA HEMOS LLEGADO!

El núcleo temático de esta unidad es la expresión de acciones habituales terminadas en un tiempo pasado relacionado con el presente. Gramaticalmente, se introduce el pretérito perfecto de indicativo. Se presentan contenidos funcionales para describir o narrar experiencias habituales o situaciones personales en pasado. Los contenidos culturales abordan la ciudad de Madrid, lugares y museos relevantes, y la biografía de algunos escritores hispanos.

1 ¿QUÉ HAS HECHO HOY? 82

En el primer epígrafe se trabaja el pretérito perfecto regular e irregular a través de unas imágenes que describen las acciones que ha realizado una persona a lo largo del día. Se induce a los estudiantes a que, a través de las imágenes y el texto, conozcan el uso del tiempo verbal presentado. También se sistematizan los marcadores temporales que suelen acompañarlo.

> **1** La presentación del pretérito perfecto se contextualiza a través de una historia en imágenes: un día en la vida de Lucía. Pida a los estudiantes que observen las imágenes y explíqueles que lo que ven es lo que ha hecho Lucía hoy. A continuación, pídales que, en parejas, relacionen cada imagen con las frases que aparecen en la página siguiente. Adviértales de que hay dos frases de más que deben identificar. Antes de llevar a cabo la corrección, haga que comparen sus resultados con la pareja de al lado.

1. E; 2. C; 3. F; 4. G; 5. B; 7. A; 9. D; 10. H. Las frases que no corresponden a ninguna imagen son 6 y 8.

1.1. Como fin de actividad, pídales que ordenen las frases cronológicamente. Luego elija una pareja al azar para que lean las frases en el orden que ellos les han dado. Pregunte a los demás si están de acuerdo y corrija, si es necesario.

3, 5, 7, 2, 1, 9, 4, 10.

> **2** Haga que se fijen en las formas verbales destacadas en negrita de las frases de 1.1. Explíqueles que se trata de un nuevo tiempo verbal del pasado que se llama pretérito perfecto. Deje un tiempo para realizar la actividad en la que, en parejas, y con la información que proporcionan las frases, deben completar el cuadro. Una vez que hayan acabado, ponga la proyección 27 para corregir y explicar el contenido; de este modo, podrá focalizar la atención de los estudiantes y dirigir mejor la explicación.

1. ha; 2. jugado; 3.tenido; 4. salido; 5. hecho.

Proyección 27. El pretérito perfecto.

2.1. Esta actividad, de corte estratégico, sirve para que los estudiantes tomen conciencia del momento temporal en que se desarrolla la historia presentada en la actividad 1. La idea es que, mediante su reflexión, puedan situar las acciones en el tiempo.

Haga una reflexión, a la vista de los resultados, para que los alumnos se den cuenta de que el trabajo inductivo puede realizarse aunque sus conocimientos de la lengua sean muy limitados. De este modo, podrá ir entrenándolos en esta estrategia de aprendizaje y haciéndoles conscientes y responsables de su proceso de aprendizaje.

a y c.

2.2. El cuadro de la actividad 2.2. sirve para confirmar sus hipótesis anteriores y sistematizar el uso principal del pretérito perfecto: expresar acciones pasadas dentro de un periodo de tiempo presente. Además se presentan los principales marcadores temporales que habitualmente suelen acompañar a este tiempo.

2.3. Actividad de práctica controlada en parejas que tiene el objetivo de consolidar y memorizar las formas del pretérito perfecto regular e irregular. Mientras trabajan, puede dejar la proyección 27 como apoyo.

> Si cree necesario consolidar estos contenidos, puede llevar a cabo las actividades 1 a 4 de la unidad 10 del *Libro de ejercicios*.

>3 Actividad de comprensión lectora. Se pide a los estudiantes que ordenen las intervenciones para organizar el texto de manera coherente. Si lo cree necesario por el perfil de sus alumnos, puede hacer una primera audición del diálogo (pista 24) para facilitar la actividad. Es importante llamarles la atención sobre las diferentes intervenciones, su interacción y, por supuesto, el contenido de cada una de ellas.

C, F, H, B, G, A, E, D.

3.1. Esta actividad de comprensión auditiva sirve para la corrección de la actividad anterior.

🔊 ● ¡Qué tarde! ¿Qué te ha pasado?

|24| ○ Es que hemos tenido una reunión larguísima en el trabajo y no te he podido llamar. Ha venido el gran jefe hoy, ¿sabes? Y tú, ¿qué has hecho hoy?

● Nada, he ido a trabajar como siempre; bueno, esta mañana no he podido ir en el coche y he tenido que ir en metro.

○ ¿Tú en metro? ¡Pero si siempre me has dicho que odias el metro…!

● Ya, pero es que esta mañana antes de salir he oído en la radio que los autobuses están de huelga.

○ ¿Y por qué no has ido en taxi?

● Pues porque con la huelga todo el mundo ha usado su coche y había un atasco monumental. Tú no tienes problemas, vas y vuelves andando. ¡Qué suerte!

○ Sí, la verdad es que sí… Tener el trabajo cerca de casa es una suerte, y en esta ciudad, más.

> Puede llevar a cabo las actividades 5 a 7 de la unidad 10 del *Libro de ejercicios* para consolidar estos contenidos.

3.2. Actividad de expresión escrita para la consolidación de los contenidos aprendidos.

Si cree que sus alumnos necesitan practicar más, puede realizar la ficha 31.

📝 **Ficha 31.** El pretérito perfecto de indicativo.

Se ofrece una batería de actividades que los estudiantes deben realizar con el fin de consolidar lo aprendido hasta el momento.

Dinámica. Actividades para el trabajo individual. Recomendamos la realización de la ficha como deberes fuera de las horas lectivas y como repaso morfológico de este tiempo verbal.

1. 1. he desayunado; 2. hemos ido; 3. ha cenado; 4 ha llegado; 5. han hecho; 6. ha llamado; 7. han faltado; 8. ha roto; 9. hemos visto; 10. ha venido.

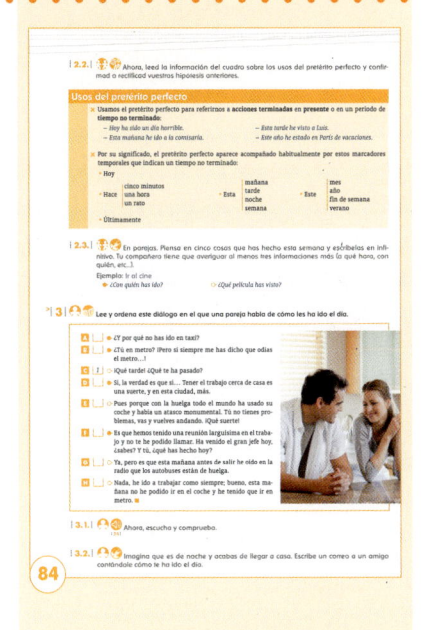

nuevo PRISMA fusión • Libro del Profesor • Unidad **10** |71|

2. 1. ¿Habéis hecho los ejercicios?; 2. ¿Ha comido?; 3. ¿Ha escrito los correos?; 4. ¿Has comprado el periódico?; 5. ¿Ha escuchado las noticias?; 6. ¿Habéis estado en Granada?; 7. ¿Ha visto la película?; 8. ¿Ha leído el libro?; 9. ¿Han ido la zoo?; 10. ¿Has llamado al médico? **3.** Respuesta abierta.

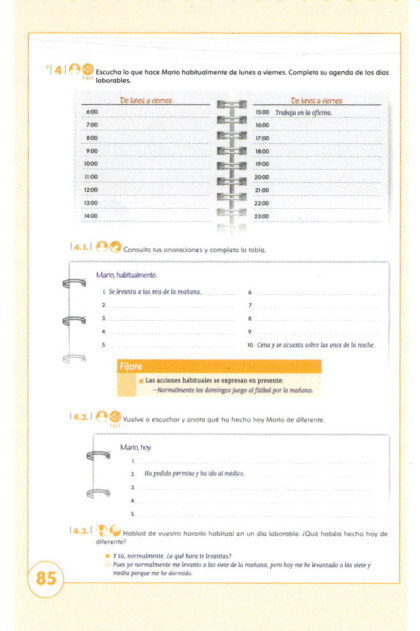

> **4** y **4.1.** Actividad de comprensión auditiva en la que se presenta el contraste de uso entre el presente (acciones habituales) y el pretérito perfecto (acciones pasadas dentro del presente). Contextualice la actividad diciéndoles que Mario nos va a explicar lo que hace habitualmente en un día laborable. Pídales que escuchen y anoten esas acciones habituales. Si lo cree conveniente, ponga el audio dos veces. Antes de corregir, permita que cotejen sus resultados con su compañero.

🔊 | 25 | Normalmente me levanto a las seis de la mañana porque a las siete entro a trabajar. Mi horario de mañana es de siete de la mañana a dos de la tarde. Luego, tengo una hora para comer, así que habitualmente como en la oficina con mis compañeros. Bueno, hoy he vuelto a casa porque he pedido un permiso para ir al médico.

Por la tarde trabajo de tres a cinco y luego tengo clase en la universidad hasta las nueve. Llego a casa sobre las diez, me cambio, preparo la cena y, a eso de las once, ceno y me acuesto. Hoy me he acostado antes porque he comido un bocadillo en la facultad y no he cenado.

1. Se levanta a las seis de la mañana; 2. Entra a trabajar a las siete; 3. Trabaja de siete a dos de la tarde; 4. Come en la oficina con sus compañeros; 5. Vuelve a trabar de tres a cinco de la tarde; 6. Tiene clase en la universidad hasta las nueve; 7. Llega a casa; 8. Se cambia; 9. Prepara la cena; 10. Cena y se acuesta sobre las once de la noche.

4.2. En una nueva escucha, pídales que anoten qué actividades ha hecho hoy diferentes de las habituales. La actividad tiene como objetivo hacer conscientes a los estudiantes de la diferencia entre el uso del presente y el pretérito perfecto para transmitir acciones que se suelen realizar normalmente y aquellas que, por alguna razón, no se han podido llevar a cabo de manera ocasional. Igual que en la actividad anterior, permítales que cotejen sus resultados con su compañero.

1. Ha vuelto a casa a comer; 2. Ha pedido permiso y ha ido al médico; 3. Se ha acostado antes; 4. Ha comido un bocadillo en la facultad; 5. No ha cenado.

4.3. Actividad de interacción oral en la que los estudiantes se intercambian información sobre lo que suelen hacer todos los días destacando aquello que hoy no han podido realizar. Con esta tarea se pretende que el discente, a través de la oralidad, consolide el uso de los dos tiempos verbales, transfiriéndolo a su propia realidad.

Como actividad final del epígrafe puede realizar la ficha 32.

📝 **Ficha 32.** ¿Dónde has estado?

Comprensión lectora que aporta información cultural sobre diversas ciudades hispanas y que ayudará al estudiante a consolidar el uso del pretérito perfecto.

Dinámica. Distribuya a los alumnos en parejas o en pequeños grupos y pídales que lean los textos. Permítales el uso del diccionario. Con las pistas que se dan, deben averiguar de qué ciudad se trata. Dígales que todos los lugares son ciudades muy turísticas de España e Hispanoamérica.

En la actividad 2, de carácter lúdico, cada estudiante debe redactar un texto similar a los anteriores refiriéndose a algún lugar turístico que haya visitado.

Una vez redactados los textos, un estudiante se levanta, lee su texto y los demás deben averiguar de qué lugar se trata.

1. Lima (Perú); 2. Tegucigalpa (Honduras); 3. Buenos Aires (Argentina); 4. Granada (España); 5. Barcelona (España).

2 ¿LO HAS VISTO YA? · 86

En este epígrafe los alumnos aprenden a hablar sobre la realización o no de acciones previstas a través del uso del pretérito perfecto y los adverbios *ya/todavía no*, apoyándose en las actividades de contenido cultural: Madrid y sus lugares de interés turístico.

> **1** El diálogo tiene como fondo la ciudad de Madrid. Dígales a los estudiantes que Mario ha ido a Madrid y allí se ha encontrado con una amiga. El objetivo es que identifiquen qué lugares de los que se señalan han visitado los dos o uno de ellos. Se propone esta actividad de manera inductiva para que, más tarde, puedan reflexionar sobre la diferencia del significado del mensaje utilizando el contraste *ya/todavía no*.

🔊 **Mónica:** ¡Hombre, Mario, qué sorpresa!, ¿qué haces en Madrid?
| 26 | **Mario:** Pues ya ves. He venido de visita con unos amigos míos. ¿Y tú?
Mónica: Yo también, ¡qué casualidad! ¿Y qué habéis visto?
Mario: Pues... ya hemos estado en el museo del Prado, en la plaza de Cibeles, en la Gran Vía...
Mónica: Y en el Reina Sofía, ¿habéis estado?
Mario: No, todavía no hemos ido, ¿y tú?
Mónica: Yo, tampoco.
Mario: ¿Y el Rastro lo habéis visto?
Mónica: Sí, hemos ido esta mañana y hemos comprado muchas cosas.
Mario: ¿Y qué tal?
Mónica: Es muy interesante aunque hay mucha gente... Bueno, cuéntame, ¿qué más habéis visto? ¿Alguna recomendación?
Mario: Bueno, ya hemos visitado el Retiro y nos ha encantado, ¡es precioso!
Mónica: Sí, yo también. ¿Habéis salido de noche?
Mario: No, todavía no hemos ido de marcha. Queremos ir de tapas por la Plaza Mayor. Si quieres, podemos vernos.
Mónica: ¡Vale, perfecto! Se lo digo a Julián, un amigo mío que está aquí conmigo y quedamos. Te llamo al móvil.
Mario: Perfecto... Entonces, hasta esta noche.

Mario ha visitado ya: el museo del Prado, la plaza de Cibeles, la Gran Vía; Mónica ha visitado ya: el Rastro; Los dos han visitado ya: el Retiro.

1.1. Pídales que escuchen de nuevo y completen las frases del diálogo. De esta manera, ellos mismos extraen las muestras de lengua con las que trabajar en la reflexión posterior.

1. ya; 2. todavía no; 3. ya; 4. todavía no.

1.2. Actividad de reflexión lingüística de carácter inductivo, en la que se establece la diferencia sobre el uso de *ya/todavía no*. Individualmente, pídales que, fijándose en las frases de la actividad 1, completen los huecos del cuadro y que pongan un ejemplo de su invención. Una vez que hayan terminado, corrija y pida a varios alumnos que lean sus ejemplos para comprobar que han comprendido el concepto.

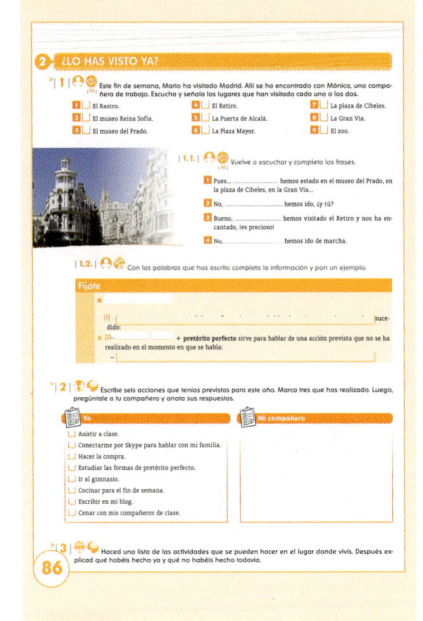

1. ya; 2. todavía no.

nuevo PRISMA fusión • Libro del Profesor • Unidad **10**

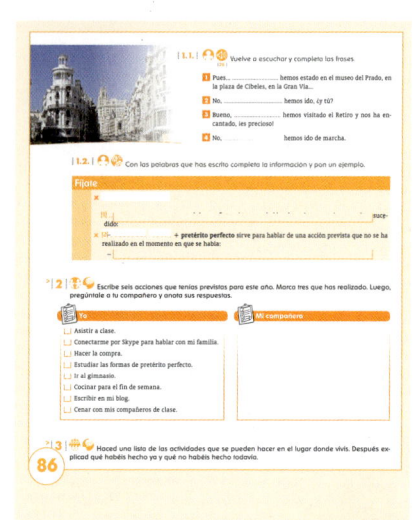

> **2** Actividad de interacción oral, en la que, sobre una lista de actividades, los alumnos, agrupados en parejas, deciden sus actividades previstas para ese día y luego se preguntan para saber lo que cada uno de ellos ha hecho ya y no ha hecho todavía.

> **3** El objetivo de esta actividad es transferir lo aprendido a la propia realidad del estudiante. Para ello, se les pide que piensen lo que se puede hacer, ver, visitar…, en cada una de sus ciudades de origen y que comenten a sus compañeros lo que han hecho y lo que no. Si todos los estudiantes son de la misma ciudad, pídales que piensen en un lugar que hayan visitado y realice la actividad del mismo modo. .

Puede llevar a cabo la actividad 8 de la unidad 10 del *Libro de ejercicios* para consolidar estos contenidos.

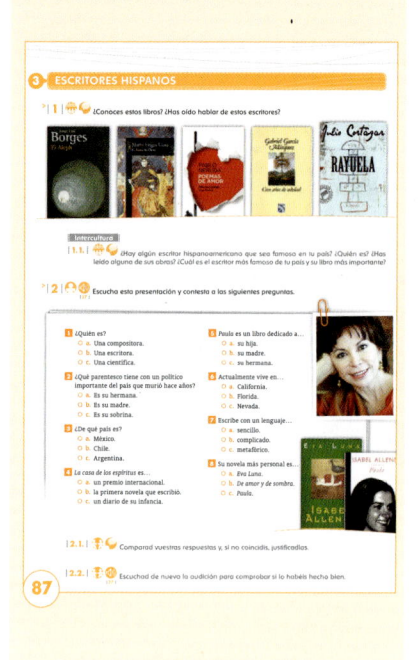

3 ESCRITORES HISPANOS 87

Epígrafe de contenido cultural sobre algunos escritores hispanos de fama mundial. A través de las actividades, se trabaja el género de la entrevista y el modo de realizarla a través de un modelo real.

> **1** Actividad cultural de información previa. Presentamos una serie de portadas de libros de algunos escritores hispanos con el fin de que los estudiantes, a través de la imagen, activen los conocimientos que puedan tener sobre dichos escritores. Si lo cree conveniente, puede ampliar la información con otros títulos. En este caso, proponemos que forme grupos pequeños y entregue las copias de la ficha extra de información 19. Asigne a cada grupo una obra y un escritor y pídales que lean la información. Los componentes del grupo deben explicar al resto de los grupos lo que han averiguado de esos libros y sus autores.

ELEteca
19. Otros escritores hispanos.

1.1. Actividad intercultural e interactiva. Instamos a los estudiantes a que nos expliquen qué escritores hispanos son famosos o conocidos en su país. Cada uno de ellos deberá aportar sus conocimientos y compartirlos con los compañeros.

> **2** Actividad de comprensión auditiva que es la adaptación de la presentación previa de una entrevista real a Isabel Allende, una de las escritoras hispanas más conocidas. Pídales que escuchen con atención y que, posteriormente y de manera individual, respondan a las preguntas. Si conocen a la escritora (recuérdeles que ya obtuvieron información sobre ella en la unidad 2), cambie la dinámica y pídales que primero contesten a las preguntas y que comprueben sus respuestas con la audición. Si quiere ampliar la actividad, puede conectar con esta dirección de Youtube y poner completa la entrevista que es un reportaje en dos partes: http://www.youtube.com/watch?v=6NdMvk3Yh1k y http://www.youtube.com/watch?v=FicuQh1Oqls

| 27 | Isabel Allende es una escritora chilena nacida en 1942.
Sobrina del presidente Salvador Allende, Isabel sale de Chile en 1973 tras el golpe militar de Augusto Pinochet.

En el exilio, escribe su primera novela de gran éxito internacional, *La casa de los espíritus*.

Es la escritora en lengua española más leída de todos los tiempos.

Ha cultivado el periodismo, la novela, los cuentos infantiles y el teatro.

Su lenguaje es sencillo y claro.

Uno de sus libros más personales es *Paula*, dedicado a su hija fallecida.

Ha vendido millones de copias de sus libros, con traducciones a multitud de idiomas. Otras obras son: *De amor y de sombra* y *Eva Luna*.

También ha obtenido numerosos galardones por sus obras, como el Premio Nacional de Literatura de Chile en 2010.

Es una de las primeras novelistas latinoamericanas que ha alcanzado fama y reconocimiento a escala mundial.

Actualmente reside en la ciudad de San Rafael, California, Estados Unidos.

1. b; 2. c; 3. b; 4. b; 5. a; 6. a; 7. a; 8. c.

2.1 y **2.2.** Actividades de comprobación sobre las respuestas de la actividad anterior. Se pide que trabajen bajo la dinámica de parejas para que interactúen y se beneficien de las respuestas de su compañero o puedan corroborar que las propias son correctas. Este intercambio pretende enriquecer el proceso de aprendizaje mediante la colaboración con los compañeros.

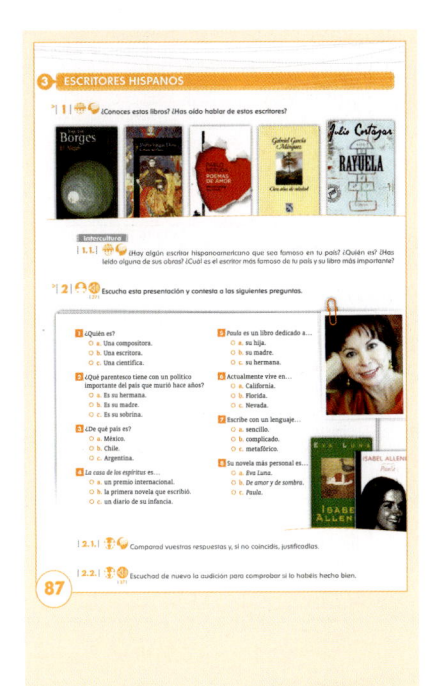

>3 Se presenta una secuencia de actividades de trabajo cooperativo. Para llevar a cabo la secuencia de actividades (1-3) de este epígrafe, divida la clase en grupos de tres personas. Deberán realizar las actividades por orden y no se debe empezar ninguna actividad sin que todos los grupos hayan terminado la actividad anterior. La tarea final consiste en la modesta realización de una entrevista a un escritor hispano y la publicación de la misma. Para ello, cada grupo deberá elegir un escritor diferente de los propuestos u otros, leer y buscar información, de manera que, al final de la tarea, tengamos un abanico de escritores diferentes para enriquecer su acervo cultural y conseguir una actividad significativa.

Como actividad previa, se presenta un modelo para poder llevar a cabo las actividades a continuación.

1. Pídales que lean las fichas que se presentan y que amplíen la información acudiendo a Internet. También pueden buscar información sobre escritores hispanos de su interés y confeccionar una ficha similar. Cada grupo debe seleccionar a un escritor y confeccionar las preguntas de la entrevista siguiendo la plantilla que se proporciona.

2. Pedimos que se intercambien los miembros de los grupos para llevar a cabo esta segunda actividad que es la realización de la entrevista. Es importante que el que tome el papel de escritor se haya informado bien de a quién representa. Si hay posibilidad, se puede pedir a los estudiantes que, además de tomar notas, graben la entrevista para luego transcribirla.

3. Con las notas que han tomado, redactan la entrevista para su publicación, teniendo en cuenta los pasos que se les ofrecen como ayuda. Para ello, cada estudiante adopta un rol de manera que la aportación de cada uno sea imprescindible para que la tarea llegue a buen fin.

4. Recoja las entrevistas y proceda a su corrección. Puede proyectar a los estudiantes el código de errores que proporcionamos en la proyección 28 para marcar los errores que detecte y, posteriormente, los estudiantes puedan autocorregir la entrevista.

Proyección 28. Propuesta de código de errores.

Dinámica. Proyecte el código y explíquelo. Dígales que con este código entenderán qué tipo de error han cometido a fin de que puedan corregirlo. Déjeles un tiempo para llevar a cabo la rectificación de los escritos y pasee entre los grupos para solucionar las dudas que puedan surgir.

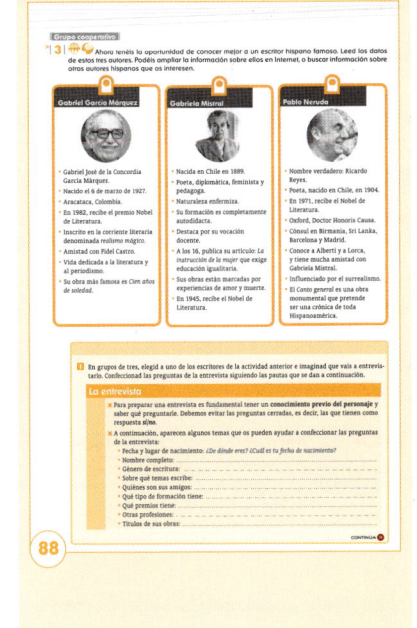

5. Una vez corregidas las entrevistas y puestas en limpio, se ofrece a los estudiantes la posibilidad de su publicación. Se puede hacer en digital, colgándolas en alguna de las redes sociales disponibles, o en papel, colgadas en el tablón de la clase. Lo importante es que todos tengan acceso a todas las entrevista y se vea el resultado de la tarea final realizada.

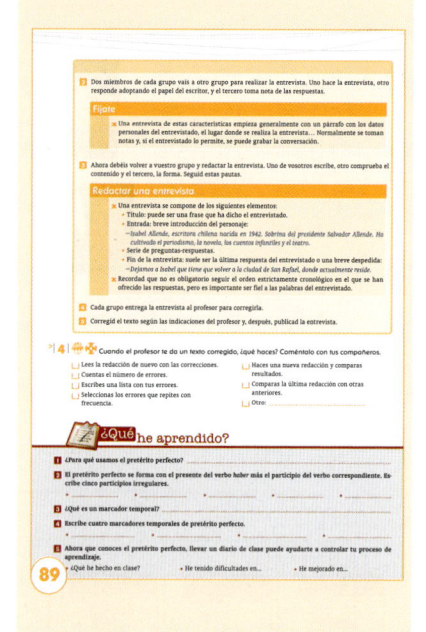

> **4** Se propone una reflexión centrada en el valor que adquiere el error dentro del proceso de aprendizaje. Una vez realizada la actividad, haga una puesta en común y resalte el valor positivo del error como parte del proceso de aprendizaje y su mejor aprovechamiento.

¿QUÉ HE APRENDIDO? 89

> **1** Usamos el pretérito perfecto para referirnos a acciones terminadas en presente o en un periodo de tiempo no terminado.

> **3** Los marcadores temporales son adverbios o locuciones adverbiales que precisan el tiempo en que suceden las acciones. En el caso del pretérito perfecto, estos marcadores son todos los que indican un tiempo no terminado (*hoy, esta mañana...*).

ELEteca
COMUNICACIÓN. ¿Qué ha hecho?
GRAMÁTICA. Participios irregulares.
LÉXICO. Marcadores de tiempo no terminado.

ELEteca
¡Ya lo hemos acabado!

ELEteca
FONÉTICA Y ORTOGRAFÍA. La tilde diacrítica.

11 ¡MAÑANA ES FIESTA!

La unidad comienza con un contenido de carácter sociocultural: los días festivos y las vacaciones en España a través de diferentes tipos de textos como los mensajes y las opiniones en un foro. Los contenidos lingüísticos presentan las estructuras para expresar la opinión y la negación, además de introducir las formas del imperativo afirmativo para dar consejos. El componente estratégico aporta al estudiante recursos para reflexionar sobre los hábitos de estudio en el aprendizaje de una lengua.

1 DÍAS DE FIESTA 90

Bajo el eje temático de la distribución de los días festivos y las vacaciones en España, el alumno aprenderá a dar y pedir la opinión, y a expresar acuerdo y desacuerdo.

> **1** Para introducir esta primera actividad, escriba en la pizarra "días de fiesta" y "días laborables", pregúnteles a los estudiantes qué palabras relacionan con cada término y anótelas en la pizarra. En segundo lugar, pregúnteles qué hacen habitualmente en un día de fiesta en sus respectivos países y plantéeles, por último, la siguiente pregunta: *¿Creéis que hay demasiados días festivos en vuestro país? ¿Por qué?* De este modo contextualizarán la entrevista que deben leer a continuación. Antes de la lectura individual adviértales de que las expresiones resaltadas en color naranja están relacionadas con la expresión de la opinión.

1.1. Pídales que vuelvan a leer el texto y que, en parejas, coloquen las expresiones en el cuadro de reflexión, según corresponda. Puede corregir la actividad con la proyección 29.

1. ¿Cree/Crees que...?; 2. ¿Qué piensa/piensas de...?; 3. Pienso que; 4. Para mí; 5. Creo que tienen/tiene razón, pero...; 6. No estoy de acuerdo.

Proyección 29. Para dar y pedir una opinión.

Dinámica. Proyecte la imagen para que los estudiantes comprueben sus respuestas. Al finalizar, aluda al cuadro de atención que hace referencia a la idéntica construcción de los verbos *parecer* y *gustar*. Mantenga la proyección durante la actividad 1.2.

1.2. Actividad de consolidación de los contenidos aprendidos. Divida la clase en grupos de cuatro y pídales que preparen un debate con alguno de los temas propuestos u otro de su interés. Asegúrese de que cada grupo elige un tema diferente. Es importante remarcar que en el debate dos personas del grupo han de aportar argumentos a favor y los otros dos, en contra. Déjeles un tiempo para preparar su intervención.

Por turnos, cada grupo representa el debate en clase. Mientras escuchan a sus compañeros, el resto de alumnos debe tomar notas.

1.3. Pídales que, consultando sus notas, escriban en un papel qué debate les ha parecido el más interesante. Realice un recuento de votos para ver quién ha ganado. En una actividad final, que puede realizarse fuera del horario de clase, propóngales que escriban un texto expresando su opinión sobre el tema del debate ganador.

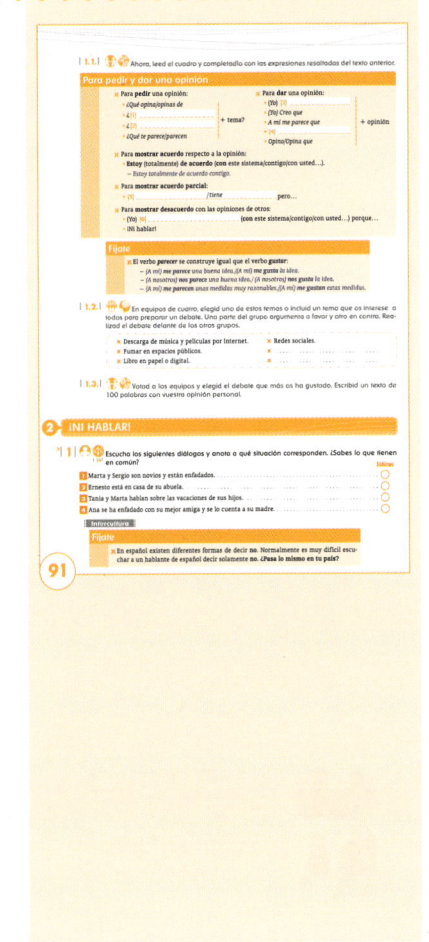

nuevo **PRISMA fusión** • Libro del Profesor • Unidad **11**

2 ¡NI HABLAR! 91

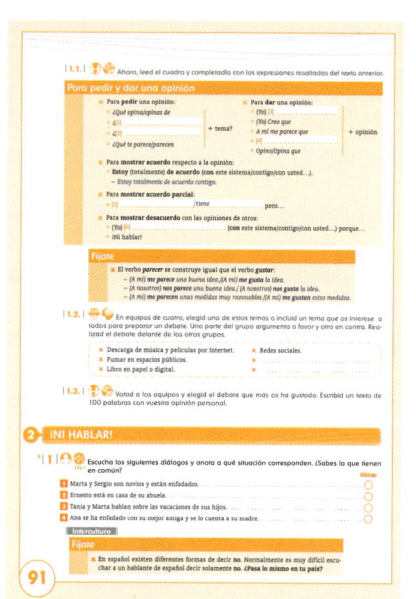

En este epígrafe se presentan las diferentes formas de la negación en español: débil, fuerte o doble negación. Como actividad final se propone una tarea de grupo cooperativo en la que los estudiantes decidirán qué días declarar festivos a nivel internacional. Los alumnos tendrán que justificar su elección, utilizando las estructuras de opinión adecuadas.

> **1** Haga saber a los estudiantes que para llevar a cabo una conversación es muy importante saber interactuar, esto implica un conocimiento por parte del hablante de los códigos culturales y funcionales de la lengua. Para ser un hablante competente en español, es fundamental controlar los mecanismos de la negación y su forma de expresarla en una conversación. Antes de proceder a la escucha, cerciórese de que los estudiantes comprenden las frases. Realice una primera escucha para que tomen contacto con las situaciones. En una segunda escucha deben relacionar los diálogos con las frases. Luego, déjeles un tiempo para que cotejen los resultados con un compañero. En plenario realice la corrección final. A continuación, pregúnteles qué tienen en común los diálogos. Para finalizar, comente el contenido del cuadro de atención y pídales que comparen este contenido sociocultural con respecto a su país o países de origen.

Diálogo A

● ¡María es insoportable! Siempre se ríe de mí.
○ Bueno, bueno, no lo creo. Ya sabes que ella es muy bromista y le encanta divertirse. Tienes que hablar con ella y decirle que estás molesta.
● ¡Ni hablar! No quiero ni verla.

Diálogo B

● ¿Por qué te enfadas ahora, Sergio?
○ ¿Que por qué me enfado? No, por nada... Solamente que en media hora quedamos con María y Miguel para ir al cine, y ahora me dices que no puedes ir.
● Lo siento...
○ Siempre es lo mismo. ¡Nunca se pueden hacer planes contigo!
● ¡Anda! ¡Solo es hoy, que no puedo!
○ ¡Que no! Que ni hoy ni nunca.

Diálogo C

● ¿Quieres comer algo más?
○ No, gracias abuela, no tengo hambre.
● Pero si no comes nada. ¿De verdad que no tienes hambre?
○ Que no, abuela, que no quiero nada.

Diálogo D

● Este año mis hijos van a pasar las vacaciones de verano con sus abuelos... ¿Y los tuyos?
○ No lo sé. El año pasado fueron a un campamento y lo pasaron muy mal, así que no los vuelvo a llevar, nunca jamás. ¡Fue horrible!

En todos los diálogos los interlocutores expresan negación.
1. B; 2. C; 3. D; 4. A.

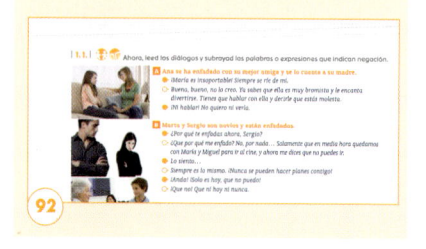

1.1. Con la transcripción de los diálogos, los alumnos identifican las expresiones que indican negación (débil o neutra, fuerte y doble negación) y que han escuchado anteriormente.

A. ¡Ni hablar!; No quiero ni verla; B. No, por nada; ¡Que no!; que ni hoy ni nunca; C. No, gracias; Que no, que no quiero nada; D. no los vuelvo a llevar; nunca jamás.

1.2. Actividad de sistematización de las estructuras aprendidas.

La entonación en un diálogo aporta al oyente mucha información sobre el mensaje y el estado de ánimo del interlocutor (está contento, enfadado, triste, si el mensaje es irónico, etc.). Hágales ver la importancia de este elemento del discurso y realice una tercera escucha en la que se fijen en la entonación. Comente con ellos qué pueden deducir del estado de ánimo de los interlocutores y en qué basan sus afirmaciones.

1.3. Indique a los alumnos que hagan una reflexión sobre las formas de expresión de la negación en su propia lengua y expliquen los tipos de entonación y su significado, en el caso de que existan. Si se encuentra ante una clase multicultural, proponga que se dividan por nacionalidades y que hagan una reflexión grupal.

A continuación, para consolidar las expresiones de negación y revisar las estructuras de opinión, sugiera la realización de los ejercicios 3 a 6 de la unidad 11 del *Libro de ejercicios*.

> **2** Los estudiantes van a realizar una actividad de trabajo cooperativo cuya tarea final es decidir qué días deben ser festivos en el ámbito internacional. Para ello, proponga a la clase que formen tres grupos: A, B y C y que escojan cada uno a un delegado. Luego, entrégueles a cada grupo la ficha 33, en la que se presentan catorce días internacionales dedicados a una causa, pídales que hagan una lectura individual y resuelva las posibles dudas de vocabulario.

Una vez leídas las catorce propuestas, cada grupo debe llevar a cabo la tarea de escoger los siete días que ellos consideran más relevantes, ponerse de acuerdo todos los miembros y argumentar sus elecciones. Para ello, dígales que utilicen las estructuras aprendidas para expresar opinión, acuerdo y desacuerdo. El delegado de cada grupo debe salir a la pizarra y escribir las siete propuestas. Luego, proponga un plenario con la finalidad de que los tres grupos lleguen a un consenso en una única lista, escribiendo en primer lugar las fechas en las que todos están de acuerdo y discutiendo, después, el resto de las fechas para llegar a un acuerdo final.

Ficha 33. Días para no olvidar nunca.

3 RECORRE SUDAMÉRICA 93

A través de un viaje por Sudamérica, se introducen los contenidos lingüísticos del epígrafe: formas y algunos usos del imperativo afirmativo. Se propone, como colofón, una reflexión contrastiva entre el español y la lengua materna de los estudiantes para encontrar paralelismos y diferencias con respecto a los usos de la nueva forma verbal.

> **1** Si lo considera conveniente, antes de proceder a la tarea de comprensión auditiva, puede plantear una serie de preguntas sobre Sudamérica para contextualizar la actividad, y activar los conocimientos previos de los alumnos sobre el tema: *¿Qué países forman Sudamérica? ¿Qué buscan o qué les interesa a los turistas de Sudamérica? ¿Qué lenguas se hablan? Y a ti, ¿qué te interesa de Sudamérica?* Utilice la proyección 30 que reproduce el mapa de Sudamérica para facilitar la tarea (puede repartir una copia o simplemente proyectar la imagen). En pequeños grupos, los estudiantes deben responder las preguntas y compartir sus conocimientos previos.

Posteriormente, indíqueles que lean el texto *Recorre Sudamérica* para comprobar las respuestas que han dado. Una vez contextualizada la actividad, y antes de proceder a la escucha, lea con los estudiantes los consejos y resuelva las posibles dudas de vocabulario que surjan.

Una vez realizada la actividad, dirija la atención de los estudiantes a las palabras resaltadas en negrita, dígales que se trata de una nueva forma verbal, el imperativo, y recalque la información que se da en el cuadro de reflexión lingüística: que es un modo verbal que en español tiene usos muy diversos, como dar instrucciones, consejos, órdenes, invitar…

Proyección 30. Mapa de Sudamérica.

Mensaje a
Para empezar, calcula todo en dólares. En países como Perú, por ejemplo, la moneda son los soles, pero es fácil encontrar un banco o una agencia de cambio.

Mensaje b
En general, comer bien en Sudamérica no es caro. Para saber cuánto puedes gastar en alojamiento, ponte en contacto antes con los hoteles y pensiones y pregunta el precio. Así tienes una idea más clara del dinero que vas a necesitar y puedes hacer un presupuesto.

Mensaje c
La mayoría de los aventureros que recorren Sudamérica empiezan en Argentina y continúan hacia Chile, Bolivia, Perú, Ecuador y Colombia. Los países menos visitados son Uruguay y Paraguay. Y Brasil, planifícalo en otro viaje… ¡Es un país enorme!

Mensaje d
Para mantener a tu familia y amigos informados de lo que está pasando en tu viaje, crea tu propio blog. Así tienes un diario, subes fotos y ayudas a otros aventureros con tus experiencias.

Mensaje e
Lleva pocas maletas, un chubasquero de lluvia y contra el viento, unos vaqueros, un par de camisetas, ropa interior y unos buenos zapatos usados y cómodos.

Mensaje f
Todos los países son diferentes… Infórmate sobre las medidas de seguridad en cada país.

Mensaje g
Antes de viajar, escoge los países y lugares que vas a visitar, y decide cuántos días o semanas te vas quedar en cada uno.

Mensaje h
En el transcurso del viaje, seguro que te encuentras con otros turistas con tu mismo objetivo: recorrer Sudamérica. Habla con ellos e intercambia tus experiencias; es una oportunidad maravillosa de conocer gente, hacer preguntas o recibir buenos consejos.

Mensaje i
Si eres europeo, no necesitas una visa para viajar a Latinoamérica, solo tu pasaporte. Si tu viaje es por más de tres meses, pide información sobre visados antes de viajar.

Mensaje j
Busca información sobre las vacunas necesarias en los países que vas a visitar. Antes de viajar, ve al médico.

1. c; 2. g; 3. b; 4. a; 5. j; 6. d; 7. i; 8. e; 9. f; 10. h.

ELEteca
20. Sudamérica.

1.1. Diga a los alumnos que vuelvan a leer los consejos para fijar su atención en las palabras en negrita de la actividad 1 con el fin de completar el cuadro con la morfología regular del imperativo afirmativo y algunas formas irregulares. Para una comprobación de resultados utilice la proyección 31.

1.2. 1. viaja; 2. piensa; 3. vacúnate.

Proyección 31. El imperativo afirmativo.

1.3. Tenga en cuenta que el imperativo presenta más irregularidades, pero aquí se exponen los verbos que, por su uso frecuente, son más relevantes para los estudiantes. Si lo cree oportuno, puede ampliar esta lista de acuerdo a su criterio.

1. ve; 2. venid; 3. ponga; 4. haz; 5. tened; 6. sal.

Puede sistematizar estos contenidos con los ejercicios 1 y 2 de la unidad 11 del *Libro de ejercicios*.

Si quiere realizar una práctica extra, puede utilizar la ficha 34.

Ficha 34. Práctica del imperativo.

Actividades de consolidación para llevar a cabo de modo individual.

Dinámica. Reparta la ficha entre los alumnos para que lleven a cabo las actividades de modo individual. Puede ser realizada como trabajo extraescolar.

1. 1. c; 2. e; 3. f; 4. h; 5. g; 6. a; 7. d; 8. b. **2.** 1. tú; 2. vosotros; 3. usted; 4. usted; 5. usted; 6. ustedes; 7. tú; 8. vosotros. **3.** 1. Lea; 2. Empiece; 3. Vaya; 4. Cree; 5. Viaje; 6. Haga; 7. Coma. **4.** 1. Escribe; 2. Viajen; 3. Comprad; 4. Ve, coge; 5. Haced; 6. Llega; 7. Poned. **5.** Posible clave. 1. Come más despacio para no tener dolor de estómago; 2. Haz los deberes para tener buenas notas; 3. Salid de casa, os vais a divertir más; 4. Ve al médico; 5. Ten paciencia. No tienes que enfadarte tanto. **6.** Respuesta abierta.

1.4. Si ha trabajado la ficha 34, puede cambiar la dinámica haciendo que lean en voz alta los consejos que han escrito en la actividad 6 de esa ficha y que los comparen. En el caso de una clase monolingüe, asígneles un país sudamericano y pídales que busquen en Internet consejos para viajar a ese país. En una sesión de clase posterior, haga una puesta en común.

>2 Una vez los alumnos hayan subrayado las formas verbales, pídales que le digan de qué forma se trata. Es el imperativo. Hágales ver que dar instrucciones es otra función que puede expresarse con imperativo.

inicia, haz, selecciona, haz, marca, pulsa, escribe, haz, inicia.

2.1. Mantenga las parejas de la actividad anterior, pídales que elijan alguno de los temas propuestos u otros de su elección. Procure que no se repitan para que haya más variedad. Posteriormente, recoja las producciones de sus alumnos, corríjalas y, en una sesión posterior, pida a algunas parejas que lean sus instrucciones en plenario.

>3 Recomiende a los alumnos que comparen las formas del imperativo y sus usos con su lengua materna para encontrar paralelismos y discordancias. Esta reflexión contrastiva los ayudará a entender el amplio abanico de posibilidades que tiene el modo imperativo en español.

4 ¿QUÉ TIPO DE ESTUDIANTE ERES?

Este epígrafe centra su atención en la reflexión sobre el propio proceso de aprendizaje y el trabajo estratégico. Se ayuda al estudiante para que tome conciencia de su forma de trabajo intelectual y, en un intercambio cooperativo, a conocer otras estrategias de estudio.

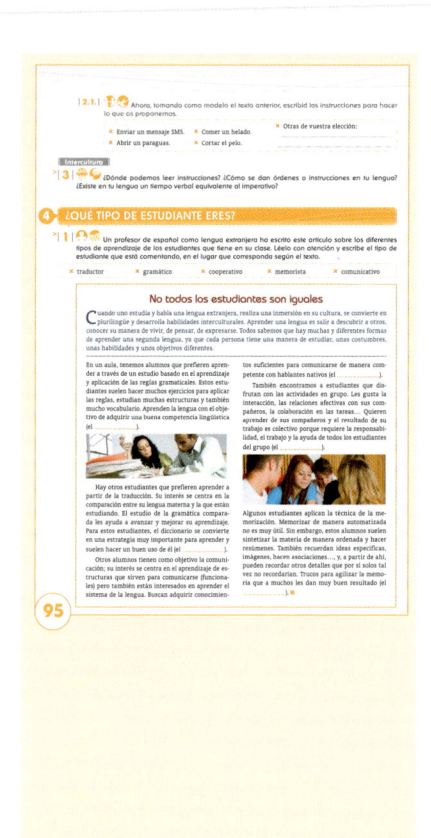

> **1** El objetivo del texto es que el alumno reflexione sobre diferentes formas de aprender una lengua; de esta manera, se fomenta una de las exigencias del proceso de aprendizaje autónomo: la reflexión sobre el proceso de aprendizaje. Conocer y determinar nuestra forma de estudiar es fundamental para evaluar nuestro trabajo y establecer nuevas pautas para ser más autónomos y eficaces al estudiar. Indíqueles que, en esta actividad, deben realizar una lectura global del texto para cumplir con la tarea, en la actividad posterior 1.1. se trabajará en profundidad el artículo.

Si lo cree conveniente, puede realizar una preactividad para anticipar el vocabulario y facilitar la posterior comprensión lectora. Divida la clase en pequeños grupos, escriba en la pizarra los tipos de estudiantes: *traductor, gramático, cooperativo, memorista* y *comunicativo*. A continuación, escriba en un recuadro las siguientes palabras y frases en un orden aleatorio: *reglas gramaticales, hacer resúmenes, diccionario, aprender para comunicar, trabajar en grupo, ejercicios para memorizar las nuevas palabras, ayudar a los compañeros, hablar, ejercicios de gramática, comparar una lengua con otra* (gramática comparada). Los grupos deben asociar dos de estos conceptos a cada tipología de estudiante. En plenario, realice una corrección donde los estudiantes deben justificar su elección.

La relación correcta es: traductor, *comparar una lengua con otra* y *diccionario*; gramático, *reglas gramaticales* y *ejercicios de gramática*; cooperativo, *trabajar en grupo* y *ayudar a los compañeros*; memorista, *ejercicios para memorizar las nuevas palabras* y *hacer resúmenes*; comunicativo, *hablar* y *aprender para comunicar*.

gramático; traductor; comunicativo; cooperativo; memorista.

1.1. Las preguntas de esta actividad pretenden guiar la reflexión de los estudiantes sobre diferentes formas y estrategias de trabajo intelectual y, por ende, fomentar una crítica del alumno sobre el desarrollo del propio trabajo. Si lo cree conveniente, proponga que la actividad tenga un desarrollo piramidal. En parejas deben reflexionar sobre las preguntas de la actividad, posteriormente deben reunirse con otra pareja para exponer los resultados y llegar a un consenso. Por último, en plenario se presentan las conclusiones de los pequeños grupos y se busca un consenso general.

1.2., **1.3.** y **1.4.** Estas actividades, enmarcadas con la etiqueta de *Sensaciones*, trabajan el componente afectivo como estrategia para motivar el aprendizaje. Se pretende que los alumnos sean capaces de reconocer las destrezas, habilidades y enfoques de trabajo de los compañeros. Contar con opiniones razonadas y experiencias que provienen de su grupo de iguales es muy positivo para determinar posibles fallos y errores, los alumnos son más exigentes con aquellos aspectos que están juzgando. De esta manera, se fomenta una mayor responsabilidad con respecto al propio trabajo y una actitud más autónoma de aprender español.

Para finalizar el epígrafe, después de la actividad 2.1., puede proponer la realización de la ficha 35.

Ficha 35. Pensamientos positivos.

Ejercicios de reflexión sobre el propio proceso de aprendizaje para fomentar en los alumnos un sistema de creencias que permita una motivación constante.

Dinámica. 1. Los alumnos deben exteriorizar aquellos pensamientos o creencias negativas que tienen sobre su propio proceso de aprendizaje. Pídales que sigan el modelo del ejemplo. **2.** Divida la clase en pequeños grupos. La intención es que los alumnos compartan sus apreciaciones negativas y en un trabajo en grupo se maticen, entre todos, los pensamientos negativos, por ejemplo: *Tú no eres malo/a para los idiomas, no logras recordar*

todo el vocabulario pero sí mucho... Luego, reflexione con ellos sobre el contenido del cuadro de atención. En este estadio del ejercicio es fundamental que usted ejerza de guía, que fomente en los grupos una reflexión de crítica hacia aquellos pensamientos que limitan el desempeño de los estudiantes.
3. Aquí los estudiantes van a exteriorizar sus creencias positivas, deben escoger una para explicarla en plenario. Al escogerla y escribirla en un lugar siempre visible, se aporta al alumno un "ancla", un valor positivo, una creencia a la que puede recurrir para automotivarse.

5 VARIEDADES DEL ESPAÑOL — 96

Si bien *nuevo Prisma fusión A1+A2* utiliza como lengua vehicular la variante española, a lo largo de las unidades los estudiantes se han visto expuestos a diferentes acentos hispanos. Este epígrafe trabaja de manera consciente una muestra de diferentes variantes del español de modo que el estudiante tome conciencia de la heterogeneidad de la lengua que estudia.

> **1** El objetivo de esta actividad es que los alumnos reconozcan una característica general del español de América y de algunas zonas de España que ya vieron en unidades anteriores: el seseo. Puede retomar la información extra de la ELEteca n.º 13 (*El seseo*), si así lo cree oportuno.

🔊 | 30 | Azúcar, pesadilla, hacer, ceniza, cereza, gracias.

> **2** El objetivo de esta actividad es que los alumnos reflexionen sobre los textos que escuchan y puedan identificar la procedencia, a grandes rasgos, de los hablantes. Advierta a los alumnos que, para cumplir con el objetivo de la tarea (reconocer qué palabras de los cuadros aparecen en los textos respectivos), no es necesaria una comprensión total del texto. Después de una primera escucha, déjeles un tiempo para que comprueben los datos con un compañero. Ponga una segunda vez la audición para una corrección final.

🔊 | 31 | **Texto 1. Fragmento adaptado de *Casa Tomada*, de Julio Cortázar.**
Nos gustaba la casa porque aparte de espaciosa y antigua guardaba los recuerdos de nuestros bisabuelos, el abuelo paterno, nuestros padres y toda la infancia. Nos habituamos Irene y yo a persistir solos en ella, lo que era una locura pues en esa casa podían vivir ocho personas sin estorbarse. Hacíamos la limpieza por la mañana, levantándonos a las siete, y a eso de las once yo le dejaba a Irene las últimas habitaciones por repasar y me iba a la cocina. Almorzábamos al mediodía, siempre puntuales; ya no quedaba nada por hacer fuera de unos platos sucios. Nos resultaba grato almorzar pensando en la casa profunda y silenciosa y cómo nos bastábamos para mantenerla limpia.

Texto 2. Fragmento de *La casa de los espíritus*, de Isabel Allende.
De una plumada, los militares cambiaron la historia, borrando los episodios, las ideologías y los personajes que el régimen desaprobaba. Acomodaron los mapas, porque no había ninguna razón para poner el Norte arriba, tan lejos de la patria, si se podía poner abajo, donde quedaba más favorecida y, de paso, pintaron con azul de Prusia vastas orillas de aguas territoriales hasta los límites de Asia y de África (...)

Texto 3. Fragmento de *Cien años de soledad*, de Gabriel García Márquez.
Muchos años después, frente al pelotón de fusilamiento, el coronel Aureliano Buendía había de recordar aquella tarde remota en que su padre lo llevó a conocer el hielo. Macondo era entonces una aldea de veinte casas de barro y cañabrava construidas a la orilla de un río de aguas diáfanas que se

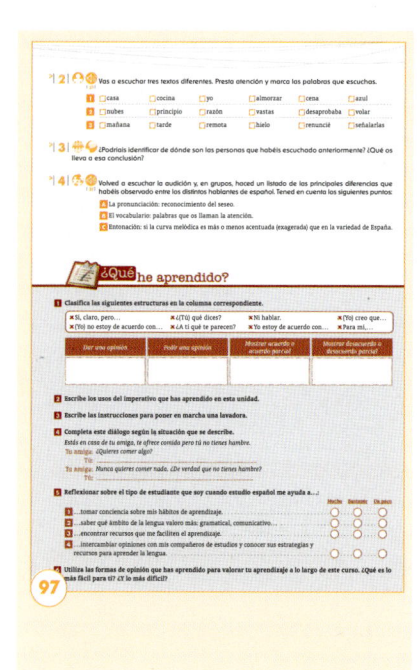

precipitaban por un lecho de piedras pulidas, blancas y enormes como huevos prehistóricos. El mundo era tan reciente, que muchas cosas carecían de nombre, y para mencionarlas había que señalarlas con el dedo.

Texto 1: casa, cocina, yo, almorzar. Texto 2: razón, vastas, desaprobaba. Texto 3: tarde, remota, hielo, señalarlas.

> 3 Es posible que los alumnos no puedan indicar exactamente a qué variante dialectal pertenecen los hablantes, pero pueden expresar una hipótesis. Puede abrir el espectro de la reflexión y preguntar a los alumnos si pueden reconocer otros acentos en español, si hay alguno que les gusta más que otro, etc.

Texto 1: acento argentino; Texto 2: acento chileno; Texto 3: acento colombiano.

ELEteca
21. Las variantes acentuales del español. Principales características.

> 4 Divida la clase en pequeños grupos, ponga la audición tantas veces como crea necesario. Si lo cree conveniente, aporte la transcripción para facilitar la tarea. Haga una puesta común final.

Puede ilustrar el tema con alguno de estos cortos:
Argentina: *Celulares* en http://www.youtube.com/watch?v=_TdaYsm8Gvo

Chile: *Paul Mccartney yo soy tu amigo fiel* en:
http://www.youtube.com/watch?v=_dQ5bjEtN9o

Colombia: *Bloqueras solidarias* en:
http://www.youtube.com/watch?v=-51sOatGiKs

¿QUÉ HE APRENDIDO? 97

> 1 Dar una opinión: (Yo) creo que..., Para mí,... Pedir una opinión: ¿(Tú) qué dices?, ¿A ti qué te parecen? Mostrar acuerdo o acuerdo parcial: Sí, claro, pero..., Yo estoy de acuerdo con... Mostrar desacuerdo o desacuerdo parcial: Ni hablar, (Yo) no estoy de acuerdo con...

ELEteca
Comunicación. **¿Estás de acuerdo?**
Gramática. **En imperativo.**
Léxico. **Los días festivos.**

ELEteca
Y tú, ¿qué opinas?

Repaso 1 / PERSONALIDADES

Una vez finalizado el nivel A1, ofrecemos una unidad de repaso con los contenidos fundamentales de este nivel. Es una revisión y, por tanto, no trata de evaluar al alumno. La unidad presenta una secuencia de actividades nuevas con las que los estudiantes podrán fijar los contenidos más importantes de A1 mientras que usted tendrá la oportunidad de comprobar el estado del grupo con respecto al nivel alcanzado, si así lo desea, dedicando un espacio de tiempo a detectar posibles carencias y a subsanarlas antes de seguir adelante.

También dispone en la ELEteca de un modelo de examen que reproduce la dinámica del examen DELE A1 del Instituto Cervantes y que le puede servir para realizar una evaluación objetiva del nivel alcanzado por sus estudiantes, así como servir de entrenamiento para aquellos alumnos que deseen presentarse a esta prueba.

1 ¿CÓMO APRENDES ESPAÑOL? 98

Epígrafe dedicado al repaso del presente de indicativo a través de una secuencia de actividades en la que los alumnos reflexionan sobre su forma de aprender y sobre las estrategias que consideran más útiles o eficaces. Finalmente, estos tendrán la oportunidad de expresar sus sentimientos con respecto a su curso y a la clase de español.

> **1** Esta actividad sirve de contextualización para las sucesivas actividades y ha de servir también como modelo de lengua para que luego ellos expliquen su método de aprendizaje.

1. Leyendo un libro; 2. Escuchando música; 3. Viendo la televisión; 4. Haciendo actividades en el ordenador; 5. Hablando con amigos hispanos; 6. Cantando.

1.1. Posibles respuestas para expresar opiniones y actitudes: buscar oportunidades para hablar con nativos; viajar a países de habla hispana; leer libros para niños o adolescentes nativos…

En este cuadro se presentan estructuras que el alumno podrá usar en 1.2. y también en la presentación personal de la actividad 2. Una lectura en grupo abierto puede ser suficiente para que los alumnos pongan de manifiesto sus conocimientos previos respecto a estrategias de aprendizaje. Si lo desea, pídales que las escriban en la pizarra.

1.2. Se pretende que los alumnos reflexionen sobre la utilidad y la posibilidad de poner en práctica estrategias. Pídales que justifiquen su respuesta, ya que servirá para que argumenten su opinión.

Siempre que el tipo de grupo lo permita, procure formar parejas con estudiantes de diferentes nacionalidades. A menudo, la cultura de origen conlleva el empleo sistemático de determinadas estrategias.

Si en el ejercicio anterior los estudiantes trasladaron los ejemplos de estrategias a la pizarra, le proponemos que ahora completen esa lista con las nuevas estrategias que hayan surgido durante esta actividad.

1.3. El conjunto de la clase debe discutir y consensuar diez recomendaciones para la elaboración de un póster. Anime a los alumnos a participar en la discusión

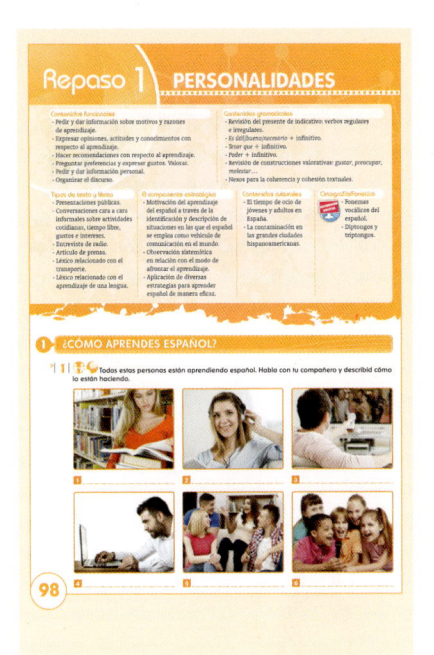

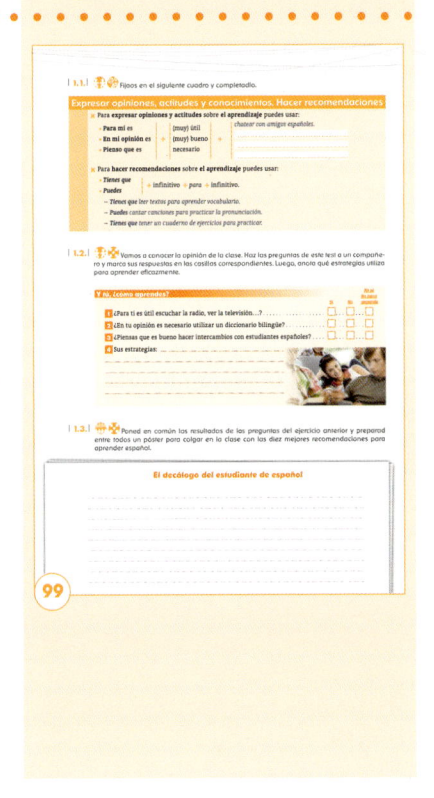

nuevo Prisma fusión • Libro del Profesor • Repaso 1

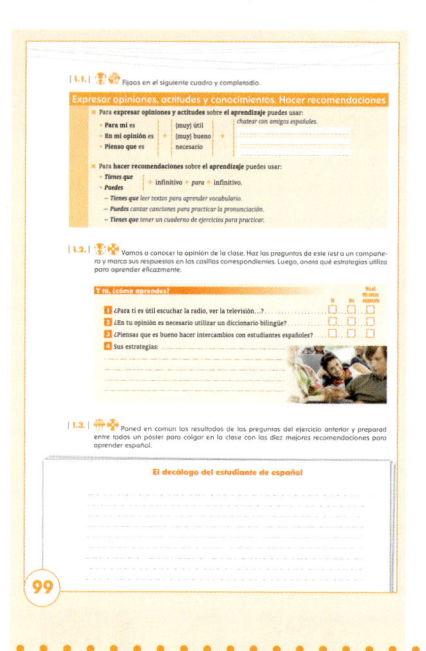

y, al crear el cartel, intente que cada alumno se implique en su elaboración. Si en las actividades anteriores los estudiantes anotaron sus respuestas en la pizarra, estas pueden servirles ahora de apoyo.

A modo de conclusión de trabajo del componente estratégico puede recurrir a la ficha 36.

Ficha 36. Plan de acción.

Dinámica. Indique a los alumnos que piensen en un aspecto del español que les gustaría mejorar y que escriban lo que querrían ser capaces de hacer, en el espacio de la ficha "Quiero ser capaz de…". A continuación, dé la consigna de que elijan una de las estrategias del decálogo para mejorar en el aspecto en cuestión, y que la escriban también en la ficha. En tercer lugar, deberán pensar de qué forma reconocerán que efectivamente se ha producido el progreso. Esta ficha debería ser retomada pasado un tiempo, para comprobar cuál ha sido el efecto de la estrategia adoptada.

> **2** Tras una primera lectura del texto, es aconsejable que realice una tarea de comprensión global del mismo. Por ejemplo, puede indicarles que identifiquen aspectos que Marta destaca sobre su vida personal: nombre completo, profesión, edad, lugar de residencia, gustos y aficiones, aspectos de la vida diaria y del tiempo libre, etc. Esta tarea les servirá más adelante para planificar la presentación de un compañero (paso 4 de la actividad).

1. Divida la clase en pequeños grupos y entrégueles la ficha 37 para repasar entre todos el presente de indicativo regular.

Ficha 37. Presente de indicativo regular.

Comer	**Abr**ir	**Escrib**ir
yo como	yo abro	yo escribo
tú comes	tú abres	tú escribes
él come	él abre	él escribe
nosotros comemos	nosotros abrimos	nosotros escribimos
vosotros coméis	vosotros abrís	vosotros escribís
ellos comen	ellos abren	ellos escriben

Explicar	**Recib**ir	**Corr**er
yo explico	yo recibo	yo corro
tú explicas	tú recibes	tú corres
él explica	él recibe	él corre
nosotros explicamos	nosotros recibimos	nosotros corremos
vosotros explicáis	vosotros recibís	vosotros corréis
ellos explican	ellos reciben	ellos corren

Cantar	**Habl**ar	**Respond**er
yo canto	yo hablo	yo respondo
tú cantas	tú hablas	tú respondes
él canta	él habla	él responde
nosotros cantamos	nosotros hablamos	nosotros respondemos
vosotros cantáis	vosotros habláis	vosotros respondéis
ellos cantan	ellos hablan	ellos responden

Escuchar	**Beb**er	**Viv**ir
yo escucho	yo bebo	yo vivo
tú escuchas	tú bebes	tú vives
él escucha	él bebe	él vive
nosotros escuchamos	nosotros bebemos	nosotros vivimos
vosotros escucháis	vosotros bebéis	vosotros vivís
ellos escuchan	ellos beben	ellos viven

2. Verbos regulares: me llamo; vivo; me gustan; se llama; nos levantamos; nos encanta; Verbos irregulares: soy; tengo; es; vengo; salgo; suelo; voy; hago; salimos; podemos; damos; vemos; tienen; duermo; prefiero; pedimos; nos sentamos; empieza.

3. Irregularidades vocálicas E>IE, O>UE, E>I: podemos (*poder*); duermo (*dormir*); prefiero (*preferir*); pedimos (*pedir*); nos sentamos (*sentarse*); empieza (*empezar*).

Irregularidades en 1.ª persona: hago (*hacer*); damos (*dar*); vemos (*ver*), salimos (*salir*).

Más de una irregularidad: vengo (*venir*), tienen (*tener*).

Otras irregularidades: voy (*ir*), es (*ser*).

4. El alumno puede realizar en clase o en horario no lectivo la redacción del texto. Para facilitar la tarea pida que hagan la presentación de la pareja con la que realizaron la actividad 1.1. y/o 1.2. de este mismo epígrafe y le pregunten la información personal que necesiten para la composición del texto.

5. Finalmente, se comprueban los textos mediante esta actividad lúdica.

> **3** 1. A; 2. D; 4. B; 5. C. Sobran las frases 3 y 6.

i+ ELEteca
22. La importancia de aprender español.

2 ¿CÓMO TE DIVIERTES? 101

Este epígrafe prosigue con la vida cotidiana como centro de interés, pero se centra ahora en el ocio de los jóvenes y adultos en España, el primer contenido cultural de la unidad. El alumno leerá la valoración de una encuesta, texto a partir de cual se trabajarán la cohesión y la coherencia textuales.

> **1** Este primer ejercicio presenta cuatro situaciones en las que diferentes jóvenes disfrutan de su tiempo libre. Además de servir para contextualizar las actividades de este epígrafe, se ofrecen como ejemplos a partir de los cuales el estudiante puede sugerir y aportar nuevas ideas.

Posible respuesta: Foto 1: Ver una película en el cine; Foto 2: Montar en la montaña rusa en un parque de atracciones; Foto 3: Comer en la terraza de un restaurante; Foto 4: Senderismo.

Si lo ve conveniente, lleve a cabo una lluvia de ideas sobre posibles actividades de ocio y tiempo libre: *estar con la familia, pasear, estar con los amigos/as, ir de compras a centros comerciales, ir al campo o a la playa, ir de excursión, ir de copas, hacer deporte, ir a bailar, hacer trabajos manuales, asistir a actos culturales como conferencias o exposiciones, asistir a conciertos, tocar un instrumento…*

1.1. Esta actividad sirve para preparar la lectura del texto que van a leer y que trata sobre cómo viven el ocio los jóvenes y adultos españoles. Intente que, a partir de las afirmaciones, los estudiantes comenten sus conocimientos y opiniones acerca del tema.

1. F; 2. F; 3. F; 4. F.

> **2** Después de la lectura del artículo, revise las respuestas de la actividad anterior. A continuación, los estudiantes deben discutir y consensuar, en parejas, su punto de vista, porque luego tienen que manifestar su opinión ante el resto de compañeros. Recuérdeles que pueden usar las estructuras trabajadas en la actividad 1.1. del epígrafe anterior.

Si usted trabaja con un grupo que requiere dinámicas más guiadas, pida que tras la lectura cada estudiante escriba los dos datos del texto que más le hayan sorprendido o que considere más relevantes. Proponga que informen de ellos al compañero y que explique por qué lo ha hecho; el compañero deberá escuchar y, finalmente, mostrar acuerdo o desacuerdo al respecto. Para terminar, tendrán que escoger únicamente dos de los cuatro aspectos y compartirlos con el conjunto de la clase.

2.1. Para comenzar el discurso o texto escrito: para empezar. Para añadir información: asimismo, además. Para introducir una idea contraria o una objeción: por el contrario, sin embargo. Para argumentar nuestras ideas o añadir una consecuencia: de esta manera, por tanto. Para aclarar información: o sea. Para ordenar las ideas: por una parte… por otra parte. Para comparar las ideas: por el contrario. Para finalizar el discurso o texto escrito: finalmente, en resumen.

i+ ELEteca
23. Los marcadores discursivos.

> **3** Esta actividad constituye un ejercicio de comprensión lectora donde se resumen datos básicos sobre los hábitos de ocio entre los españoles.

Yasuko: los españoles prefieren salir en su tiempo libre. Los españoles de treinta en adelante salen a cenar fuera de casa; Marcus: los adultos en España salen hasta las dos o las tres de la mañana y los jóvenes vuelven a casa mucho más tarde. La mayoría de los jóvenes prefiere cenar en casa y después salir con sus amigos.

Una posible alternativa al ejercicio es que, antes de corregir las frases, individualmente o en parejas, extraigan del artículo aquellos datos que sean relevantes sobre el modo de divertirse de los españoles (tipo de ocio, horarios, medio de transporte usado, etc.). Una vez hecho esto, los estudiantes deben corregir las frases sin releer el texto.

Después de realizar la actividad 3, utilice las proyecciones 32 y 33 para conocer la forma de divertirse y pasar el tiempo de ocio de los miembros de la clase.

Proyección 32. Encuesta sobre el tiempo libre.

Dinámica. Proponga que ahora se encarguen ellos de realizar una entrevista sobre la forma de ocio de la clase. Divida la clase en dos grupos: cada miembro de un grupo entrevistará a una persona del otro grupo. Cuando hayan terminado, volverán a reunirse con el grupo inicial para compartir los datos recogidos y establecer conclusiones al respecto. Al terminar, haga una puesta en común para que la clase concluya qué información debería aportar la empresa PREGUNTEL en relación con la clase.

Proyección 33. El tiempo libre de nuestra clase.

Dinámica. Pida que, individualmente, trasladen las conclusiones extraídas de la encuesta de la proyección 32 al esquema de la proyección 33. Con estos datos tendrán que completar los apartados: *Introducción, Idea 1, Idea 2, Idea 3* y *Conclusión*. Aclare que, para hacerlo, solamente pueden escribir notas y no frases completas. Seguidamente, pida que expongan oralmente los datos, empleando los conectores que se encuentran en la columna izquierda de la proyección. El único requisito de la actividad es que el alumno tiene que usar todos los conectores a la hora de realizar su discurso.

> **4** En esta actividad el alumno debe compartir con los compañeros hábitos del tiempo libre en su cultura y recurrir a los contenidos vistos en el epígrafe.

Advierta a los estudiantes de que el uso de conectores en la redacción implica una buena planificación del texto, es decir, requiere la previsión de una introducción, de un conjunto de al menos dos o tres ideas (que constituirán el desarrollo) y de una conclusión.

Como variación a la lectura del texto, puede plantear un ejercicio de expresión oral. En ese caso, anime a los estudiantes a preparar una breve exposición sobre lo que han escrito y a que la presenten ante los compañeros. Esta alternativa puede ayudarlos a propiciar una escucha más activa por parte del resto del grupo. En cualquier caso, le recomendamos que mande a los compañeros oyentes algún tipo de tarea relacionada con la presentación, como: preparar una pregunta, que trasladarán al compañero cuando termine la presentación, o decidir si los hábitos descritos son parecidos o no a los de su país y explicar por qué.

3 ¿QUÉ TE GUSTA? 103

En este epígrafe se trabaja la expresión y la justificación de gustos y preferencias en relación con los medios de transporte, a partir de la audición de una entrevista de radio. Se presenta también el segundo contenido cultural de la unidad: la contaminación que genera el transporte en las grandes ciudades. Finalmente, se introduce el uso de verbos que, como *gustar*, exigen la anteposición del pronombre de objeto indirecto (*encantar*, *apetecer*, *interesar*, *preocupar*, *molestar*…).

> **1** Con esta actividad de preaudición se pretende que los estudiantes intenten prever el contenido de lo que van a escuchar en el siguiente punto. Pida que, en primer lugar, discutan por parejas acerca de las posibles respuestas y que, una vez hecho esto, procedan a redactar la justificación en los cuadros que se encuentran a la derecha de las imágenes.

1. D; 2. B; 3. A; 4. C.

> **2** Le recomendamos que en una primera escucha el estudiante se limite a recoger los datos de identidad y profesión de los entrevistados.

Una vez completados los cuadros con esta información, realice una segunda escucha. Pídales que relacionen el coche con su propietario y que identifiquen cómo cada uno de ellos justifica la elección de su vehículo.

A lo largo de esta unidad, los alumnos deberán indicar y argumentar sus preferencias en cuanto al uso del transporte. Esta audición constituye un modelo de lengua que les puede ser útil para el desarrollo de tareas subsiguientes.

🔊 **Locutor**: Y aquí estamos esta tarde con cuatro personas muy diferentes
|32| para conocer un poco más sobre sus hábitos y sus trabajos. Nuestro primer personaje es deportista, el segundo es granjero, la tercera es una ejecutiva financiera y la cuarta es una estudiante en prácticas en un despacho de abogados. Vamos a hacerles unas preguntas y diremos su nombre al final. ¿Les parece bien?

Mario: Sí, sí, muy bien.

Benito: Perfecto.

Carla: ¡Vamos allá!

nuevo PRISMA fusión • Libro del Profesor • Repaso 1 | 89 |

Sonja: ¡Venga!

Locutor: ¿Qué opinan de sus trabajos?

Mario: A mí me encanta aunque es verdad que es muy duro y casi no tengo tiempo para tener vida personal. Cada día trabajo unas doce horas, pero disfruto mucho.

Benito: Pues a mí no me gusta, paso mucho frío en invierno y mucho calor en verano, en el campo, y gano poco dinero. En mi trabajo no hay horario.

Carla: Bueno, yo estudié economía y un máster en Dirección de Empresas, así que sí, sí me gusta mucho mi trabajo. Trabajo ocho horas en la oficina y unas dos más en casa.

Sonja: Yo estoy contenta porque con mis prácticas aprendo mucho. Estoy en el despacho tres horas al día.

Locutor: ¿Dónde trabajan?

Mario: Uf, no tengo una "oficina". Normalmente entreno en un gimnasio con mis compañeros, pero las competiciones son en todo el mundo.

Benito: Tengo una finca en un pueblo de Badajoz.

Carla: Yo trabajo en el centro de Madrid.

Sonja: Y yo, en un despacho de abogados de Burgos.

Locutor: Y… díganme, ¿cómo van cada día a trabajar? ¿Utilizan transporte público o privado?

Mario: Yo voy en coche. En transporte público tardo mucho y prefiero descansar en mi tiempo libre. Así que tengo un coche pequeño para poder aparcar fácilmente.

Benito: Yo necesito el coche para llegar a mi finca, pero me encanta conducir y la velocidad, y no me gustan nada los coches todoterreno, así que conduzco un coche espectacular que me fascina.

Carla: Prefiero conducir mi coche. Es un coche grande y cómodo, y también es muy útil para llevar a toda la familia.

Sonja: Yo tengo un coche antiguo, muy antiguo, me costó muy barato y es suficiente para mí.

Locutor: Queridos oyentes, ¿imaginan qué coche tiene cada uno de nuestros personajes? Por favor, ¿pueden presentarse ustedes mismos?

Mario: Me llamo Mario Molina. Soy deportista. Estoy encantado de estar aquí esta tarde. Tengo un coche pequeño, un mini.

Benito: Yo soy Benito Picazo, Beni para los amigos. Soy granjero. Tengo un coche deportivo.

Carla: Yo me llamo Carla de la Vega y es un placer estar aquí hoy. Soy economista y trabajo como directora financiera en una multinacional. Tengo un monovolumen.

Sonja: Mi nombre es Sonja y soy de Alemania. Soy estudiante de Derecho y hago prácticas en un despacho de abogados. Tengo un coche muy viejo, un Citröen, dos caballos…

Locutor: Muchas gracias a todos por esta entrevista tan divertida. Hasta pronto.

¿Quién es? 1. Mario; 2. Benito; 3. Carla; 4. Sonja; ¿A qué se dedica? 1. Es deportista; 2. Es granjero; 3. Es ejecutiva/directora financiera en una multinacional; 4. Es estudiante en prácticas.

2.1.

	Mario	**Benito**	**Carla**	**Sonja**
¿Le gusta su trabajo?	Sí, le encanta.	No.	Sí, le gusta mucho.	Sí, está contenta porque aprende mucho.
¿Cuántas horas trabaja?	Unas doce horas.	En su trabajo no hay horario.	Unas diez horas en total.	Tres horas.
¿Dónde trabaja?	Entrena en un gimnasio, pero compite en todo el mundo.	En el campo, en una finca en un pueblo de Badajoz.	En una oficina en el centro de Madrid y en casa.	En un despacho de abogados en Burgos.
¿Cómo va cada día a trabajar?	En coche.	En coche.	En coche.	En coche.

2.2. El alumno se enfrenta aquí a la dificultad de tener que elegir una de las opciones y de argumentar su elección.

Antes de empezar con la tarea, déjeles unos minutos para que respondan oralmente a las preguntas del enunciado. Para preparar la presentación, sugiérales que se apoyen en los datos recogidos en las actividades previas. Se sugiere la duración de un minuto para que los estudiantes sean conscientes del alcance de su discurso en cuanto a tiempo y a contenido.

>3 Antes de realizar la actividad propuesta, pregunte a sus alumnos si las ciudades donde viven están o no muy contaminadas, si les preocupa la contaminación o el medioambiente en general, qué no les gusta de su ciudad, qué les molesta… Luego, proceda según las indicaciones del enunciado.

Proporcione tres ejemplos, enmarcados en el contexto del epígrafe, a partir de los cuales el alumno deduzca el uso de verbos que se construyen como *gustar*, como: *A mí me preocupa poder llegar a tiempo al trabajo; A los habitantes de mi país les preocupa la contaminación del aire; Al gobierno de este país no le preocupan suficiente los ciudadanos.*

A continuación, complete el cuadro con las formas correspondientes.

usted; vosotros/as; me; le; singular; plural.

3.1. Anime a los estudiantes a ampliar el contenido de las frases añadiendo información. Puede orientarles pidiendo que escriban la causa (*porque*), la consecuencia (*así que, por esta razón…*), una idea contraria (*pero, aunque…*) o un complemento de tiempo o de lugar (*hoy, esta tarde, mañana, en México, en la escuela…*).

Posibles respuestas. 1. A mí me preocupa la contaminación; 2. A ellos les gusta el transporte público; 3. A ustedes les encanta ir en metro; 4. A nosotros no nos interesan los coches; 5. ¿Te apetece dar un paseo en bici?

>4 Los contenidos, tanto culturales como lingüísticos, desarrollados en este epígrafe sirven de apoyo para escribir la redacción. Al tratarse de un texto de opinión y de un tema formal, es recomendable también el uso de conectores discursivos como los estudiados en la unidad. Si en la actividad 4 del epígrafe 3 (*¿Cómo te diviertes?*) usted les pidió que planificaran el texto, recomiéndeles ahora que repitan ese ejercicio antes de comenzar la redacción.

4.1. En esta actividad oral en grupo abierto pida que uno o dos alumnos de la clase se encargue de trasladar a la pizarra las ideas propuestas por el conjunto de compañeros.

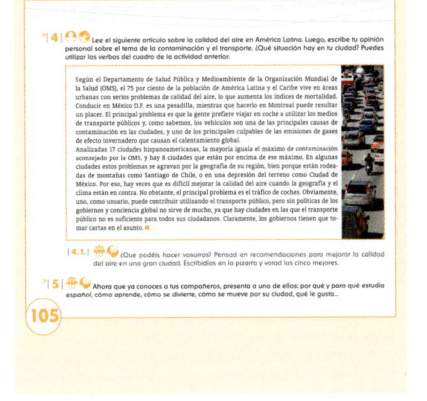

Como dinámica alternativa, divida la clase en dos grupos y que cada grupo piense un número mínimo de recomendaciones, por ejemplo, tantas como miembros compongan el grupo. Cuando hayan terminado, un alumno de cada equipo sale a la pizarra y ejerce de secretario. Mientras cada miembro del grupo explica y argumenta su consejo, el secretario escribe un resumen de la recomendación en la pizarra. Cuando el grupo termine de exponer, el resto de compañeros vota las mejores recomendaciones. Se procede del mismo modo con el otro equipo para llegar a una lista de recomendaciones preferidas por el conjunto de la clase. Esta dinámica, más guiada, le servirá con grupos menos participativos o espontáneos.

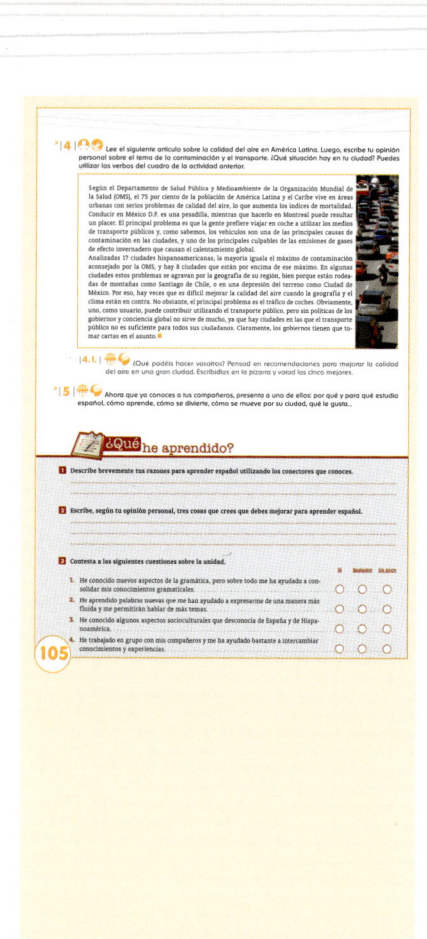

> 5 Cerramos la unidad con un ejercicio de presentación que engloba todo lo trabajado hasta el momento en los epígrafes anteriores. Asegúrese de que disponen de tiempo suficiente para preparar la tarea, recabar toda la información necesaria y aprovechar al máximo los contenidos tratados en la unidad.

¿QUÉ HE APRENDIDO?
105

> 2 Si lo cree conveniente, puede ampliar la actividad animando a los alumnos a crear un plan de acción personal para mejorar esos aspectos y a comprometerse a cumplir con el plan. Si lo hace, recuérdeles que debe ser un plan de acción concreto y realista, que puedan poner en práctica a corto plazo.

ELEteca
COMUNICACIÓN. Expresar opiniones.
GRAMÁTICA. El presente de indicativo.
LÉXICO. Actividades de ocio.

ELEteca
¿Y tú qué opinas?

ELEteca
FONÉTICA Y ORTOGRAFÍA. Fonemas vocálicos del español. Diptongos y triptongos.

12 VIAJA CON NOSOTROS

A lo largo de la unidad se trabajarán contenidos funcionales y gramaticales que permitirán al alumno contar un viaje en pasado, hablar del tiempo atmosférico y realizar una exposición sobre las características geográficas, climáticas y sociales de una región o país. Desde el punto de vista gramatical, se presentarán la morfología y usos del pretérito indefinido y los marcadores temporales correspondientes.

En lo que concierne al contenido cultural, se dan a conocer diferentes destinos de interés turístico del mundo hispano como Uruguay, Honduras, las ciudades españolas de Córdoba, Granada y Sevilla, la ciudad mexicana de Guanajuato y la isla canaria de Lanzarote.

1 CUÉNTAME QUÉ HICISTE — 106

En este epígrafe los alumnos aprenderán a narrar acciones pasadas relacionadas con las experiencias de viajes. Para ello se introduce el pretérito indefinido, su morfología, sus formas regulares y algunas irregulares, los marcadores temporales que lo acompañan y las preposiciones más frecuentes asociadas a determinados verbos.

> **1** Esta actividad tiene como objetivo introducir el tema de las redes sociales como instrumento para compartir experiencias y como fenómeno sociocultural en todo el mundo. Asimismo, servirá para contextualizar la audición de la actividad 1.1., que trata sobre el número de usuarios que dichas redes sociales poseen a nivel español y mundial.

Pregunte a sus alumnos cuáles son las redes sociales que utilizan con mayor frecuencia y anótelas en la pizarra. A continuación, puede pedirles que en grupos de tres debatan los aspectos positivos y negativos de cada una de ellas. Posibles aspectos positivos pueden ser los referidos a compartir, comunicarse, relacionarse, establecer relaciones laborales y transmitir información. Entre los aspectos negativos que podemos distinguir están la falta de privacidad, la suplantación de identidad o los problemas de acoso. Haga hincapié en que Tuenti es una red social de origen español, usada mayoritariamente por españoles, y que por ello la audición solo aporta cifras a nivel nacional.

Una red social es una plataforma de Internet cuyo propósito es facilitar la comunicación y otros temas sociales en el sitio web (de Wikipedia).

ELEteca
24. Las redes sociales.

1.1. En la primera escucha, recomiende a sus alumnos que se centren en identificar las redes sociales de las que se habla. A continuación, proceda con la segunda escucha, donde los alumnos centrarán su atención en las cifras aportadas. Indíqueles que comparen los datos con los del compañero. Si todavía tienen problemas para completar la actividad, proceda a una tercera y última escucha. Una vez resuelta la audición, invítelos a buscar información en Internet sobre el uso de las redes sociales en sus países para después exponerla y compararla en clase.

🔊 |33| El 75 por ciento de los internautas en España usaron redes sociales el año pasado. Y es que es el quinto país del mundo que más utiliza estas redes, por encima de Francia y Alemania. Según los datos facilitados por Facebook, esta red social superó los 800 millones de usuarios en el mundo, de los cuales, 15

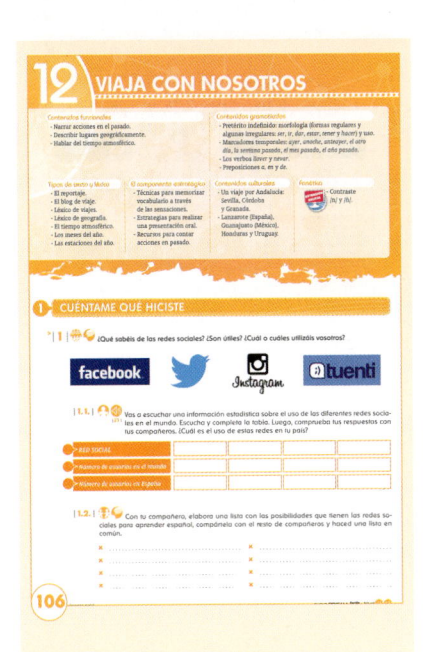

nuevo PRISMA fusión • Libro del Profesor • Unidad **12** |93|

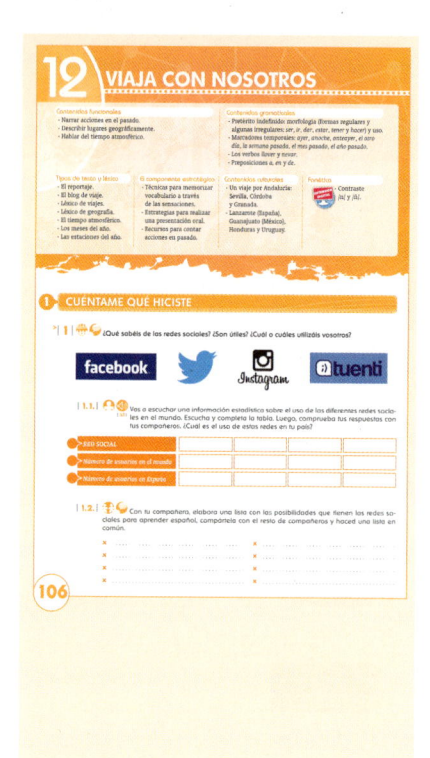

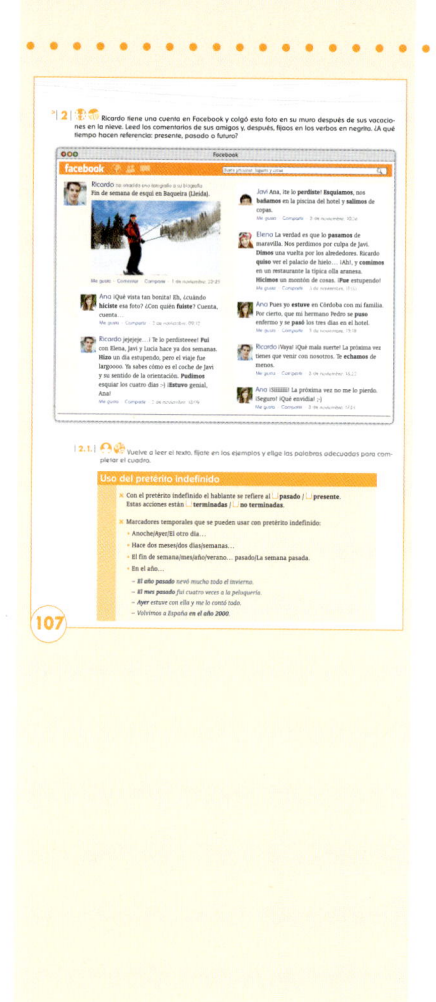

millones se conectaron en España. Facebook fue la segunda página más vista en España después de Google. Por su parte, Twitter llegó a los 200 millones de usuarios en el mundo, unos 4,5 millones de usuarios en España. Tuenti, la red social española, creada en 2006 y que se caracteriza por unir al público más joven (sus usuarios tienen entre 14 y 35 años), alcanzó, en octubre, los 14 millones de usuarios en España. Poco a poco se está introduciendo en Europa y en el resto del mundo. Por su parte LinkedIn, la red social de los profesionales, superó los 135 millones de usuarios en el mundo y llegó en España a los 2 millones.

Texto adaptado de http://www.concepto05.com/2012/01/estadisitica-usuarios-de-redes-sociales-en-espana-2012/

	Facebook	**Twitter**	**Tuenti**	**LinkedIn**
Número de usuarios en el mundo	más de 800 millones	200 millones	–	135 millones
Número de usuarios en España	15 millones	4,5 millones	14 millones	2 millones

1.2. Antes de llevar a cabo la actividad, pregúnteles si usan las redes sociales para su aprendizaje de español y cómo lo hacen. Luego, en parejas, buscan diez aplicaciones de las redes sociales para aprender una lengua y, mediante una puesta en común, llegan a una lista final. Si su grupo de estudiantes lo permite, puede pedirles que lleven alguna de ellas a cabo con el grupo de la clase: crear un blog del curso, hablar de dudas y preguntas a través de un foro, etc.

>2 Esta actividad tiene como objetivo que el alumno aprenda a narrar experiencias relacionadas con los viajes y se articula en cuatro fases.

Antes de comenzar la actividad y para activar el léxico relacionado con los viajes, haga una lluvia de ideas previa a la actividad que contenga verbos, adjetivos y nombres relacionados con el tema, o realice la actividad de la ficha 38.

Ficha 38. Tabú de viajes.

Actividad lúdica para recordar el léxico relacionado con el tema de los viajes.

Dinámica. Divida a los alumnos en grupos de tres y explíqueles el significado de la palabra *tabú*. Uno de los estudiantes escogerá una tarjeta sin mirar, la leerá y explicará en un minuto la palabra en mayúsculas sin utilizar las palabras en minúsculas. El resto de estudiantes intentará adivinar la palabra en mayúsculas. Gana el equipo que más palabras averigüe.

En esta actividad se introduce el pretérito indefinido dentro del contexto de las experiencias de viajes compartidas en las redes sociales. Haga que los alumnos lean el texto en parejas, tal y como sugiere el enunciado. Una vez leído, pídales que centren su atención en las formas verbales destacadas en negrita y que deduzcan a qué momento hacen referencia las experiencias llevadas a cabo por Ricardo y sus amigos. Invítelos a averiguar el significado de estos verbos por el contexto y anímelos a que pregunten a sus compañeros.

Las formas verbales se refieren al pasado.

2.1. Ahora con esta actividad, se pretende que los estudiantes deduzcan el valor temporal y aspectual del pretérito indefinido y lo asocien a los marcadores temporales que generalmente lo acompañan.

pasado; terminadas.

2.2. Esta actividad, de carácter inductivo, consiste en que los alumnos infieran cuáles son los verbos regulares e irregulares en pretérito indefinido que aparecen en el texto anterior. Si lo desea, puede agrupar a los alumnos en parejas para la consecución de la tarea. Una vez terminado el ejercicio, pídales que comparen sus respuestas con las de los compañeros.

Verbos regulares: perdiste (*perder*); Esquiamos (*esquiar*); nos bañamos (*bañarse*); salimos (*salir*); pasamos (*pasar*); comimos (*comer*); pasó (*pasar*); echamos (*echar*). Verbos irregulares: hiciste (*hacer*); estuviste (*estar*); fuiste (*ir*); Fue (*ser*); tuvimos (*tener*); hizo (*hacer*); pudimos (*poder*); Estuvo (*estar*); dimos (*dar*); quiso (*querer*); hicimos (*hacer*); Fue (*ser*); estuve (*estar*); puso (*poner*).

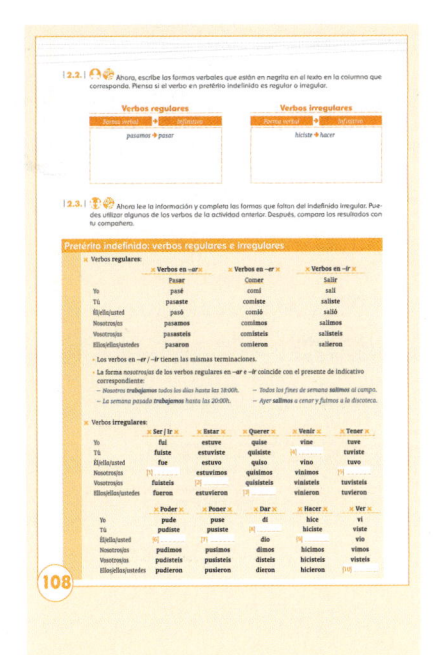

2.3. Finalmente, a través de esta actividad se pretende llevar a cabo una reflexión gramatical sobre las formas regulares e irregulares en la morfología del pretérito indefinido.

En parejas, los alumnos deducirán las formas verbales que faltan en la conjugación de algunos de los verbos irregulares más utilizados. Puede utilizar la proyección 34 para la corrección de la actividad.

Proyección 34. El pretérito indefinido: morfología.

Dinámica. Para corregir y/o explicar otras irregularidades, ponga la proyección 34; de este modo, podrá focalizar la atención de los estudiantes y dirigir mejor su atención.

1. fuimos; 2. estuvisteis; 3. quisieron; 4. viniste; 5. tuvimos; 6. pudo; 7. puso, 8. diste; 9. hizo; 10. vieron; 11. ser; 12. ir.

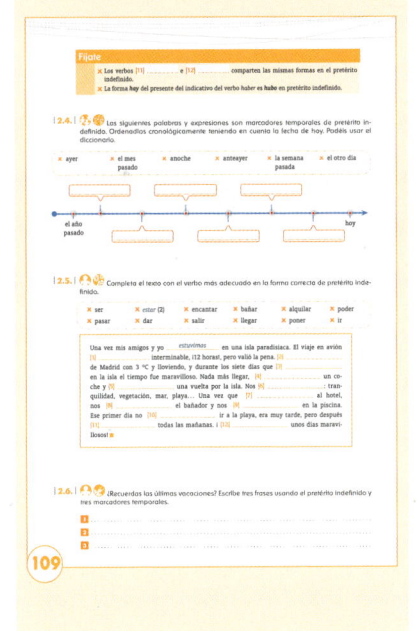

- -

2.4. En esta segunda parte de reflexión, los estudiantes van a conocer algunos marcadores temporales que suelen aparecer asociados al pretérito indefinido para indicar con más precisión el momento del pasado en que sucedió la acción.

el año pasado, el mes pasado, la semana pasada, el otro día, anteayer, ayer, anoche, hoy.

2.5. y 2.6. Actividades de práctica controlada sobre el pretérito indefinido y sus marcadores temporales. Después de estas actividades puede realizar la ficha 39 para consolidar los conocimientos adquiridos.

1. fue; 2. Salimos; 3. estuvimos; 4. alquilamos; 5. dimos; 6. encantó; 7. llegamos; 8. pusimos; 9. bañamos; 10. pudimos; 11. fuimos; 12. Pasamos.

Ficha 39. Práctica del pretérito indefinido.

Ficha con ejercicios de reconocimiento del pretérito indefinido y práctica de su morfología.

Dinámica. En la actividad 1, advierta a los estudiantes de que el tiempo verbal (presente/ pretérito indefinido) ha de deducirse por el contexto.

1. 1. a. presente, b. pretérito indefinido; 2. a. presente, b. pretérito indefinido; 3. a. pretérito indefinido, b. presente; 4. a. pretérito indefinido, b. presente; 5. a. presente, b. pretérito indefinido; **2.** Posible respuesta. 1. Lucía estuvo de vacaciones en Marruecos el verano pasado; 2. Ayer los niños pasaron bastantes horas en el colegio; 3. Anoche, los señores se dieron la mano; 4. La semana pasada tuviste fiebre; 5. El verano pasado hizo mucho calor; 6. El mes pasado visitó a sus padres todos los días. **3.** 1. compré; 2. Salimos; 3. Estuvo; 4. Comieron; 5. Fue; 6. fui; 7. dio.

Para practicar la forma regular e irregular del pretérito indefinido, proponga la realización de los ejercicios 1 y 2 de la unidad 12 del *Libro de ejercicios*.

nuevo PRISMA fusión • Libro del Profesor • Unidad **12**

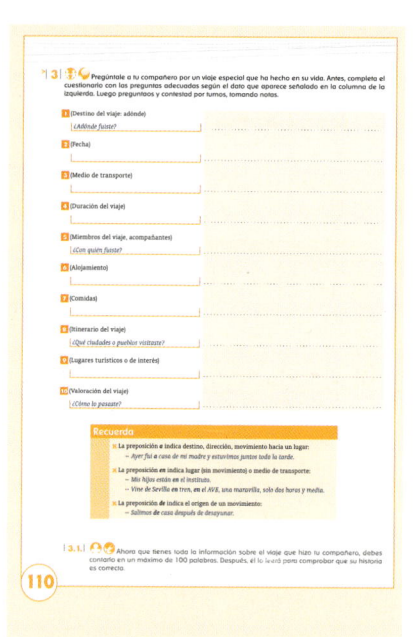

> **3** A través de esta actividad se pretende que el alumno sea capaz de preguntar y de dar información sobre un viaje realizado en el pasado. Diga a los alumnos que van a hablar del viaje más importante que han hecho en sus vidas. En parejas elaborarán un cuestionario con preguntas a partir de los datos de la ficha. Una vez corregido el cuestionario, se preguntarán sobre el mejor viaje de sus vidas a través de las preguntas que han elaborado.

Posibles respuestas. 2. ¿Cuándo fuiste?; 3. ¿En qué fuiste?; 4. ¿Cuánto duró el viaje?; 6. ¿Dónde te alojaste?; 7. ¿Qué comiste?; 9. ¿Qué lugares turísticos o de interés visitaste?

El cuadro que aparece en la parte inferior de la actividad describe el uso de las preposiciones *a*, *en* y *de*. Asocie las preposiciones a los verbos estudiados en relación con el tema de los viajes, con el objetivo de que el alumno lo sistematice como un conjunto que le será muy rentable a lo largo del trabajo de la unidad.

Si lo desea, puede repasar el uso de las preposiciones a través de una actividad lúdica de mímica. Cada alumno escribe una frase en un papel que contenga la estructura *verbo + preposición*. Algunos ejemplos pueden ser: *Viajé en avión a México, Vine a Barcelona en tren, Salí de clase de español a las seis...* A continuación, divida el grupo en parejas o grupos de tres, según lo crea conveniente. Cada alumno saldrá a la pizarra para representar la frase que ha escrito mediante gestos. A manera de competición, las diferentes parejas o grupos intentarán averiguar cuál es la frase.

Para poner en práctica el uso de las preposiciones, puede realizar el ejercicio 5 de la unidad 12 del *Libro de ejercicios*.

3.1. Si desea profundizar en la práctica de la gramática y del léxico, puede hacer que los alumnos, además de corroborar si los datos de la historia son ciertos, corrijan la redacción que su compañero ha escrito. Una vez terminado el trabajo en parejas, se puede hacer la actividad propuesta en la ficha 4. Si desea realizar una actividad complementaria o alternativa, puede usar la ficha 40.

Ficha 40. ¡Nos vamos de viaje!

Juego de roles que tiene como objetivo encontrar un compañero de viaje adecuado y organizar el viaje ideal.

Dinámica. Reparta las tarjetas de viajeros entre seis de los alumnos y deles unos minutos para que interioricen su papel. Una vez asumidos los rasgos de carácter de cada personaje, pídales que entrevisten a cada viajero y que decidan con quién prefieren viajar. Al mismo tiempo, entregue las tarjetas de los departamentos de la agencia de viajes al resto de los alumnos y dígales que preparen juntos los servicios que ofrece cada uno de ellos. Finalmente, los alumnos viajeros visitarán los diferentes departamentos de la agencia y escogerán el viaje que mejor se adapte a sus necesidades.

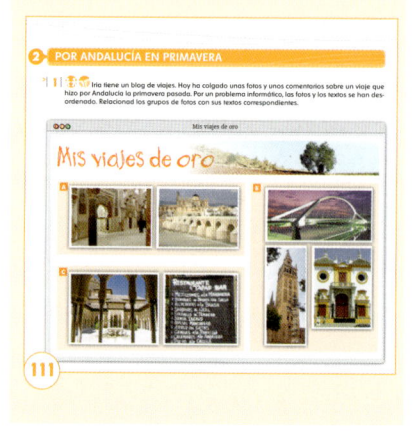

2 POR ANDALUCÍA EN PRIMAVERA

En este epígrafe se lleva a cabo una tarea de carácter cooperativo en la que los alumnos pondrán en funcionamiento los contenidos adquiridos anteriormente narrando, de manera sencilla, su experiencia de viaje a un destino hispano, previamente acordado, en un blog. Además, los textos aportados permiten conocer algunos lugares de interés turístico en España e Hispanoamérica.

> **1** Actividad previa que proporciona a los alumnos un modelo textual para la tarea cooperativa posterior. Antes de realizar la actividad, diga a los alumnos que van a leer unos breves textos que hablan sobre tres ciudades andaluzas históricas muy turísticas: Córdoba, Sevilla y Granada. Es muy probable

que haya estudiantes en clase que las conozcan. Anímelos para que hablen sobre ellas. A continuación, lleve a cabo la actividad propuesta.

1. B; 2. A; 3. C.

i+ ELEteca
25. Córdoba, Granada y Sevilla.

Para practicar el léxico relacionado con los viajes, antes de la actividad 2, lleve a cabo el ejercicio 3 de la unidad 12 del *Libro de ejercicios*.

> **2** El objetivo de esta actividad es que los estudiantes, en grupo y de manera cooperativa, redacten un blog de viaje explicando lo que hicieron. Recuérdeles que para su elaboración pueden tomar como ejemplo la actividad 1. Puede sugerir, si los medios de que disponen lo permiten, que elaboren un blog auténtico explicando su viaje. Aconséjeles que antes de publicarlo, deben comprobar la información con el texto original y revisar el léxico, la ortografía y los elementos gramaticales.

Si lo cree oportuno, haga una puesta en común para que cada grupo cuente a sus compañeros el viaje y les muestre las fotos. Proponga que voten el blog de viaje más interesante.

3 ¡QUÉ TIEMPO HACE! 113

La expresión coloquial *¡Qué tiempo hace!*, que se usa para hablar del buen o el mal tiempo, sirve para contextualizar el eje temático y funcional de esta unidad: hablar del tiempo atmosférico. Antes de empezar las actividades, para adelantar el contenido del epígrafe, puede preguntar a los alumnos si saben o se imaginan qué significa la expresión *¡Qué tiempo hace!* y cuándo y por qué se utiliza.

> **1** Una vez clasificados los meses del año por estaciones, para enriquecer la actividad, puede proponer que los alumnos, en pequeños grupos, analicen y emitan su opinión sobre qué estación del año es mejor para realizar actividades como practicar deportes al aire libre, festejar el año nuevo, hacer barbacoas, viajar, trabajar/estudiar, etc. A modo de conclusión, genere un debate final en el cual todos los grupos expresen su punto de vista.

Ejemplo: –¿Qué estaciones son las mejores para…?
–La mejor estación para… es el invierno/ el verano… porque…

Para sistematizar e interiorizar el léxico aprendido, puede realizar el ejercicio 11 de la unidad 12 del *Libro de ejercicios*.

1.1. Para contextualizar esta actividad, pregunte a los alumnos cómo creen que es el clima en Uruguay, cómo se lo imaginan. De esta manera puede anticipar el nuevo vocabulario que va a salir en la audición y facilitar la tarea. Entregue la transcripción para una corrección final.

🔊 |34| Uruguay está ubicado en una zona templada del continente... Tenemos las cuatro estaciones muy marcadas. En verano, bueno el verano austral, eh, los meses de enero y febrero, hace una temperatura máxima de 40 grados centígrados y, este..., en invierno, no..., no hace frío porque normalmente la temperatura es de unos 10 grados centígrados, en el invierno, o sea en junio y julio, ¿viste?

Bueno, es un clima templado, en el otoño hay más humedad y llueve bastante y los inviernos son poco fríos y este..., la primavera re-agradable. ¡Ahhh! A mí me gusta mucho.

1. templado; 2. 40 grados; 3. enero y febrero; 4. 10 grados; 5. junio y julio; 6. muy agradable.

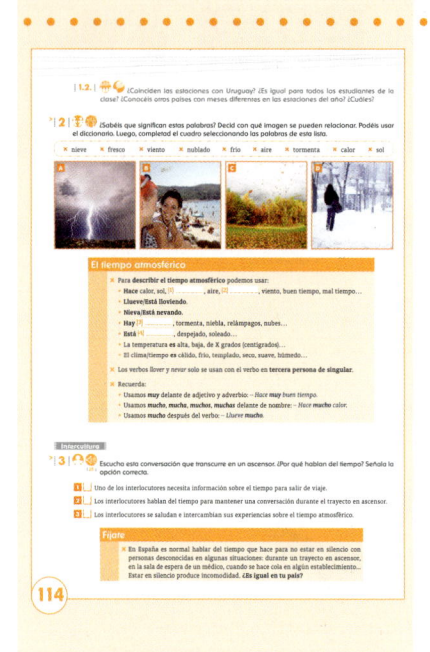

1.2. Formule las preguntas que se proponen en la consigna de la actividad e inicie un coloquio. Si es necesario, explique el ciclo de las estaciones en el hemisferio sur e informe a los estudiantes sobre qué países hispanos lo tienen.

ELEteca
26. Estaciones del año en el hemisferio sur.

>2 Para activar previamente el léxico relacionado con el tiempo atmosférico que posea el alumno, escriba en la pizarra *tiempo* y pregunte a los alumnos qué palabras creen que están relacionadas con este término. Si le parece conveniente, puede sistematizarlas de acuerdo a su naturaleza gramatical, es decir, en nombres, adjetivos o verbos. Esta organización los ayudará a asimilar las reglas que aparecen en el cuadro funcional.

Deje el esquema escrito en la pizarra y lleve a cabo la actividad del libro, tal y como se propone.

A. tormenta; B. calor, sol; C. viento, fresco, nublado, aire; D. nieve, frío.

A continuación, pídales que utilicen las palabras para completar el cuadro. Haga especial hincapié en la utilidad de asociar sustantivos y adjetivos con los verbos correspondientes referidos al tiempo atmosférico. Adviértales que pensar las nuevas palabras dentro de un contexto facilita la memorización. También les puede recomendar que comparen estas estructuras con su lengua materna u otras lenguas conocidas para adelantarse a futuras interferencias, simplificar la reflexión o allanar la comprensión a través de paralelismos. Utilice la proyección 35 para realizar una corrección final.

El tiempo atmosférico. 1. frío; 2. fresco; 3. nieve; 4. nublado.

Proyección 35. El tiempo atmosférico.

Dinámica. Proyecte la imagen en la que aparece el cuadro completo para que los estudiantes comprueben si han escrito bien los términos que faltaban y corregirlos en caso necesario.

Si quiere practicar estos contenidos antes de continuar, lleve a cabo las actividades de práctica controlada de la ficha 41.

Ficha 41. Para hablar del clima.

Ejercicios para fijar las estructuras aprendidas.

Dinámica. Deje unos minutos para que los estudiantes realicen de manera individual las actividades. Si lo ve oportuno, propóngales que realicen una comprobación en parejas antes de la corrección con el profesor.

1. Verbos: nieva; está; hace; llueve; hay; es. Nombres: frío; cielo; lluvia; nieve; temperatura; relámpago; calor; niebla. Adjetivos: frío; templado; despejado; seco; caluroso; nublado; húmedo. **2.** Hay: tormenta, nieve; Hace: sol, viento, mal tiempo, aire, calor, frío, fresco; Está: nublado, frío, fresco; **3.** 1. el aire; 2. el viento; 3. el sol; 4. el calor; 5. la lluvia; 6. el frío; 7. la niebla; 8. el cielo; 9. la nieve; 10. la nube. **4.** 1. frío; 2. soleado; 3. húmedo; 4. nublado; 5. caluroso; 6. ventoso. **5.** 1. En mi ciudad el verano es caluroso; 2. Hace mucho viento en invierno; 3. Hay sol y buena temperatura; 4. Hace mal tiempo, hay tormenta. **5.** 1. En Galicia llueve y hace mucho frío; 2. En Aragón hay nieve/nieva y hace frío; 3. En Cataluña hace sol; 4. En Madrid está nublado; 5. En Extremadura hace sol; 6. En Castilla-León nieva; 7. En Valencia hay tormenta y llueve; 8. En Andalucía hace sol; 9. En Canarias hace sol y calor; 10. En Baleares está nublado.

Para consolidar los conocimientos adquiridos hasta ahora, puede realizar los ejercicios 6 y 7 de la unidad 12 del *Libro de ejercicios*.

> **3** Los alumnos tendrán en esta actividad un punto de partida desde el cual reflexionar sobre determinados comportamientos de la cultura hispana y, de esta manera, comenzar a desarrollar la competencia sociocultural suficiente que les permita adoptar estrategias sociales apropiadas cuando interactúen con nativos. En la dinámica se les presenta una conversación entre desconocidos que hablan sobre el tiempo para evitar la incomodidad que se siente en nuestra cultura por el silencio generado en una situación de este tipo y que se intenta llenar a través de conversaciones insustanciales. Haga hincapié en que en la cultura hispana, y en estos contextos específicos, permanecer en silencio produce incomodidad.

Proponga una primera escucha para contestar preguntas que ayuden a la contextualización del acto comunicativo: *¿Dónde están las personas que hablan: en el ascensor de su casa, del trabajo, de un edificio público? ¿Se conocen? ¿Se saludan antes de hablar?* En una segunda escucha indíqueles que señalen la opción correcta sobre el motivo de la conversación. Proponga una corrección en clase abierta y fije la atención de los alumnos en el cuadro de atención.

Para concluir, realice una reflexión y comparación intercultural, proponiendo preguntas de este tipo: *¿Sueles hablar con desconocidos? ¿Dónde? ¿Hablas con tus vecinos en el ascensor o en la calle si te los encuentras? Si no tienes temas de conversación con una persona, ¿de qué habláis?*

|35|
● Buenas tardes, ¿a qué piso va?
○ Al quinto.
● ¡Qué calor hace hoy!, ¿verdad?
○ ¡Uf! Sí, es verdad, yo acabo de llegar de viaje y no puedo más…
● Es que aquí en verano ya se sabe… 35, 40 grados como poco…
○ Sí, sí… Insoportable.
● Bueno, pues nada, buenas tardes.
○ Adiós, hasta luego.

2.

· ·

> **4** Esta actividad tiene como objetivo potenciar en el alumno una reflexión constante sobre el trabajo estratégico, en este caso unido al componente emocional. Se le recomienda asociar las palabras nuevas a conceptos o emociones que sean significativos para él, con el fin de propiciar su memorización.

Para terminar, proponga que cada alumno elija una estación y explique al resto de la clase dos de las palabras que ha escogido y su explicación, tal y como se refleja en el ejemplo.

¿QUÉ HE APRENDIDO?

> **1** El pretérito indefinido. Expresa acciones terminadas y realizadas en el pasado.

> **2** Intruso: Hoy. Es el único marcador que se refiere al presente. El año pasado, el mes pasado, la semana pasada, el otro día, anteayer, ayer, anoche.

ELEteca
COMUNICACIÓN. **¡Qué tiempo hace!**
GRAMÁTICA. **El pretérito indefinido.**
LÉXICO. **El tiempo atmosférico.**

ELEteca
De vacaciones.

ELEteca
FONÉTICA Y ORTOGRAFÍA. **Contraste /n/ y /ñ/.**

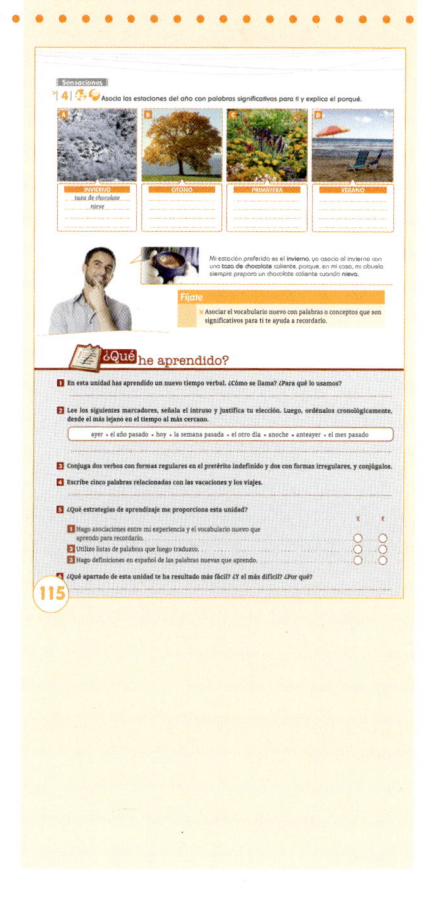

13 CURIOSIDADES

En esta unidad los estudiantes conocerán algunas informaciones curiosas sobre tres grandes temas (las nuevas tecnologías, las costumbres y tradiciones en las bodas hispanas y las normas sociales en España), y van a escribir una crónica sobre una feria de novedades tecnológicas, hacer una presentación en la que compararán las bodas en su país con las de España e Hispanoamérica y, finalmente, crear un decálogo de las normas que consideran que hay que seguir en clase. Para ello estudiarán los distintos usos de los verbos *ser* y *estar*, los pronombres de relativo *que* y *donde*, algunos recursos de la lengua para hacer comparaciones, y formas de expresar obligación, permiso y prohibición. Por lo que respecta al léxico, trabajarán el vocabulario relacionado con la descripción de novedades tecnológicas y con las bodas.

En cuanto al trabajo estratégico, destaque la reflexión sobre los beneficios de trabajar en grupo cooperativo y, en relación con el componente afectivo, el alumno expresará sus sentimientos a la hora de aprender y de comunicarse en español.

1 ¡ES MUY INTERESANTE! 116

Para empezar la unidad, el alumno leerá textos informativos sobre el invento de Google conocido como *Google Glass*, las golosinas Peta Zetas y los beneficios de tomar el sol. Las nuevas tecnologías son el tema central del epígrafe, que termina con una tarea final en grupo cooperativo: elaborar la crónica de una feria. Con este objetivo, el alumno trabajará la diferencia entre *ser* y *estar*, y el uso de las oraciones de relativo con los pronombres *que* y *donde*. La tarea y el epígrafe concluyen con una reflexión sobre la utilidad y las ventajas del trabajo en equipo.

> **1** El enunciado de esta actividad está constituido por una serie de preguntas directamente relacionadas con las tres imágenes que aparecen debajo. Se introducen, de esta forma, los tres artículos relacionados con el ocio que encontrará en el siguiente punto. Cada imagen ilustra el tema de uno de los textos. La primera, en la que se observa una persona usando un móvil y una Tablet al mismo tiempo, introduce el tema de las nuevas tecnologías. Este tema hará de hilo conductor a lo largo de este epígrafe, por lo que le recomendamos que preste especial atención a su desarrollo en estas primeras actividades.

Pida a los alumnos que, en primer lugar, describan las fotos y que piensen qué aspecto de la vida reflejan. Pueden complementar la tarea proponiendo un título para cada una. A continuación, realice las preguntas que aparecen en el enunciado de la actividad.

Finalmente, invítelos a que elijan una de las imágenes, aquella con la que se sientan más identificados o que coincida en mayor medida con sus intereses. De esta forma, conectarán las imágenes consigo mismos y se sentirán más implicados en la lectura de 1.1. Le recomendamos que presten atención al empleo de los verbos *ser* y *estar*. Esto les será de utilidad para la actividad 2.

1.1. Antes empezar la lectura, informe a sus estudiantes de que los textos que van a leer están adaptados de fuentes reales y que, por tanto, es probable que encuentren vocabulario desconocido. Anímelos a extraer el sentido general del texto y a concentrarse en deducir el significado por el contexto o a través de las imágenes.

Le proponemos una dinámica alternativa para llevar a cabo la actividad. Pida que formen grupos de tres según los intereses que hayan expresado en la actividad anterior, de forma que cada miembro del grupo haya manifestado su predilección por una foto diferente. Una vez estén formados los grupos, haga que cada alumno elija el artículo correspondiente a su tema y que lo lea individualmente. Cuando hayan terminado de leer, deberán resumir el contenido del artículo a los otros dos miembros del grupo. Después de escuchar, los compañeros podrán hacerle preguntas al respecto. A continuación, cada estudiante intenta demostrar el interés de su artículo y convencer al resto de miembros de que la suya ha sido la mejor elección. Para terminar, deben llegar a un acuerdo final y trasladar la opinión consensuada a toda la clase.

ELEteca
27. *Google Glass* y los Peta Zetas.

1.2. El objetivo de esta actividad es que los alumnos comprueben, individualmente, si han comprendido los textos de 1.1. Cuando hayan completado el ejercicio, puede hacer que comparen sus respuestas y que vuelvan al texto en caso de que estas no coincidan.

1. V; 2. F, las gafas tienen un diseño futurista; 3. F, son las burbujas de CO_2; 4. V; 5. V; 6. F, es bueno tomar el sol a las doce del mediodía y durante un máximo de ocho minutos.

>2 Si lo cree conveniente, puede realizar un primer acercamiento a la diferencia de uso entre los verbos *ser* y *estar*, en la que el alumno pueda extraer una percepción general de su significado. Esto le ayudará a concebir los usos pormenorizados de ambos verbos.

Pida primero que lean la información que aparece en el cuadro de atención encabezado por *Fíjate*. Para facilitar la comprensión de la diferencia entre lo interior (características propias del sujeto), expresado por *ser*, y de lo exterior (características que no forman parte de la naturaleza del sujeto), expresado por *estar*, puede proponerles el siguiente ejercicio. Dígales que dibujen dos círculos similares a los que aparecen más abajo, y que luego lean las frases del cuadro. A continuación, tienen que identificar el sujeto de cada frase y decidir si lo que se expresa sobre ellos es algo que forma parte intrínseca de él o no. Agrúpelos en parejas para que discutan al respecto y coloquen el sujeto y la característica en el círculo correspondiente.

INTERIOR DEL SUJETO
1. La nieve es blanca.
2. Mi padre es simpático.
... (Yo) soy bióloga.

EXTERIOR DEL SUJETO
3. (Yo) → Estoy de profesora en un colegio de niños pero...
4. Mis padres → están muy enfadados porque no hago los deberes.

Después de este primer acercamiento, prosiga con la actividad indicando que completen el cuadro de los usos de *ser* y *estar*.

Puesto que a cada uso le corresponden funciones diferentes, puede recomendar a sus alumnos que piensen qué forma o formas tienen para expresar lo mismo en su lengua materna o en otra segunda lengua. Si lo desea, puede pedir que incluyan ahora las frases de la actividad 2 en los círculos.

1. Google es una de las empresas más conocidas a nivel internacional; 3. La empresa que los fabrica es española; 4. ...que fue científico gastronómico; 5. El sol a mediodía es bueno para la salud; 6. son las doce del mediodía; 8. La empresa está en Barcelona; 9. ¡Ahora sí están listos para comer!; 11. Están muy bien; 12. Estamos en verano; 13. Ferrán Adriá está desarrollando recetas.

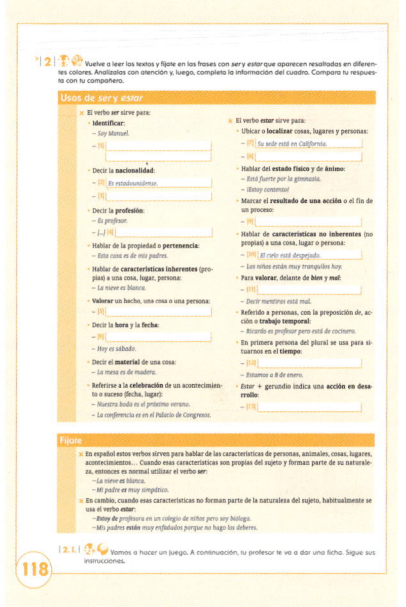

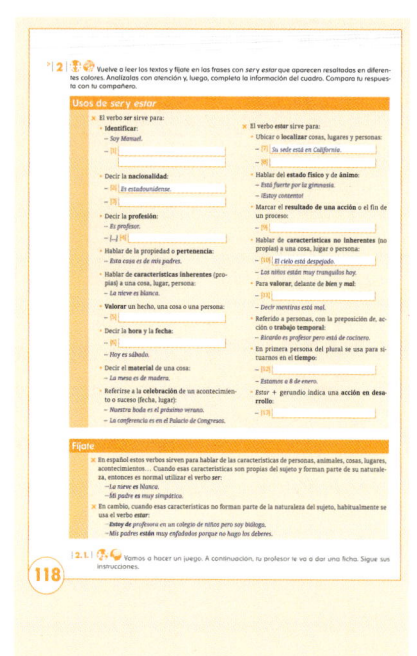

2.1. Ficha 42. Juego de *ser* y *estar*.

Actividad grupal para consolidar lo aprendido hasta el momento.

Dinámica. Divida la clase en grupos de cuatro alumnos. Reparta seis tarjetas a cada alumno del grupo. Un alumno "lanza" una tarjeta a un compañero del grupo y este tiene que decir si la frase es correcta o no, justificando la respuesta. Gana el alumno que más aciertos consiga.

Las frases corregidas son:
Guadalupe está en Córdoba; Hoy es miércoles; Ahora Juan está trabajando con su padre; La cena en el restaurante ha estado bien; Manu está enfadado conmigo; Mi padre es de Valencia y mi madre es de Uruguay; El bolígrafo está encima de la mesa; ¿Puedes encender la luz? Es de noche; Carmen está muy contenta con su trabajo; La casa es muy grande y hermosa; ¿Qué hora es? Son las 17.00; Ahora que estoy de vacaciones, estoy muy tranquilo; Estamos a 2 de marzo; El concierto es en el Palacio de la Ópera de Valencia; Mi madre está preparando la paella para nosotros.

Puede continuar la práctica de los verbos *ser* y *estar* con los ejercicios 7 y 8 de la unidad 13 del *Libro de ejercicios*.

> **3** Antes de empezar la audición, avise de que van a escuchar dos diálogos y pídales que, a partir de las imágenes situadas en la parte izquierda de la actividad, prevean el contenido de la conversación: *¿De qué creen que trata la audición?* Si lo considera conveniente, dedique la primera escucha a que confirmen o rectifiquen sus hipótesis.

Luego, organice a los alumnos en parejas y pida que cada uno lea las preguntas que correspondan a su rol (alumno A y alumno B). Aclare, por otro lado, que para responderlas deben atender solamente a uno de los diálogos, como se indica en el *Libro del alumno*.

🔊 Diálogo 1

|36| **Juan:** ¡Qué contento estoy de estar aquí, en esta feria de novedades tecnológicas! Lo vamos a pasar muy bien.

María: Sí, Juan. Yo también estoy muy contenta. ¿Entramos ya y vemos lo que hay?

Juan: Sí, por supuesto. Estoy muy interesado en conocer las novedades.

María: Y yo. ¡Anda, mira!, ¿aquel no es Jaime, tu profesor de Matemáticas?

Juan: Sí, sí. Es mi profesor. ¿Sabes quién es esa mujer tan guapa que está a su lado?

María: Es la profesora de Historia de cuarto curso. Es también la directora del departamento. Me parece que es egipcia, pero no estoy segura. ¡Y sí que es guapa!

Juan: Bueno, pero no tan guapa como tú.

María: Anda, vamos.

Diálogo 2

María: ¡Madre mía, qué ambiente! Esta feria es como el mundo del futuro. ¡Mira, Juan! ¿Qué es eso?

Juan: Es un pequeño robot multifunción. Está pensado para los niños. Habla con ellos en varios idiomas y les ayuda con los deberes. También informa del tiempo y de los eventos más importantes del día en la ciudad. Además, es de un material muy flexible. Así que es seguro y difícil de romperse.

María: ¡Qué maravilla! Oye, vamos allí. Estoy viendo una televisión gigante. El cartel de información dice que es la televisión más grande del mundo.

Juan: Pues yo no la veo. ¿Dónde está?

María: Está allí, al fondo.

Juan: ¡Ah, sí! ¡Ya la veo! Vamos, María.

María: ¡Tiene ciento diez pulgadas! Es de la marca Mapple.

Juan: ¡Qué pasada! Estamos en el siglo veintiuno, pero aquí me siento como en el veinticinco.

María: ¿Ves a ese hombre, el de unas gafas extrañas? ¿Qué está haciendo?

Juan: Parece que son unas gafas de visión nocturna con muy buena resolución. Fíjate, son curvas, grandes y muy oscuras, pero son muy buenas para ver cualquier cosa en la oscuridad.

María: Por cierto, ¿qué hora es? Tengo que estar en la facultad a las tres.

Juan: Son las dos y media. Mañana es jueves, así que podemos volver mañana.

María: Sí, volveremos. Esta feria está muy bien. Todo está organizado de maravilla.

Juan: Vale. Además, yo también tengo que irme. Estoy de camarero en el bar de la facultad y empiezo a trabajar a las tres y media. ¿Volvemos juntos?

María: ¡Claro!

Alumno A: 1. Dos compañeros de facultad; 2. En una feria de novedades tecnológicas; 3. El profesor de Matemáticas y la profesora de Historia de cuarto curso; 4. Muy guapa, es egipcia, es profesora de Historia y también la directora de departamento en la facultad; 5. Entrar en la feria; 6. Como el mundo futuro, con mucho ambiente; 7. Contentos e impresionados.

Alumno B: 1. Un pequeño robot multifunción, una televisión gigante y unas gafas de visión nocturna; 2. Muy innovadoras, una pasada; 3. De un material muy flexible, seguro y difícil de romperse; 4. Está muy bien; 5. Camarero; 6. En la facultad; 7. A las dos y media, porque María tiene que estar en la facultad y Juan tiene que trabajar.

3.1. Probablemente los estudiantes no sean capaces o tengan dificultades para responder a las preguntas del alumno contrario. Lo importante de esta actividad no es que consigan responderlas, sino que sean conscientes de que disponer de una batería de preguntas para captar la información de un texto oral hace que la audición sea más selectiva. El hecho de cuestionarnos datos o elementos sobre lo que escuchamos nos ayuda a procesar y a discriminar la información. Con la pregunta ¿Por qué?, del enunciado, se pretende activar la conciencia del alumno con respecto a esta estrategia de comprensión auditiva.

A continuación, como actividad preparatoria para la 3.2. se propone la realización de la ficha 43.

Ficha 43. Crónica de una visita a la feria del libro.

Esta ficha tiene como objetivo que el alumno sea capaz de escribir una crónica sobre un acontecimiento vivido. Para ello, se reflexiona acerca de este tipo de texto y se ofrece un ejemplo de crónica sobre una feria del libro. En esta actividad también se revisa la diferencia entre *ser* y *estar*, y se pone en práctica el uso de los relativos *que* y *donde*.

Dinámica. Entregue la ficha y lleve a cabo la primera actividad. Con ella se pretende activar los conocimientos previos del alumno sobre este género periodístico. A continuación, lleve a cabo la lectura del texto de la actividad 2 y revise luego las respuestas de la actividad 1. Puede, asimismo, plantear preguntas de carácter más general, relacionadas con el contenido del texto. En la actividad 3, proponga un trabajo en parejas, para que puedan discutir sobre el uso de los verbos *ser* y *estar*, y luego haga una puesta en común que dé lugar a que razonen las respuestas y a que planteen sus dudas. Seguidamente, realice las actividades 4 y 5. La primera está pensada para que los alumnos induzcan el uso de los pronombres relativos *que* y *donde*; la segunda es un ejercicio de práctica relacionado con los pronombres y, además, una actividad de trabajo de vocabulario aparecido en el texto. Antes de nada, remita a sus alumnos al cuadro gramatical que aparece en la actividad 3.2. sobre las oraciones de relativo y dé las explicaciones oportunas. Para terminar, en la actividad 6, proponemos que los estudiantes redacten la crónica de algún acontecimiento vivido o inventado, según lo que han aprendido y tomando como modelo la crónica de la ficha.

1. a. Posible respuesta. Es un género periodístico en el que el autor da información o explica acontecimientos que ha vivido o que conoce a través de fuentes directas; b. Se escribe en primera persona, porque el autor relata hechos vividos o presenciados por él mismo; c. La crónica se escribe en pasado y los hechos se narran cronológicamente; d. Habitualmente, la crónica consta de una introducción, que presenta aquello que se va a contar, del desarrollo temporal de los acontecimientos, y de una conclusión.

3. la experiencia fue realmente increíble (valorar un hecho); Estar rodeada de libros (hablar de características no inherentes a una persona); poder conocer a algunos de mis autores preferidos fue como estar en el paraíso (valorar un hecho); Una de mis primeras paradas en la feria fue en la caseta 86 (identificar); fue todo un placer conocerte y charlar contigo (valorar un hecho); La última parada fue en la caseta de la Casa del Libro (referirse a la celebración de un acontecimiento o suceso); Es una mezcla de novela romántica y de ciencia ficción (identificar); La feria fue fantástica (valorar un hecho); Estoy pensando en presentarme como voluntaria el próximo año (referir una acción en progreso); El mundo de los libros es apasionante (valorar una cosa); Está lleno de aventuras, sonrisas, lágrimas, de enseñanza y aprendizaje (hablar de características no inherentes a una cosa).

4.	Frase	Se refiere a...
Que	- que me contó algunas cosillas muy interesantes de la editorial	- Melanie Rostock
	- que parece interesante	- el libro de una autora poco conocida
Donde	- donde la editorial Voz presenta sus libros	- la caseta 86
	- donde firman los autores más mediáticos	- el puesto de la Casa del Libro

Los pronombres *que* y *donde* sirven para unir dos frases y añadir información sobre los nombres a los que estos pronombres se refieren.

5. lector: persona que lee o que tiene hábito de leer; feria: fiesta con un mercado donde hay expuestos productos para su venta; taller: escuela o curso donde se enseñan artes o habilidades; mesa redonda: grupo de personas conocedoras de una materia que se reúnen para exponer sus opiniones y debatir; parada: lugar o sitio donde se para; firmar: acción que consiste en escribir a mano el propio nombre; editorial: empresa que edita y publica obras en papel; voluntaria: persona que hace algún trabajo o servicio sin esperar ninguna recompensa.

ELEteca
28. La crónica periodística.

3.2. El trabajo realizado sobre el contenido de la audición de la actividad 3 sirve de punto de partida para esta actividad, que tiene como objetivo la redacción de una crónica. Con ello se pretende simular una situación comunicativa real y profundizar en el uso de la lengua para presentar y describir objetos o acontecimientos. La tarea requiere el empleo de los verbos *ser* y *estar*, así como el uso de oraciones de relativo para añadir información sobre aquello de lo que se está hablando.

En el paso 1 de la tarea, forme los grupos de modo que en cada uno haya un número similar de alumnos A y alumnos B. Esto servirá a los estudiantes para que contrasten la información que han recabado en el ejercicio anterior. En el paso 3, indíqueles que acuerden un número determinado de novedades y que creen una lista para ofrecerla posteriormente al resto de compañeros.

Cuando llegue el momento de exponer el trabajo hecho, en el paso 6, anime a los estudiantes oyentes a que asuman el papel de periodistas y que muestren interés por alguno de los inventos de la feria. Haga que tomen notas y que realicen un turno de preguntas cuando termine la exposición.

3.3. A modo de conclusión del epígrafe, se trabaja el componente estratégico en lo referente al aprendizaje en trabajo cooperativo. El alumno reflexionará individualmente sobre los posibles beneficios de trabajar en grupo a partir de la experiencia de la actividad 3.2. Puede ampliar la reflexión reagrupando a los alumnos del mismo modo que lo hizo en el ejercicio anterior y animándolos a compartir sus reflexiones en una puesta en común final.

2 ...Y COMIERON PERDICES — 120

Este segundo apartado de la unidad está dedicado a las costumbres y tradiciones vinculadas a la celebración de una boda en diferentes países de habla hispana. El título del epígrafe, que se usa a menudo para concluir un cuento con final feliz, pretende recoger el sentimiento de felicidad de los recién casados, que concluyen su vida de novios para empezar una nueva etapa de vida conyugal. El alumno trabajará aquí el vocabulario relacionado con la celebración de una boda y recursos de la lengua para expresar comparación. A modo de conclusión, los estudiantes explicarán las similitudes y diferencias entre su cultura y la de los países de habla hispana, respecto al tema central del epígrafe.

> **1** Actividad de trabajo de vocabulario que introduce el acontecimiento de las bodas como tema central del epígrafe.

A continuación, pregunte con qué cultura o culturas identifican los cinco elementos de las imágenes y si conocen la función de cada uno de ellos en la boda. Aporte la información que considere necesaria de estos elementos y aclare que todos ellos forman parte de una boda tradicional española.

A. tarta nupcial; B. arras; C. anillos; D. pétalos y arroz; E. ramo.

ELEteca
29. Las arras, los anillos, el arroz, el ramo y la tarta nupcial.

1.1. Esta es una actividad de comprensión auditiva que muestra las costumbres del enlace matrimonial en el estado mexicano de Morelos. Además, servirá de *input* para trabajar estructuras comparativas en 1.2. y 1.3.

Antes de empezar la actividad, le sugerimos que plantee, en parejas y a modo de lluvia de ideas, una reflexión sobre las diferentes fases que puede implicar el hecho de casarse. Atienda, asimismo, al vocabulario que usan y que pueden encontrar o necesitar al tratar sobre este tema.

A continuación, introduzca la actividad 1.1. y dé tiempo para la lectura de los ítems. Avise a sus estudiantes de que van a escuchar hablar a dos hombres con acentos diferentes: un español y un mexicano.

nuevo PRISMA fusión • Libro del Profesor • Unidad **13**

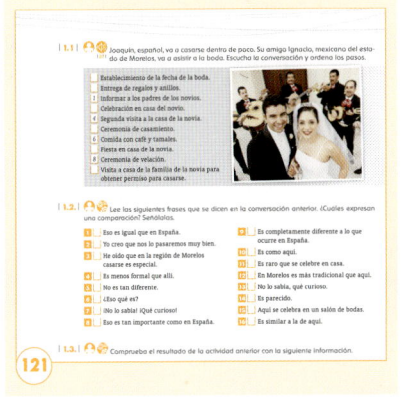

Joaquín: Hola, Ignacio, ¿qué tal? ¿Cómo estás?

Ignacio: Muy bien. Oye, enhorabuena por la boda. Yo creo que nos lo pasaremos muy bien.

Joaquín: Gracias. Estoy muy contento. Por cierto, he oído que en la región de Morelos casarse es especial. Tú eres de allí y te casaste allí, ¿no?

Ignacio: Sí, sí, hace dos años…

Joaquín: ¿Ah, sí? Cuéntame…

Ignacio: Pues verás… Primero, nosotros les informamos a nuestros padres.

Joaquín: Bueno, claro, eso es igual que en España… Hay que decírselo a la familia…

Ignacio: Claro, claro… Después, mis papás visitan a la familia de mi novia, para conocerse y platicar sobre la decisión que tomamos. Después de varias opiniones, nos dan la conformidad, decidimos la fecha para el casamiento y programamos todos los preparativos.

Joaquín: ¿Sí? Ese paso no se da en España. Es menos formal que allí. No se necesita la conformidad, simplemente se anuncia y ya está.

Ignacio: Ya, ya… pero no es tan diferente. En realidad, es una tradición que viene de antiguo pero no conozco a nadie que no haya tenido la conformidad de su familia, ¿te imaginas? Después de unos días, se produce una nueva visita a la familia de la novia, se llevan regalos, los anillos y así queda formalizado el compromiso de matrimonio. Al final tomamos café con tamales.

Joaquín: Sí, todo se celebra comiendo, eso es tan importante como en España. ¿Y luego?

Ignacio: Bueno, el día antes de la boda se hace una fiesta en casa de la novia. Llega el novio, acompañado de su familia y amigos, y a las doce de la noche se hace la ceremonia de la velación.

Joaquín: ¿Velación? ¿Eso qué es?

Ignacio: Es una ceremonia en la que se cubre a los novios, que están de rodillas, con un velo ante un altar de la casa. Los familiares piden a Dios que el matrimonio sea un éxito.

Joaquín: No lo sabía, qué curioso, es completamente diferente a lo que ocurre en España… En Morelos es más tradicional que aquí. ¿Y la boda?

Ignacio: Bueno, la boda es similar a la de aquí, la iglesia, la lluvia de arroz y pétalos de rosa… y la celebración en casa del novio.

Joaquín: Sí, bueno, es como aquí, parecido. Eso sí, aquí se celebra en un salón de bodas o en un restaurante. Es raro que se celebre en casa…

3, 5, 1, 10, 4, 9, 6, 7, 8, 2.

En la audición aparecen términos, expresiones y realidades culturales propias de México que puede utilizar para trabajar aspectos de la variedad del español, en caso de creerlo conveniente:

-*papá*: en América se emplea corrientemente para referirse al padre entre interlocutores adultos. En España, en cambio, solo es normal para referirse a él en la conversación entre miembros de la misma familia, en la conversación entre niños pequeños o cuando un adulto se dirige a un niño de pocos años. En la conversación entre adultos, fuera del núcleo familiar se emplea el término *padre*.

-*platicar*: equivale a *conversar* y su uso es literario o anticuado, salvo en Guatemala y México.

-*tamales*: es el nombre genérico dado a varios platos americanos de origen indígena preparados generalmente con masa de maíz rellena de carne, vegetales, chiles, frutas, salsas y otros ingredientes, envuelta en hojas de mazorca de maíz o de plátano, y cocida en agua o al vapor.

1.2. En este ejercicio el alumno encontrará diferentes formas de expresar comparación. Además de las estructuras comparativas de igualdad, inferioridad y superioridad, se presentan otras expresiones habituales en las que se usan adjetivos (*igual*, *diferente*, *parecido* y *similar*) o las que empleamos con el adverbio *como*.

1, 4, 5, 8, 9, 10, 12, 14, 16.

1.3. Esta actividad servirá para corregir el ejercicio anterior. En ella se presentan explícitamente las estructuras mencionadas, que más adelante va a necesitar el alumno para explicar las similitudes y diferencias entre las bodas hispanas y las de su país.

Si cree necesario consolidar las estructuras para hacer comparaciones y conocer curiosidades de otros acontecimientos sociales, puede llevar a cabo las actividades 3 a 6 de la unidad 13 del *Libro de ejercicios*.

1.4. Actividad de comprensión de lectura para consolidar los contenidos presentados anteriormente.

1. como; 2. que; 3. más; 4. tan.

Una vez los estudiantes hayan completado el texto con las palabras del cuadro, pídales que identifiquen aquellos elementos que marcan la diferencia entre unas ceremonias y otras: los anillos, las arras, complementos de carácter simbólico como un lazo, una cinta o un rosario, los bailes, o la comida. Mándeles hacer una lista con estos y otros elementos que se les ocurran. Esto le servirá para llevar a cabo la actividad del punto 3 de este epígrafe, donde deben comparar el rito en su país con el de los países de habla hispana.

Si lo desea, a modo de conclusión de este bloque de actividades, pídales que compartan con el resto de la clase algún elemento tradicional o común en las bodas de su país y, si lo saben, que expliquen también su simbología.

A continuación, proponga la realización de los ejercicios 9 y 10 de la unidad 13 del *Libro de ejercicios* para que los alumnos conozcan otras costumbres.

>2 Se presenta aquí el último aspecto relacionado con la celebración de una boda: la despedida de soltero/a. Procure que los alumnos exploten al máximo las fotos que acompañan la actividad, describiendo el lugar, las personas, las actividades o la ropa que se observan.

Un grupo de amigas celebrando una despedida de soltera.

2.1. La conversación que van a escuchar hace referencia a la despedida de solteras ilustrada en la actividad anterior. Recomiéndeles, en la primera escucha, que se apoyen en ese material visual durante la audición.

A continuación, pida que comprueben sus hipótesis sobre las preguntas de la actividad 2 y explique en qué consiste una despedida de soltero/a. Diga que antes de la ceremonia del enlace, los amigos del novio, por un lado, y los de la novia, por el otro, organizan una fiesta o una serie de actividades y espectáculos de distinta índole para los prometidos. En las imágenes del *Libro del alumno* se puede identificar a una chica con un traje de novia y con el velo (formado, en realidad, por un gorro de baño, un velo y una fregona), el ramo de flores y unos guantes de cocina. El resto de amigas lleva sombreros, camisas o camisetas blancas y pantalones negros, bigotes postizos y pajaritas. Una de ellas tiene una huevera de plástico simulando un bolso. Están riendo y pasándolo bien, realizando alguna de las actividades preparadas por ellas. Posiblemente se encuentren en algún local, como un restaurante o una sala reservada para la ocasión, o quizá en casa de alguno de los participantes de la despedida. A menudo en estas fiestas se hace pasar a los novios por situaciones divertidas o embarazosas, algo que puede desprenderse de las imágenes.

En la audición el alumno ha escuchado referencias a algunos de los elementos descritos más arriba. Téngalo en cuenta de cara a la realización de la segunda parte de la actividad.

Pida ahora que, en una segunda escucha, lean las frases e intenten responder a la actividad.

| 38 |

Ana: Oye, Edurne, ¿puedes contarme cómo fue tu despedida de soltera? Es que el próximo mes es la boda de Marta, la chica que te presenté el otro día, ya sabes, y queremos organizarle algo especial.

Edurne: ¡Claro! ¡Encantada! Mira, yo no sabía nada. Pero mis amigas organizaron una fiesta increíble. Llegaron a mi casa todas vestidas de novio. Todas iguales.

Ana: ¡No me digas!

Edurne: Entonces, sacaron algo de una bolsa enorme que traían: ¡era un vestido de novia! Una de ellas, que es modista, se encargó de hacer el traje.

Ana: ¿Ah, sí? ¿Cómo era? ¿Era de papel?

Edurne: No, no. Era de tela. Estaba hecho como el de una novia con cosas recicladas de la cocina. Precisamente tengo aquí la fotografía. Mírala, el vestido es blanco y con flores amarillas. En la cintura tiene un lazo del que cuelgan utensilios de cocina como un colador, un rayador, un filtro de grifo, una cuchara… y en la cabeza un gorro de piscina que, por detrás, tiene un velo de novia y, por delante, una fregona.

Ana: ¡Ay, sí! ¡Qué graciosa estás!

Edurne: Además, como ves, ellas llevan también el pelo recogido y un bigote, como los hombres.

Ana: Y en las manos, ¿qué llevas?

Edurne: Pues… unos guantes largos de fregar y, de bolso, una caja de huevos de plástico con un asa.

Ana: ¡No!

Edurne: ¡Sí, sí! Figúrate, así me hicieron salir de mi casa, así. Y, de allí, nos fuimos a un restaurante… ¡Qué vergüenza pasé!

Ana: Me lo imagino… Pero fue divertido, ¿no?

Edurne: Muchísimo. Cenamos y nos fuimos de marcha al casco viejo, donde bailamos sin parar y nos lo pasamos bomba. Ha sido una de las mejores noches de mi vida.

Ana: ¡Me lo imagino! A ver si a mí se me ocurre una fiesta tan divertida… Bueno, Edurne, nos vemos.

Edurne: Sí, llámame si necesitas ayuda. A mí estas cosas me encantan…

1. V, "el próximo mes es la boda de Marta y queremos organizarle algo especial"; 2. F, llegaron vestidas de novio; 3. V, Edurne sale con el vestido de novia en la foto de la despedida que ve Ana; 4. F, "me hicieron salir de mi casa, así. Y, de allí, nos fuimos a un restaurante…"; 5. V, "Cenamos y nos fuimos de marcha al casco viejo"; 6. V, "llámame si necesitas ayuda. A mí estas cosas me encantan…"; 7. F, se despiden pero no quedan para ningún día.

Termine la actividad preguntando si han participado en alguna despedida de solteros e invítelos a contar su experiencia a los demás compañeros.

> **3** Para llevar a cabo la actividad, pídales que en primer lugar se pongan de acuerdo en la lista de aspectos que van a tratar. Pueden retomar la lista cuya elaboración le sugerimos en el punto 1.4. Si no tuvo en cuenta esa

sugerencia, anímelos a revisar el epígrafe para que encuentren un número determinado de aspectos que considere usted adecuado.

Puede, asimismo, plantear la actividad como una presentación en la que los alumnos busquen imágenes ilustrativas de los diferentes elementos y las expongan frente al resto de la clase; por ejemplo, mediante una presentación con PowerPoint.

Como actividad extra de final del epígrafe puede realizar la proyección 36.

Proyección 36. Comparando hábitos y costumbres.

Con esta proyección el alumno practica la descripción de hábitos y costumbres, y compara los que aquí se presentan con los suyos propios o los de su país.

Dinámica. Explíqueles que van a ver imágenes sobre otros hábitos y costumbres relacionados con España. Proyecte las imágenes y agrupe a los estudiantes en parejas, para que identifiquen los hábitos a los que se refiere cada foto y para que las describan. Explique que la descripción de las imágenes es libre y abierta, que pueden responder a preguntas del tipo: *¿Dónde están? ¿Qué están haciendo? ¿Quiénes son y de dónde? ¿Cómo son?*, etc. Después de identificar los hábitos (*ver el fútbol en un bar, salir con amigos, asistir a la escuela, jugar a los videojuegos…*), pida que comparen los que hay en la foto con los suyos propios o los de sus países. Si lo considera necesario, ponga un ejemplo: *En mi país el fútbol es tan importante como en España*.

A modo de conclusión, anímelos a hacer una presentación en la que comparen la forma de vida española y la propia o de sus países.

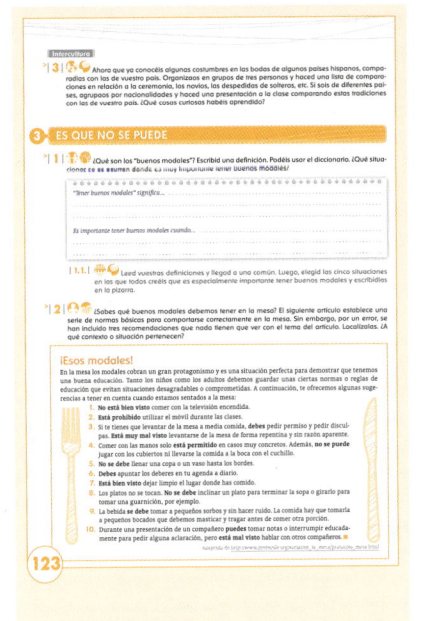

3 ES QUE NO SE PUEDE 123

Epígrafe dedicado fundamentalmente a las normas sociales en España, que darán pie a tratar los modales y las formas de expresar obligación, permiso y prohibición, y a realizar una tarea final: un decálogo de normas en clase. El epígrafe incluye la lectura de un texto normativo en forma de artículo y el apartado de Sensaciones , para que los estudiantes expresen cómo se sienten ante diferentes respuestas del interlocutor u otros oyentes.

> **1** Antes de empezar la actividad pregunte si saben en qué situación se diría la frase del título del epígrafe: *Es que no se puede*. La frase *No se puede* introduce una acción o actividad y expresa que no está permitido realizarla. En ocasiones se antepone el conector *es que* a la prohibición, para suavizarla y que el interlocutor la interprete como una excusa o una justificación. Por tanto, la frase se suele usar cuando se quiere dar cuenta de la inconveniencia de realizar ciertas actividades o adoptar determinadas actitudes como: fumar, hacer ruido, entrar en un lugar privado, poner los pies encima de la mesa, etc.

Posible respuesta. "Tener buenos modales" significa comportarse de modo correcto y con buena educación, siguiendo unas normas o reglas de conducta establecidas. Es importante tener buenos modales cuando estamos sentados a la mesa (cuando hay invitados, en un restaurante…), en lugares públicos (cine, teatro, museo, transportes públicos…), en celebraciones o eventos (bodas, conferencias…), en entornos laborales (puesto de trabajo, reuniones…), etc.

1.1. Los modales son normas que por su naturaleza social cambian según variables como la zona geográfica, el tiempo, el espacio físico donde nos encontramos o el estrato social, entre otras. En esta actividad, el consenso sobre las cinco situaciones que requieren tener buenos modales es especialmente relevante porque la diversidad cultural genera también disparidad de puntos de vista sobre lo que es correcto o aceptable. El hecho de que surjan discrepancias puede ser una buena oportunidad para que conozcan costumbres de otros países y reflexionen sobre la relatividad de esas normas.

>2 Como preactividad, le recomendamos que les dé la consigna de pensar cuáles son los modales que se suelen seguir en países hispanohablantes en una comida formal.

Si lo considera necesario, aclare que el título del artículo, *¡Esos modales!*, es una exclamación que se usa para advertir a alguien de que se está comportando de forma descortés y para que corrija, así, su comportamiento.

2, 6 y 10. Son recomendaciones que debemos seguir cuando estamos en clase.

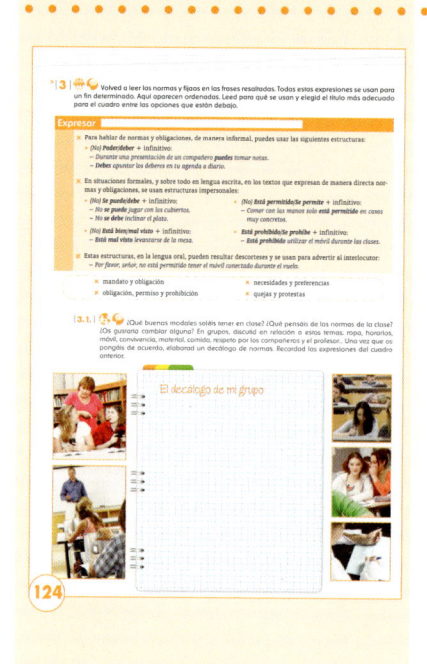

>3 El alumno va a trabajar, a través del cuadro de la actividad, estructuras para expresar obligación, permiso y prohibición.

Cuando hayan terminado de leer y completar el cuadro, proponga que, en parejas, comparen el listado de normas del artículo con la realidad de sus países. Para tal objetivo deberán recurrir a las estructuras estudiadas. Si considera que lo necesitan, proporcióneles algún ejemplo: "1. *Pues en mi país no está mal visto comer con la televisión encendida*" o "1. *En mi país es igual, está totalmente prohibido comer con la televisión encendida*".

Para consolidar los contenidos vistos hasta ahora, puede realizar los ejercicios 1 y 2 de la unidad 13 del *Libro de ejercicios*.

3.1. Las siguientes actividades tienen como objetivo la creación de un decálogo de normas de clase.

Comience señalando las tres normas que por error se habían incluido en la actividad 2. Estas pueden servir para contextualizar esta actividad. Pregunte si están o no de acuerdo con ellas.

A continuación, pida a los grupos que se cuestionen la necesidad de las normas a medida que las incluyan en el decálogo. Eso los ayudará a presentar y argumentar su elección en la siguiente actividad.

3.2. y 3.3. Si en la actividad anterior optó por la dinámica alternativa, haga que un representante de cada equipo salga a la pizarra. El secretario de los alumnos escribe el decálogo de su grupo a un lado de la pizarra, y al otro lado hará lo mismo el de los profesores. A medida que el secretario escriba las normas, el resto de miembros del grupo las presentará y defenderá. El equipo contrario, basándose en los intereses de su rol, debe contrargumentar y proponer modificaciones o descartar esas normas. El objetivo final es llegar a un acuerdo para un decálogo de alumnos y profesores, y plasmarlo todo en un cartel.

Para seguir practicando las funciones para expresar obligación, permiso y prohibición, puede realizar el ejercicio 11 de la unidad 13 del *Libro de ejercicios*.

>4 En esta actividad el alumno va a reflexionar sobre sus sentimientos en situaciones específicas del uso de la lengua y del aprendizaje del español. Todas ellas tienen en común que plantean las sensaciones que tiene el aprendiente ante la reacción del interlocutor o de otras personas presentes en el acto comunicativo.

Como actividad final del epígrafe, proponemos la proyección 37.

Proyección 37. ¿Buenos o malos modales?

A través de esta proyección los alumnos van a opinar sobre lo que consideran que es educado y lo que no lo es. Proponemos una actividad en la que se practican las formas para expresar obligación, permiso y prohibición estudiadas en el epígrafe, y compartir sensaciones que haya generado el intercambio de opiniones.

Dinámica. Agrupe a la clase en grupos de tres y proyecte la imagen. Cada miembro del grupo deberá preguntar a los otros dos compañeros sobre las diferentes situaciones que se plantean y tomar notas de las respuestas. Indique que el objetivo es que, al terminar las preguntas, puedan hacer un resumen valorativo sobre los modales de cada compañero. Dé un ejemplo para aclarar la tarea: *Pienso que para ti es muy importante el respeto a las personas mayores, porque…*

Dadas las características de la actividad, le sugerimos que, antes de empezar, abra un debate acerca de la importancia de ser constructivo a la hora de valorar, así como de aprender a recibir y aceptar la crítica de los compañeros.

¿QUÉ HE APRENDIDO? 125

> **1** Lugar: 5, 10; Tiempo: 3; Descripción de la persona: 6, 7; Estados de la persona: 1, 4, 9; Profesión: 8; Otros: 2; Frases incorrectas: 7, lo correcto es "Ese chico es mulato" y 9, lo correcto es "Estoy muy nervioso…".

> **2** Posible respuesta. Está prohibido: fumar; Se debe hacer: guardar silencio; No se puede hacer: ruido, molestar a los enfermos.

> **3** Posible respuesta. En España hay menos habitantes que en México; La comida china es muy distinta a la comida italiana.

> **4** Con este ejercicio, se pretende que el alumno no solamente tenga en cuenta lo que ha aprendido en la unidad, sino que valore también la evolución en su proceso de aprendizaje. Esto le ayudará a tomar conciencia del punto en el que se encuentra en ese proceso y a plantearse cómo darle continuidad.

> **5** Esta es una actividad en la que el alumno va a reflexionar sobre la relación entre el aprendizaje de la cultura y el hecho de comprender, conocer y aceptar, en mayor medida, a una comunidad y a sus hablantes. Se trata de entender que la comunicación no solo depende del dominio de la lengua y que una mayor comprensión de la cultura meta puede mejorar el entendimiento con los individuos que integran esa cultura.

ELEteca
COMUNICACIÓN. **Describir un lugar.**
GRAMÁTICA. **Los comparativos.**
LÉXICO. **Las bodas.**

ELEteca
Exprésate.

ELEteca
FONÉTICA Y ORTOGRAFÍA. **Contraste de los sonidos /t/ y /d/.**

14 ¡CÓMO ÉRAMOS ANTES!

En esta unidad el estudiante aprenderá a describir personas, cosas y acciones habituales en el pasado, además de comparar hábitos y costumbres del pasado con los del presente. Con esta finalidad, se introduce un nuevo tiempo verbal, el pretérito imperfecto, así como también su uso y los marcadores temporales que generalmente lo acompañan. Con respecto a los contenidos culturales, los alumnos conocerán algunos juegos y objetos tradicionales españoles y la evolución de los teléfonos móviles, además de estudiar algunos aspectos de la sociedad y la cultura en los años 80 en España y Chile. En relación al contenido estratégico, se reflexiona, entre otras cuestiones, sobre la utilidad de comparar las formas de transmitir la información en español con las estructuras usadas en la lengua materna para asimilar el uso de los tiempos verbales.

1 ¿CÓMO ERA LA VIDA SIN MÓVIL? 126

En este epígrafe, se introduce el pretérito imperfecto para describir personas, cosas y acciones en el pasado, además de hablar de hechos y hábitos del pasado comparados con el presente. En lo que respecta al contenido cultural, se reflexiona sobre la evolución técnica que ha experimentado el móvil desde su nacimiento hasta la época presente y las consecuencias que estos avances han tenido sobre las relaciones humanas. En cuanto al contenido estratégico, el alumno contrastará formas de transmitir cierta información en español con las de su lengua materna.

> **1** Las imágenes pretenden evocar recuerdos y activar las ideas y el vocabulario relacionados con el tema del teléfono móvil. Asimismo, sirven para preparar la audición de 1.1. y, en general, para las actividades siguientes, ya que el móvil, su evolución y su impacto sobre la vida de las personas constituyen el contenido que articula todo el epígrafe.

Estos teléfonos móviles son ya muy antiguos, comparados con los teléfonos de última generación. La imagen intenta expresar el paso del tiempo, también para la tecnología.

Si lo cree conveniente, lleve a cabo una lluvia de ideas sobre las características que pueden tener los dispositivos que aparecen en las imágenes, la época en la que fueron creados, las marcas más populares y el uso que se les daba y se les da actualmente. Con ello se anticiparán algunas de las palabras clave que van a aparecer en la audición.

Una vez compartida la información, pídales que, en parejas, intenten pensar cuáles podrían ser las características de la primera (1G), la segunda (2G) y la actual generación (3G/4G) de móviles. Finalmente, haga una puesta en común en la que compartan las ideas que han trabajado. Escuchar la audición los ayudará a rectificar o completar la información recogida.

1.1. En esta audición aparece por primera vez el pretérito imperfecto, utilizado aquí para describir las características de las primeras generaciones de teléfonos móviles. En la primera escucha, indíqueles que tomen nota de las características de su evolución. En la segunda escucha, pídales que se concentren en el tiempo al que se refiere la audición y que intenten anotar las formas verbales que escuchen. Ponga el audio por tercera vez si lo considera necesario. Puesto que la información aportada por la audición se puede fragmentar en tres partes, detenga el audio en cada sección para hacer la actividad.

¿Sabías que el primer teléfono móvil de la historia, Motorola, apareció por primera vez en el año de 1983? Era bastante pesado, unos 780 gramos. Obviamente, era analógico, la batería solo duraba una hora y la calidad de sonido era muy mala. Era pesado y poco estético, pero aun así, había personas que pagaban los 3995 dólares que costaba por tenerlo, lo cual lo convirtió en un objeto de lujo. Los primeros en utilizarlos fueron hombres de negocios, ejecutivos y personas con un alto poder adquisitivo.

La segunda generación de teléfonos móviles hizo su aparición en la década de los 90. En su mayoría eran de tecnología digital, la batería duraba más y tenían una mejor calidad de sonido. Estos teléfonos ya contaban con la posibilidad de envío y recepción de mensajes de texto, los SMS.

A finales de esa década, se produjo la fiebre de los teléfonos móviles. El producto se abarató debido a la competencia entre las diferentes compañías telefónicas y la demanda de estos aparatos se disparó, alcanzando unas cifras increíbles.

Hasta ese momento, el teléfono se usaba para hablar y enviar y recibir mensajes de texto. Actualmente, el teléfono móvil se ha convertido en un ordenador que permite llamar, ejecutar aplicaciones, conectarse a Internet, hacer fotografías, vídeos, ver televisión y muchas cosas más.

Primer móvil: Motorola, apareció en 1983. Era bastante pesado, unos 780 gramos, analógico, la batería solo duraba una hora y la calidad de sonido era muy mala. Era poco estético y un objeto de lujo solo al alcance de unos pocos, costaba 3995 dólares; Segunda generación de móviles: apareció en la década de los 90. La mayoría eran de tecnología digital, la batería duraba más y tenían una mejor calidad de sonido. Ya podían enviar y recibir mensajes de texto; Móviles actuales: se han convertido en un ordenador con múltiples utilidades, como llamar, ejecutar aplicaciones, conectarse a Internet, hacer fotografías, vídeos o ver televisión.

1.2. Para concluir esta actividad, y si lo desea, proponga una reflexión intercultural sobre el uso de los móviles en los países de origen de los alumnos.

> **2** Con esta comprensión lectora se introduce el pretérito imperfecto en un contexto real como es un foro de Internet. Frente al uso puramente descriptivo del pretérito imperfecto en las actividades anteriores, en esta actividad se profundiza en el contraste entre este tiempo verbal y el presente de indicativo, usando los marcadores temporales *antes* y *ahora*, con el objetivo de comparar cualidades y acciones, y establecer diferencias entre pasado y presente.

Comience haciendo la pregunta del epígrafe, *¿Cómo era la vida sin móvil?*, y pidiendo que respondan en clase abierta. A continuación, introduzca la actividad 2. Si lo cree oportuno, divida la clase en parejas para realizarla.

2.

2.1. Indique a los alumnos que anoten las frases que se refieran a diferentes aspectos del uso del móvil siempre que sea posible.

Posibles respuestas. ANTES (sin móvil): 1. La gente aprendía a tener paciencia, si no te localizaban en un teléfono fijo, esperaban; 2. No estabas constantemente controlado como ahora; 3. No interrumpíamos a horas inapropiadas; 4. No se hablaba por teléfono mientras se comía; 5. Solo había un número de teléfono por familia; AHORA (con móvil): 1. Puedes contactar con las personas en cualquier momento y lugar; 2. Estamos más tensos, algunas personas, si no les responden al móvil, se desesperan; 3. Hay personas más pendientes del móvil que de la persona que tienen enfrente; 4. Estamos disponibles siempre y nos pueden llamar en cualquier momento; 5. Tenemos un teléfono por cada miembro de la familia.

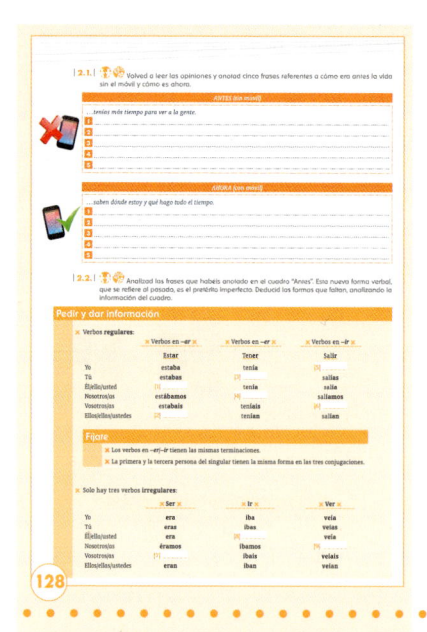

Finalmente puede hacer una puesta en común, en la que los alumnos comenten con qué usuario se sienten más identificados y por qué.

2.2. Esta actividad, centrada en la forma del pretérito imperfecto, supone el inicio de una reflexión gramatical que concluirá con los usos y los marcadores temporales que van asociados a este tiempo. La finalidad es que los alumnos infieran las formas que faltan a partir de las personas ya conjugadas.

1. estaba; 2. estaban; 3. tenías; 4. teníamos; 5. salía; 6. salíais; 7. erais; 8. iba; 9. veíamos.

Para fijar los conocimientos adquiridos sobre la forma y usos del pretérito imperfecto proponga los ejercicios 1, 2 y 3 de la unidad 14 del *Libro de ejercicios*.

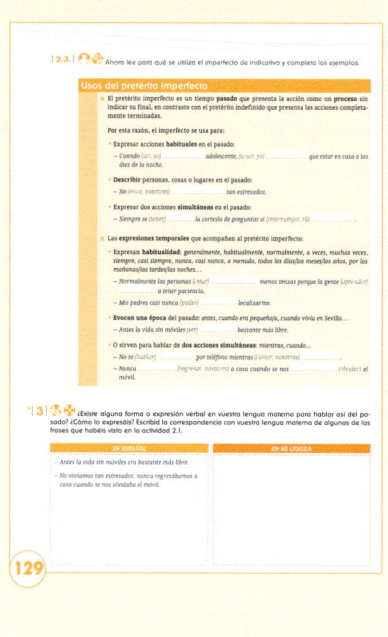

2.3. Esta actividad tiene el objetivo de consolidar y memorizar las formas del pretérito imperfecto mientras completan los ejemplos del cuadro, al mismo tiempo que aprenden sus usos y los marcadores temporales que normalmente los acompañan.

Junto con el pretérito indefinido y el pretérito perfecto, el imperfecto es el tercer tiempo que estudian los alumnos para expresar acciones en el pasado. Si lo considera oportuno, realice alguna aclaración respecto a las particularidades de este tiempo frente a las del indefinido y el perfecto. Coménteles que en las actividades anteriores han visto los dos primeros usos del cuadro: la expresión de acciones habituales y la descripción de personas, cosas o lugares. Si lo ve conveniente, introduzca el uso referido a la expresión de dos acciones simultáneas, proponiendo nuevos ejemplos.

era, tenía, vivíamos, tenía, interrumpías, estaban, aprendía, podían, era, hablaba, comíamos, regresábamos, olvidaba.

>3 Esta actividad, de carácter estratégico, tiene como objetivo que los alumnos contrasten la forma de transmitir información en español con la de sus lenguas maternas. Con este propósito, pensarán en las similitudes y diferencias que existen entre ellas para cada uso del pretérito imperfecto.

>4 Con esta tarea final de epígrafe, los alumnos aprenderán a escribir una entrada en un foro de Internet.

Después de leer el cuadro de reflexión, pídales que creen un grupo en alguna red social, si disponen de acceso a Internet, y que redacten sus entradas. Una vez escritas, puede imprimir en una hoja todos los mensajes del foro y dar una copia a los estudiantes para que los corrijan. Si no se dispone de este medio, puede hacer que los escriban en un mural simulando las entradas en un foro.

Para finalizar y si lo cree interesante, puede organizar un debate. Divida a los alumnos en dos grupos: aquellos que piensan que la vida ha mejorado con el uso del teléfono inteligente y un segundo grupo, cuyos miembros piensen que ha empeorado. Cada grupo se dividirá a su vez en parejas, quienes trabajarán los argumentos para defender su posición y rebatir la del otro grupo. Una vez realizado el trabajo en parejas, cada grupo pondrá en común las ideas para sostener sus opiniones. Ganará el debate el equipo que argumente mejor y se sirva de más razones para defender la posición adoptada.

Una actividad extra para seguir profundizando en la importancia que algunos objetos o acontecimientos tienen para las personas es que pida a los alumnos que piensen en algo que cambió sus vidas (puede ser un objeto, una persona, una idea, un acontecimiento, un animal, etc.). Cada uno describirá cómo era su vida antes de ese cambio y los compañeros adivinarán de qué cosa se trata. Si sus clases son numerosas, pueden escribir los cambios en la pizarra para agilizar la dinámica de la actividad.

Si cree que sus alumnos necesitan practicar más, realice la ficha 44.

Ficha 44. Inventos universales.

Actividad lúdica para practicar el pretérito imperfecto y hablar de cómo era la vida antes de la invención de determinados objetos.

Dinámica. Divida la clase en dos grupos y ponga las tarjetas con los inventos en una bolsa. Cada grupo elige por consenso a un estudiante como el encargado de describir el invento de la tarjeta a los miembros de su grupo. Para ello, debe elaborar frases que hagan referencia a cómo era la vida antes de la aparición de este invento, sin mencionar su nombre. Cuando un compañero del grupo acierte la palabra, vuelve a sacar otra tarjeta hasta que pase un minuto. El alumno tiene la opción de cambiar de tarjeta todas las veces que quiera si su grupo no consigue acertarla, pero ha de volver a meterla en la bolsa. Pasado el minuto, el grupo cederá el turno al equipo contrario. Una vez que se hayan acabado todas, se hace un recuento y gana el grupo que tenga más tarjetas.

> **5** Las imágenes de los juegos infantiles españoles tienen como objetivo activar el vocabulario necesario para entender la audición y, sobre todo, traer a la memoria emociones de la infancia de los alumnos.

A. Órgano o teclado electrónico; B. Los *Juegos reunidos* de Geyper o juegos de mesa; C. La bicicleta BH; D. Una maquinita o videoconsola; E. *Walkman* o reproductor de audio estéreo portátil.

ELEteca
30. Juegos populares en la década de los ochenta en España.

5.1. Como estrategia para afrontar la comprensión auditiva, divida a los alumnos en parejas y pídales que escriban una lista con el mayor número de palabras que podrían aparecer en el audio referidas a cada uno de los objetos. Tras la primera escucha, pregúnteles qué palabras les han ayudado a identificar el objeto del que habla cada persona en la audición y si en el audio aparece alguna palabra de sus listas. Abra una reflexión sobre la utilidad de crear listas de palabras para prever contenidos de las audiciones. Proceda a una segunda escucha y corrija la actividad con la ficha 45. Finalice con una puesta en común en la que se enumeren las características de cada objeto.

1. ¡Eran los regalos estrella de cumpleaños y reyes, porque no solo disfrutaban los niños, sino toda la familia. Preguntas, pruebas, habilidad… pero, sobre todo, muchas risas alrededor de una mesa. Con la familia o con los amigos, las tardes no eran lo mismo sin estos juegos de mesa.

2. Probablemente fue el regalo más caro de mi infancia y también el que más aproveché. Ella y yo éramos inseparables y era imposible imaginar un verano si no era pedaleando. Recuerdo perfectamente cuando los Reyes Magos me la trajeron. Todavía me acuerdo de la marca, el modelo y el color.

3. Recuerdo uno de los primeros, con el que jugaba de pequeña. Era muy moderno y yo me sentía una gran compositora. Realmente lo único que sabía tocar era el cumpleaños feliz y poco más. Pero todos soñábamos con ser grandes músicos.

4. Hoy tenemos todo tipo de aparatitos electrónicos para comunicarnos y

escuchar música. Pero no siempre fue así. ¡Cómo me gustaba ir por la calle con él! Me hacía sentir el más guay del barrio y todos mis amigos me lo pedían. Siempre llevaba varias cintas para ir cambiando de vez en cuando. ¡Cómo sonaba Mecano o Alaska! ¡Anda que no ha cambiado la vida!

5. Me acuerdo perfectamente de que la compramos en un viaje a Ceuta, cuando en aquellos tiempos estaba de moda ir a Ceuta y traerse aparatos electrónicos porque allí era todo más barato que en la Península. Era un juego de un vampiro que iba caminando y, según caminaba, le caían del cielo palos, rayos de sol, gotas de agua… Tenías que atravesar el camino y entrar en una torre, y así sucesivamente. ¡Qué tiempos aquellos! Creo que aún debe de estar ese juego en casa de mi madre.

A. 3; B. 1; C. 2; D. 5; E. 4.

Ficha 45. Juegos infantiles.

Actividad de práctica controlada sobre las formas del pretérito imperfecto a partir del texto de la audición.

1. 1. Eran, disfrutaban, eran; 2. éramos, era, era; 3. jugaba, Era, sentía, sabía, era, soñábamos; 4. gustaba, hacía, pedían, llevaba, sonaba; 5. estaba, era, Era, iba, caminaba, caían, Tenías.

> **6** y **6.1.** Práctica escrita y oral para describir, comparar cualidades y establecer similitudes y diferencias entre el presente y el pasado.

Una variante a la propuesta del enunciado es que anime a sus estudiantes a encontrar a la persona con la que tengan más cosas en común o la que tuvo una infancia más divertida.

Si quiere ampliar esta actividad, puede realizar la proyección 38.

Proyección 38. ¡Cómo hemos cambiado!

Actividad oral controlada para practicar la comparación de hechos, hábitos y costumbres en el pasado con el presente mediante el uso del pretérito imperfecto.

Dinámica. Disponga a los alumnos en parejas y dígales que copien en una hoja los temas de la columna de la izquierda y que señalen aquellos aspectos en los que han cambiado. Después, indíqueles que se intercambien la hoja con su compañero. Ahora deben escribir tres preguntas (de respuesta *Sí/No* y utilizando el pretérito imperfecto) en aquellos temas que su compañero haya marcado, con la intención de averiguar en qué exactamente ha cambiado. Por ejemplo, si ha cambiado físicamente, se le puede preguntar: *¿Llevabas el pelo largo? ¿Estabas más delgado? ¿Llevabas piercing?*, etc. Vuelven a intercambiar las hojas para responder a las preguntas con *sí* o *no*. A partir de las respuestas dadas por su compañero, cada alumno imaginará qué cambio ha experimentado este. Si su respuesta es correcta, tendrá un punto.

Para consolidar estos contenidos, puede realizar los ejercicios 4 y 5 de la unidad 14 del *Libro de ejercicios*.

2 ¡QUÉ MOVIDA! 131

En relación con el contenido cultural, de gran importancia en este epígrafe, el alumno estudiará algunos aspectos sociales de la década de los 80 en España y Chile. Descubrirá acontecimientos sociales y políticos de gran importancia en estos países, conocerá la movida madrileña y entenderá cómo vivían en aquella época. A nivel gramatical, se introduce la estructura *soler* + infinitivo para expresar acciones habituales en el presente y pasado.

> **1** Reflexión inicial de una secuencia de actividades que analiza el concepto de *movida*, un término con varias acepciones y que el alumno trabajará para poder llevar a cabo las actividades subsiguientes.

En parejas, los alumnos tratan de deducir la acepción que corresponde a cada ejemplo dado. También puede sugerirles que identifiquen la categoría gramatical de la palabra (en las dos primeras es adjetivo y en el resto es sustantivo). Antes de realizar la puesta en común, pídales que comparen sus respuestas con las del resto de parejas. Una vez resuelto el ejercicio, invítelos a que propongan otros ejemplos que se correspondan con esos significados.

1. b; 2. e; 3. c; 4. d; 5. a.

1.1. A, D y F corresponden a la expresión *¡Hay movida!* (en su acepción referida a *juerga* o *diversión*).

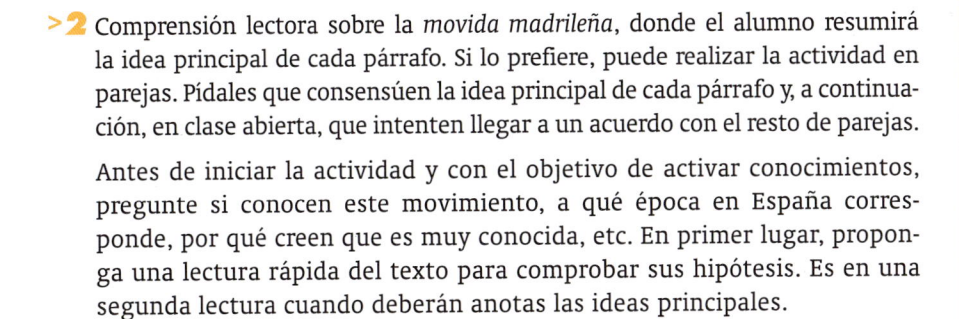

> **2** Comprensión lectora sobre la *movida madrileña*, donde el alumno resumirá la idea principal de cada párrafo. Si lo prefiere, puede realizar la actividad en parejas. Pídales que consensúen la idea principal de cada párrafo y, a continuación, en clase abierta, que intenten llegar a un acuerdo con el resto de parejas.

Antes de iniciar la actividad y con el objetivo de activar conocimientos, pregunte si conocen este movimiento, a qué época en España corresponde, por qué creen que es muy conocida, etc. En primer lugar, proponga una lectura rápida del texto para comprobar sus hipótesis. Es en una segunda lectura cuando deberán anotas las ideas principales.

Segundo párrafo: aparece la juventud como grupo diferenciado, reivindicando su propio modo de pensar, actuar y expresarse; Tercer párrafo: este movimiento cultural, conocido como la movida madrileña, se inició a través de la música pero se extendió a otras formas artísticas; Cuarto párrafo: la movida nace en Madrid, pero se extendió a otras ciudades de España, cambiando radicalmente la sociedad de los 80.

2.1. Actividad de grupo cooperativo y de carácter estratégico, que tiene como objetivo que el alumno reflexione sobre cómo puede afectar el cambio de un término, en este caso un antónimo, al sentido de una unidad mayor como es la textual.

A continuación, puede consolidar el uso de la sinonimia y antonimia con los ejercicios 6 y 7 de la unidad 14 del *Libro de ejercicios*.

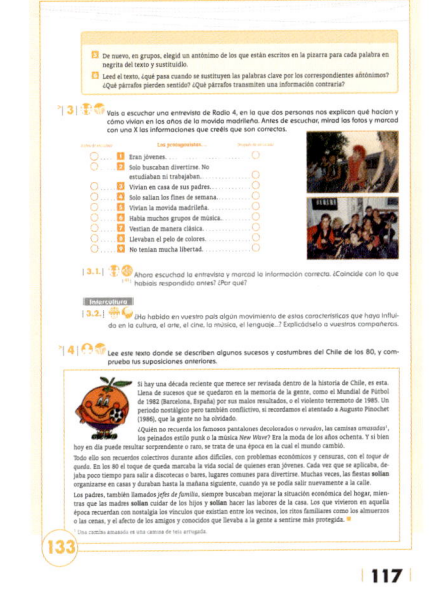

> **3** y **3.1.** Haga uso de las imágenes para activar el vocabulario relacionado con el tema antes de leer las preguntas.

A continuación, proceda a la primera escucha. Deje tiempo para que comparen sus respuestas con las de sus compañeros. Lleve a cabo una segunda escucha y corrija los resultados en clase abierta. Dígales que reflexionen sobre la utilidad de las preguntas que han trabajado de forma previa a la escucha.

Si desea proporcionar material audiovisual a los alumnos para que conozcan más a fondo el movimiento de *la movida madrileña*, acceda en YouTube al documental sobre la movida madrileña "La Nueva Ola en Madrid" o proyecte este otro documental: http://www.rtve.es/alacarta/videos/el-documental/frenesi-gran-ciudad-movida-madrilena/1216132/

Locutor: Bueno, estamos aquí con Luis y Marta, una pareja que vivió la movida madrileña. Contadnos, ¿cuántos años teníais en esta época? ¿Qué hacíais?

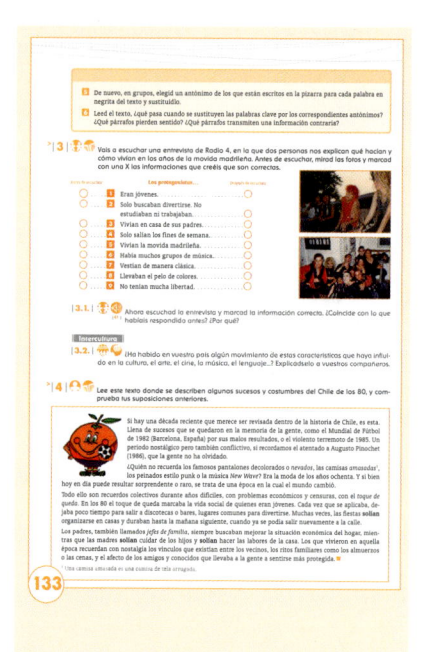

Luis: Pues yo tenía veinticuatro, y trabajaba en una librería en el centro de Madrid.

Marta: Sí, yo era más jovencita, tenía dieciocho, y aún estudiaba... eh... estudiaba Derecho en la Universidad Complutense de Madrid.

Locutor: ¿Vivíais en casa de vuestros padres?

Marta: ¡No!, ninguno de los dos vivíamos en casa de nuestros padres. Yo compartía piso con unas compañeras de la facultad y él estaba en un apartamento en Moncloa.

Locutor: ¿Y cuándo os veíais?

Marta: Al principio nos veíamos todos los fines de semana y después también entre semana, porque salíamos mucho por ahí.

Locutor: Y eso, ¿por qué?

Luis: ¡Porque era la época de la movida! ¿No te acuerdas?

Locutor: ¡Ajá! ¿Y en qué consistía exactamente?

Marta: Pues íbamos a los bares de Chueca y Malasaña, que entonces eran dos barrios que estaban de moda para salir por Madrid.

Luis: Escuchábamos música, bailábamos... bueno, que había movida...

Locutor: ¡Ah! ¿Y qué tipo de música escuchabais?

Marta: Pues todos los grupos que empezaban a ser famosos en esos años: Alaska y los Pegamoides, Miguel Bosé, Nacha Pop, no sé...

Luis: También Radio Futura, Los Inhumanos... Y, luego, en cine, las películas de Pedro Almodóvar que fueron una auténtica revolución...

Locutor: Sí, es cierto, Pedro Almodóvar... ¿Y cómo vestíais?

Luis: Nos poníamos ropa de cuero combinada con ropa de colores...

Marta: ...faldas cortas, pantalones estrechos, mallas y medias rotas, hombreras...

Luis: ¡Lo mejor era cómo llevábamos el pelo! Nos poníamos el pelo de punta, ¿te acuerdas? Ahora cuando veo las fotos... Y teñido con muchos colores. Muchos chicos llevábamos el pelo largo.

Marta: ¡Y el maquillaje! Nos maquillábamos con colores fuertes y llamativos. La verdad es que nos divertíamos mucho.

Luis: El espíritu de la movida madrileña era la libertad después de la muerte de Franco; se veía reflejado en el aspecto físico, en la diversión, y también en la cultura y en las artes...

Marta: ¡Qué tiempos!

1, 5, 6, 8.

3.2. Si los alumnos desconocen movimientos culturales importantes en la historia de sus países, pregunte directamente por otras épocas más populares del imaginario colectivo, como puede ser la década de los 60.

>4 Comprensión lectora sobre algunos sucesos y costumbres en los años ochenta en Chile, en la que se introduce en contexto la estructura *soler* + infinitivo para hablar de acciones habituales en el pasado.

Comente a sus alumnos, que en los años 80 mientras en España tenía lugar el florecimiento del movimiento de la *movida madrileña* tras la muerte de Franco y el fin de la Dictadura, en Chile había un régimen totalitario encabezado por Pinochet.

Contextualice el texto señalando que van a conocer algunos sucesos y costumbres de Chile en estos años. Diga a los estudiantes que se concentren en las ideas generales del texto y anímelos a preguntar a sus compañeros el significado de palabras o expresiones que no conozcan.

4.1. Indique a los alumnos que comparen sus respuestas con las de sus compañeros y, a continuación, en clase abierta, pídales que alcancen un acuerdo y decidan cuál es la información relevante referida a cada uno de los tres puntos.

1. El Mundial de fútbol de 1982 (por sus malos resultados), el violento terremoto de 1985 o el atentado a Augusto Pinochet en 1986; 2. Cuando se aplicaba el toque de queda, las fiestas se organizaban en casas y duraban hasta la mañana siguiente, cuando se podía volver a salir a la calle; 3. Los padres intentaban mejorar la situación económica del hogar, mientras las mujeres se ocupaban de los hijos y la casa. Existían más vínculos entre vecinos y afecto entre amigos, sintiéndose la gente más protegida. También eran muy importantes los ritos y las celebraciones familiares.

4.2. Mediante esta actividad se presenta el verbo *soler* para expresar acciones habituales tanto en el pasado como en el presente.

Si lo desea, puede pedir a los alumnos que infieran la estructura y el significado de *soler* + infinitivo a partir de las palabras resaltadas del texto y de manera previa a la lectura del cuadro de reflexión.

1. solíamos; 2. solía, suelo; 3. suele; 4. solíamos; 5. suele; 6. sueles.

Para ver el grado de asimilación de esta estructura por parte de los estudiantes, hágales preguntas del tipo: *¿Qué solías hacer de pequeño/a que ahora no haces? ¿Sueles hacer deporte? ¿Solías ir en verano a la playa?, ¿Sueles ir en verano a la playa?*, etc.

> Puede seguir practicando la estructura *soler* + infinitivo con el ejercicio 8 de la unidad 14 del *Libro de ejercicios*.

>5 Anime a los alumnos a utilizar los marcadores de pretérito imperfecto estudiados en la unidad para redactar las similitudes y las diferencias entre España y Chile.

Posibles respuestas. Similitudes: Los lugares de diversión entre los jóvenes eran bares y discotecas; llevaban peinados estilo *punk*; Diferencias: España había salido de una dictadura pero Chile vivía bajo la de Pinochet. En España había una gran libertad de expresión en todos los ámbitos de la cultura, y en Chile existía la censura. En España los jóvenes gozaban de una gran libertad, y en Chile, cuando se aplicaba el toque de queda, los jóvenes no podían salir a divertirse y hacían fiestas en las casas.

>6 El trabajo realizado en la actividad 5 sirve como base para llevar a cabo la tarea final del epígrafe: una redacción sobre los años ochenta en sus países y la posterior presentación en clase.

Como actividad extra, realice la dinámica de la proyección 39.

Proyección 39. Viaje al pasado.

Actividad de práctica oral para hablar de hábitos y estilos de vida en épocas pasadas.

Dinámica. Pregunte a los alumnos si saben quiénes son los personajes históricos de las imágenes. Después, ya recabada la información, dígales que escojan su personaje favorito y que, a continuación, formen grupos de tres según sus preferencias. Cada grupo trabajará diferentes aspectos de la vida de la gente coetánea a los personajes y expondrá su reflexión a los compañeros. Para concluir el ejercicio, los alumnos decidirán en clase abierta qué época fue la más interesante.

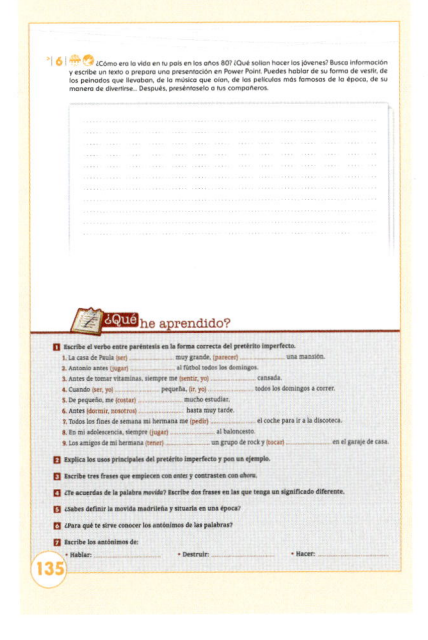

nuevo **Prisma** fusión • Libro del Profesor • Unidad **14**

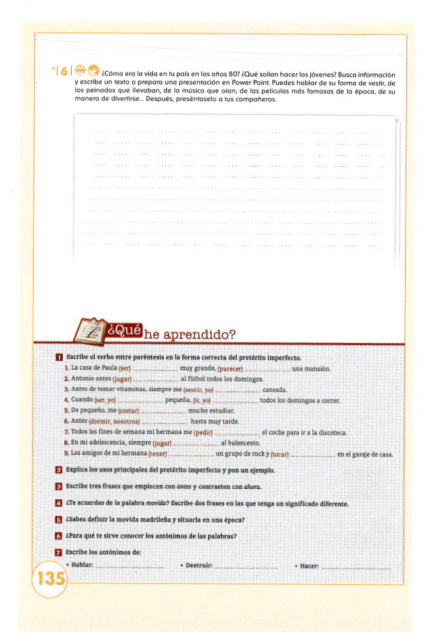

A. Adriano, emperador del Imperio romano siglo II d.C.; B. Emiliano Zapata, líder revolucionario mexicano, principios del siglo XX; C. John Lennon, cantante del grupo The Beatles, años 60; D. María Antonieta, reina de Francia, siglo XVIII.

¿QUÉ HE APRENDIDO? 135

> **1** 1. era, parecía; 2. jugaba; 3. sentía; 4. era, iba; 5. costaba; 6. dormíamos; 7. pedía; 8. jugaba; 9. tenían, tocaban.

> **2** Expresar acciones habituales en el pasado; describir personas, cosas o lugares en el pasado; expresar dos acciones simultáneas en el pasado.

> **5** Posible respuesta. Fue un movimiento cultural protagonizado por los jóvenes que querían reivindicar su modo de entender el mundo y su cultura propios, a través de diferentes formas artísticas, principalmente la música.

> **7** Hablar: callar; Destruir: construir; Hacer: deshacer.

ELEteca
COMUNICACIÓN. **Eran otros tiempos.**
GRAMÁTICA. **El pretérito imperfecto.**
LÉXICO. **Palabras sinónimas.**

ELEteca
¡Qué tiempos aquellos!

ELEteca
FONÉTICA Y ORTOGRAFÍA. **Contraste de los sonidos /k/ y /g/. Reglas de ortografía c/qu/k.**

15 CUENTA, CUENTA...

En esta unidad se presentan la estructura, los rasgos característicos y los recursos lingüísticos de un cuento con la finalidad de que los alumnos escriban uno de invención propia. Para este mismo objetivo, se introduce el léxico relacionado con la descripción de personas cosas y lugares, y con los cuentos infantiles.

El alumno aprenderá, asimismo, a relatar acontecimientos curiosos, a explicar una noticia y a describir las circunstancias en las que sucedieron. Para ello se retoma el contraste entre el pretérito indefinido y el imperfecto y se presenta el uso en pasado de la estructura *estar* + gerundio.

En cuanto a las estrategias de aprendizaje, destacamos la reflexión sobre la utilidad del componente lúdico en el proceso de aprendizaje y, en relación con el componente afectivo, el alumno valorará cómo le hace sentir el hecho de hablar con acento extranjero.

1 ¡QUÉ CURIOSO! 136

Introducimos la unidad planteando los hechos curiosos, casuales o sorprendentes como marco para que los alumnos aprendan a narrar acontecimientos del pasado y a describir el contexto en el que tuvieron lugar. Con este fin, se trabaja el contraste entre el pretérito indefinido y el pretérito imperfecto en el relato de experiencias vividas.

> **1** Las coincidencias y los hechos curiosos van a ser el pretexto para que el alumno exprese las circunstancias en las que se desarrolla un acontecimiento del pasado.

En las imágenes se observan efectos visuales sorprendentes u originales y coincidencias que pueden darse de manera espontánea en la vida. Intente, primero, que describan cuál es el efecto visual curioso de cada foto. Si es necesario, adjudique cada imagen a un alumno o grupo de alumnos. Seguidamente, plantee los interrogantes del enunciado.

Puede ampliar la actividad sugiriéndoles que busquen fotografías de estas características y que luego las presenten en clase, explicando cuándo, dónde y con quién las sacaron.

A modo de alternativa lúdica, recoja las fotos y luego repártalas aleatoriamente entre el grupo. Pida que cada alumno presente la imagen que le ha tocado y que, una vez terminada la explicación, traten de adivinar quién es su dueño.

> **2** Se presenta una comprensión lectora relacionada con el tema del epígrafe, que va a servir también como contextualización del audio de 2.1.

Indíqueles que lean el texto individualmente y que luego identifiquen y expliquen el hecho casual de la historia. Puede preguntarles también si habían oído antes este suceso o si conocen alguno similar.

2.1. A partir de esta audición, el alumno trabajará otra de las funciones asociadas al pretérito imperfecto, la descripción de circunstancias que rodean un acontecimiento. Además, la actividad presenta el uso contrastado de este tiempo verbal y del pretérito indefinido, que se trabaja explícitamente en el siguiente punto.

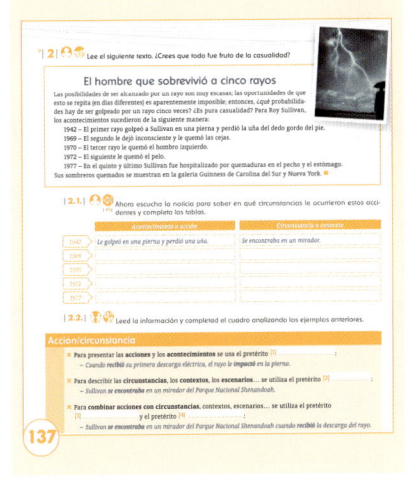

Coménteles que, en una primera escucha, intenten completar la columna de los acontecimientos o acciones, señalando qué pasó, dónde cayó el rayo o qué le quemó. A continuación, en una segunda escucha, pídales que completen la otra columna, señalando dónde se encontraba o qué hacía en ese momento.

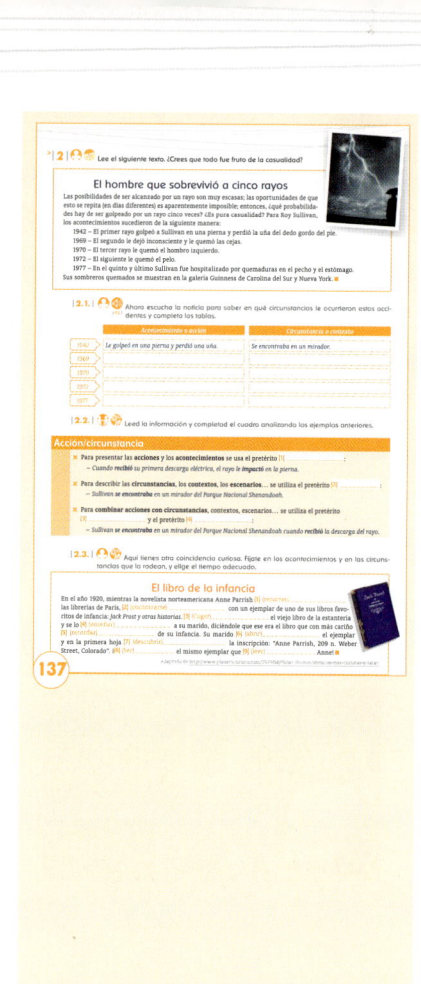

Dígales que esto es fruto de la casualidad, pero que según la ciencia, hay más probabilidad de que te caiga un rayo si te encuentras bajo un árbol o conduciendo un coche. Quizás su trabajo de guardabosques al aire libre y en muchos lugares tormentosos ha colaborado para ello.

|42| El guardabosques Roy Sullivan sobrevivió al impacto de un rayo en ¡cinco ocasiones!

La probabilidad de que una persona reciba la descarga de un rayo a lo largo de su vida es de una entre tres mil. Y, sin embargo, a él le sucedió.

En 1942, Sullivan se encontraba en un mirador del Parque Nacional Shenandoah, en Virginia, Estados Unidos. Allí recibió su primera descarga eléctrica; el rayo impactó sobre su pierna y perdió la uña del dedo gordo del pie.

En 1969, un rayo cayó sobre su camión mientras conducía por un camino de montaña. El rayo le quemó las cejas por completo y perdió el conocimiento.

En 1970, mientras se encontraba en el patio de su casa, un rayo lo alcanzó inesperadamente, provocándole quemaduras en el hombro izquierdo.

En 1972, otro rayo cayó sobre Sullivan cuando se encontraba en su casita del bosque, y le quemó el pelo.

Finalmente, el último rayo que cayó sobre el desafortunado Sullivan lo hizo en 1977, mientras se encontraba pescando en el lago del parque, y tuvo que ser hospitalizado con quemaduras en el pecho y el estómago.

Acontecimiento o acción. 1969: Un rayo cayó sobre su camión, le quemó las cejas y perdió el conocimiento; 1970: Un rayo lo alcanzó inesperadamente; 1972: Otro rayo cayó sobre Sullivan y le quemó el pelo; 1977: Le cayó el último rayo y tuvo que ser hospitalizado. Circunstancia o contexto. 1969: Conducía por un camino de montaña; 1970: Se encontraba en el patio de su casa; 1972: Se encontraba en su casita del bosque; 1977: Se encontraba pescando.

2.2. A partir del trabajo de identificación de 2.1., el alumno debe ahora inducir los usos del pretérito imperfecto y del indefinido, y el contraste entre ambos cuando se emplean en la narración de un acontecimiento.

1. indefinido; 2. imperfecto; 3. indefinido; 4. imperfecto.

Si lo considera relevante, pregúnteles cómo traducirían los ejemplos de la actividad anterior a su lengua materna o a otras lenguas extranjeras que conozcan, y si encuentran alguna coincidencia en el uso de los tiempos de pasado.

2.3. En este segundo ejercicio de comprensión lectora el alumno tendrá que discernir entre el uso de los dos tiempos trabajados para completar la historia. Tras la lectura, invítelos de nuevo a explicar en qué consiste el hecho casual.

1. recorría; 2. se encontró; 3. Cogió; 4. enseñó; 5. recordaba; 6. abrió; 7. descubrió; 8. Era; 9. leyó.

Si cree que sus alumnos necesitan practicar más, puede realizar la ficha 46.

Ficha 46. Coincidencias curiosas.

Actividades de práctica controlada para llevar a cabo de modo individual.

Dinámica. Reparta la ficha entre los alumnos para que completen los textos donde se combinan acciones con circunstancias. Puede ser realizada como trabajo extraescolar. Otra posibilidad es que, en parejas, cada estudiante complete uno de los textos. Después, deben contar su historia al compañero y practicar así la expresión e interacción orales.

Texto A. 1. separaron; 2. fueron; 3. vivían; 4. llamaron; 5. crecieron; 6. fueron; 7. gustaba; 8. se casaron; 9. tenían; 10. tuvieron; 11. se divorciaron; 12. discutían; 13. se casaron; 14. se llamaban; 15. tenían. Texto B. 1. Era; 2. se encontraba; 3. encontró; 4. pertenecieron; 5. se llamaba; 6. actuaba; 7. era; 8. recibió; 9. contaba; 10. se encontró.

> **3** En las siguientes actividades y hasta el final del epígrafe se pone en práctica lo aprendido partiendo del relato de experiencias personales curiosas.

En este primer ejercicio se plantean casos de posibles casualidades con el objetivo de que traigan a la memoria vivencias del pasado que les sirvan de base para su narración escrita. Recomiéndeles que expliquen primero a un compañero qué hecho van a contar y qué posibles circunstancias pueden referir al respecto. En cuanto hayan tomado una decisión sobre ambos aspectos, pueden ponerse a escribir su historia.

3.1. El alumno va a recordar cuatro hechos de su vida y a preparar datos relacionados con ellos de cara a la actividad oral de 3.2. Acláreles de que se trata de pensar solo en los acontecimientos ocurridos y que ello requerirá el uso del pretérito indefinido. Con este ejercicio damos la oportunidad para que se impliquen afectivamente en la tarea.

3.2. El objetivo de esta actividad es reconstruir la historia en parejas: uno va contando los acontecimientos que le ocurrieron y el otro debe recordarle las circunstancias o contextos en los que sucedieron.

Si lo cree conveniente, elija a varios voluntarios para que cuenten su historia al resto de la clase, incluyendo ahora las circunstancias en las que ocurrieron.

Puede complementar esta actividad retomando la alternativa que le ofrecimos en el ejercicio 1 de este epígrafe. Pida que recuperen las fotos curiosas que presentaron entonces, a fin de que los compañeros puedan ahora hacer preguntas sobre las circunstancias en las que fueron tomadas. Otra opción es realizar la actividad de la ficha 47.

Ficha 47. Lugares curiosos de Hispanoamérica.

Actividad de comprensión lectora y expresión oral que presenta lugares curiosos o interesantes de algunos países hispanoamericanos.

Dinámica. Disponga varios juegos de tarjetas iguales a partir de la ficha. Divida la clase en varios equipos de cuatro alumnos y ofrezca un juego de tarjetas por grupo. Pida que repartan una tarjeta por alumno y que lean la información que les ha tocado. Cuando las hayan leído, indíqueles que imaginen que son turistas que han viajado a ese país y que han visitado aquello que se presenta en la tarjeta. La imagen es una foto que ellos mismos sacaron durante el viaje. Explíqueles que la actividad consiste en decir a los compañeros a qué ciudad y país fueron. El resto de miembros del grupo deberá descubrir qué es lo que visitaron. Para tal objetivo, preguntarán acerca de las actividades que hicieron en ese lugar interesante o curioso y las circunstancias que rodearon a la visita. A estas preguntas el estudiante solo podrá responder *sí* o *no*.

Puede continuar la práctica con los ejercicios 4, 5 y 6 de la unidad 15 del *Libro de ejercicios*.

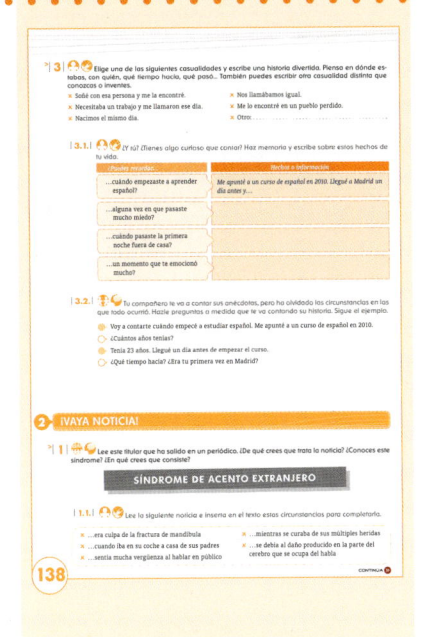

2 ¡VAYA NOTICIA!

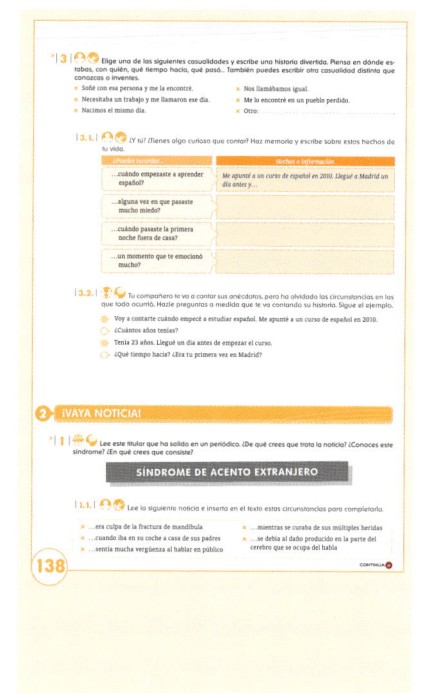

En este epígrafe se va a seguir trabajando sobre cómo narrar hechos ocurridos en el pasado; no obstante, se centra ahora en dos tipos de texto informativo: la noticia y la crónica. Se presenta, en este contexto, la estructura *estar* + gerundio en pretérito imperfecto, para referirse a acciones interrumpidas que rodearon a un acontecimiento. Además, el alumno reflexionará sobre sus sentimientos asociados al hecho de hablar con acento extranjero y sobre el valor de las actividades lúdicas en el aula como instrumento de aprendizaje.

La expresión que da título al epígrafe pretende reflejar la extrañeza o admiración que puede manifestarse al conocer una noticia. El hablante usa la exclamación *¡vaya + sustantivo!* precisamente para mostrar sorpresa hacia la realidad vinculada a ese sustantivo. En el epígrafe 3 se estudiarán otras expresiones para reaccionar ante una noticia.

> **1** Para realizar la tarea dé la consigna de que durante un minuto imaginen lo que ha sucedido, a partir del titular de la noticia. Luego, prosiga con una puesta en común y con las preguntas que aparecen en el enunciado.

Si los estudiantes desconocen las particularidades del síndrome, aclare que es un trastorno de origen neurológico, habitualmente consecuencia de una lesión cerebral, que provoca que los afectados pronuncien su lengua materna como lo haría un hablante foráneo. Hay pocos casos documentados en el mundo y quienes lo han padecido aparentemente no tenían relación con la cultura cuya pronunciación adoptaban.

1.1. En este punto se prosigue el acercamiento a cómo narrar vivencias o acontecimientos pasados.

Antes de proceder a la lectura y resolución de la actividad, pregunte en qué tiempo de pasado aparecen los verbos y por qué. Indíqueles que lean el texto y comprueben sus hipótesis de la actividad 1. A continuación, deben leer las frases extraídas de la noticia e intentar prever en qué orden aparecen. Para ello, necesitan imaginar cuáles son los sucesos vinculados a las circunstancias dadas.

1. cuando iba en su coche a casa de sus padres; 2. mientras se curaba de múltiples heridas; 3. era culpa de la fractura de mandíbula; 4. sentía mucha vergüenza al hablar en público; 5. se debía al daño producido en la parte del cerebro que se ocupa del habla.

1.2. Hay una estrecha relación entre el componente afectivo y el entonativo, que puede generar pudor o incluso resistencia a pronunciar determinados sonidos o a hablar en público. De ahí la importancia de trabajar la vertiente emocional en el trabajo de la fonética y la prosodia. Reflexione con ellos sobre por qué y en qué medida es importante tener una buena pronunciación en la lengua extranjera.

> **2** Este es un ejercicio de expresión escrita que parte de la noticia leída en el epígrafe y sobre el que el alumno va a reflexionar a posteriori con relación al uso de *estar* + gerundio para narrar en pasado.

Deje que los alumnos realicen la actividad libremente y fíjese en los recursos que emplean para relatar el desarrollo del accidente.

Posible respuesta. Leanne cogió el coche para ir a casa de sus padres, tenía prisa y estaba un poco nerviosa. Por eso, cuando llegó a un cruce no se dio cuenta de que había una señal de *stop* al final de la calle. Al girar a la izquierda, vio que venía una moto por su derecha. Por desgracia, no pudo reaccionar y chocó con la moto, que iba muy rápido. Mientras Leanne estaba intentando frenar, el motorista cayó al suelo. Afortunadamente, ninguno de los dos sufrió lesiones graves.

2.1. Actividad de presentación de *estar* + gerundio en pretérito imperfecto para marcar la interrupción de una acción, expresada en pretérito indefinido.

Recomiéndeles que primero subrayen todas las formas verbales en pasado y que luego consideren si la acción está terminada o no.

Acciones terminadas: Apareció un loco en una moto. No pude frenar. Elegí un atajo. Fue él el culpable. Una loca con un deportivo azul se cruzó a toda velocidad. Ella fue la que tuvo la culpa. Acciones interrumpidas no terminadas: Yo estaba conduciendo más despacio que nunca. Estaba intentando llegar antes a casa de mis padres. Estaba conduciendo nerviosa. Yo iba circulando tan tranquilo, como siempre. Estaba buscando alguna tienda abierta. Iba mirando a todas partes.

Observe que en el apartado de acciones no terminadas se incluyen dos ejemplos con la perífrasis *ir* + gerundio. Si lo cree conveniente, aclare que en español existen otras perífrasis de gerundio, aparte de *estar* + gerundio, y que por lo general tienen valor durativo, es decir, expresan una acción en proceso.

Después de completar el cuadro, sugiérales que revisen sus textos de la actividad 2 y que valoren la posibilidad de incorporar la nueva estructura al relato.

Para seguir practicando los verbos en pretérito indefinido o en imperfecto de *estar* + gerundio, puede realizar los ejercicios 2 y 3 de la unidad 15 del *Libro de ejercicios*.

2.2. En este ejercicio de comprensión auditiva el alumno debe captar, al mismo tiempo, datos generales sobre los testigos y sus declaraciones, y distinguir entre lo que son hechos confirmados de lo que pasó y lo que corresponde a la descripción de lo sucedido. Deje tiempo suficiente a sus estudiantes para que lean las notas y comprendan el objetivo de la audición. Establezca varias escuchas en función de cada una de estas tareas.

| 43 |
– Soy mecánico y yo lo vi todo, aunque era de noche. Ella circulaba a toda velocidad y hablando por el móvil. En mi opinión, ella tuvo la culpa.
– Yo estaba tirando la basura, soy la mujer del mecánico, y escuché un ruido tremendo. Cuando me acerqué, vi al señor que tiraba la moto al suelo para fingir el accidente. No sé qué decirle, pero creo que ella tiene razón.
– Pues yo soy astrónomo. Recuerdo que era de día, estaba en la azotea a esas horas mirando las estrellas y no vi ni escuché nada, así que no tengo ni idea de quién fue el culpable.
– Yo estaba esperándola al final del callejón y no lo vi bien porque estaba muy oscuro, pero parecía que el conductor llevaba gafas de sol, y seguro que no vio a mi amiga. Creo que él tuvo la culpa.
– Yo soy amigo del conductor. Sé que nunca conduce con gafas de sol y, además, era de noche. Mi amigo es muy tranquilo y estaba buscando una tienda, así que iba muy despacio. A mí me parece que ella tuvo la culpa.

1. El mecánico / Lo vio todo / Ella circulaba a toda velocidad hablando por el móvil / El conductor; 2. La mujer del mecánico / Escuchó un ruido tremendo / El conductor tiraba la moto al suelo / Leanne; 3. El astrónomo / No escuchó ni vio nada / Era de día / Ninguno; 4. Amiga de Leanne / No lo vio bien porque estaba muy oscuro / El conductor llevaba gafas de sol / Leanne; 5. Amigo del conductor / El conductor nunca conduce con gafas y era de noche / El conductor estaba buscando una tienda e iba muy despacio / El conductor.

A modo de alternativa, reproduzca primero el audio sin que los estudiantes lean el enunciado. Dé indicaciones de que tras la escucha informen sobre el contexto de lo que van a escuchar: quiénes son, de qué hablan, dónde deben de estar, a quién explican sus versiones y por qué, etc. Luego introduzca la actividad tal cual se plantea en el enunciado.

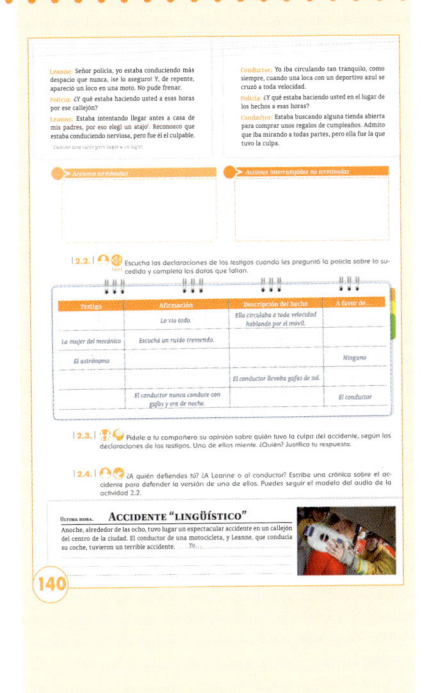

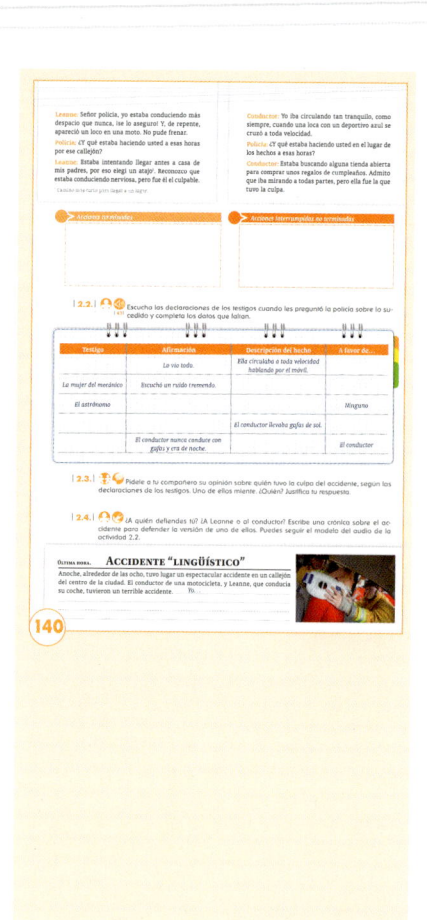

2.3. Es importante que en este ejercicio de expresión oral argumenten su opinión con la información que han recogido en 2.2. Tenga en cuenta que eso los ayudará a llevar a cabo la redacción de la crónica en la siguiente actividad.

La persona que miente es el astrónomo, porque dice que era de día.

Pregúnteles ahora por qué creen que el astrónomo está mintiendo y a quién creen que encubren. Invítelos a expresar libremente sus opiniones y pídales que las justifiquen. Al ser una actividad de respuesta abierta, dígales que añadan sus conclusiones a la crónica que deberán escribir en la actividad siguiente.

2.4. Antes de iniciar la actividad, revise con ellos la información extra de la unidad 13 (*28. La crónica periodística*) y recuérdeles el trabajo realizado en la ficha 43 (*Crónica de una visita a la feria del libro*).

Como actividad final del epígrafe proponga la realización de la proyección 40.

Proyección 40. El noticiario.

En esta actividad de expresión oral y en grupo cooperativo, se presentan una serie de fotos relativas a noticias de diferente índole, con el correspondiente pie de foto. El objetivo de los alumnos es presentar el encabezado de un noticiario radiofónico o televisivo.

Dinámica. Forme dos equipos y, después de proyectar las imágenes, indíqueles que deberán seguir estas instrucciones: discutir y acordar lo que ha sucedido basándose en las fotos y los pies de foto; elegir solamente seis de las noticias para destacarlas en la apertura del noticiario; decidir cuál será el orden de aparición en los titulares; escribir un titular para las noticias elegidas; y preparar un resumen de cada noticia. Cada grupo deberá organizarse para llevar a cabo la tarea y elegir a dos locutores que hagan el papel de presentadores. Finalmente, se representará el noticiario y se concluirá la actividad con una valoración en clase abierta sobre el trabajo de cada equipo.

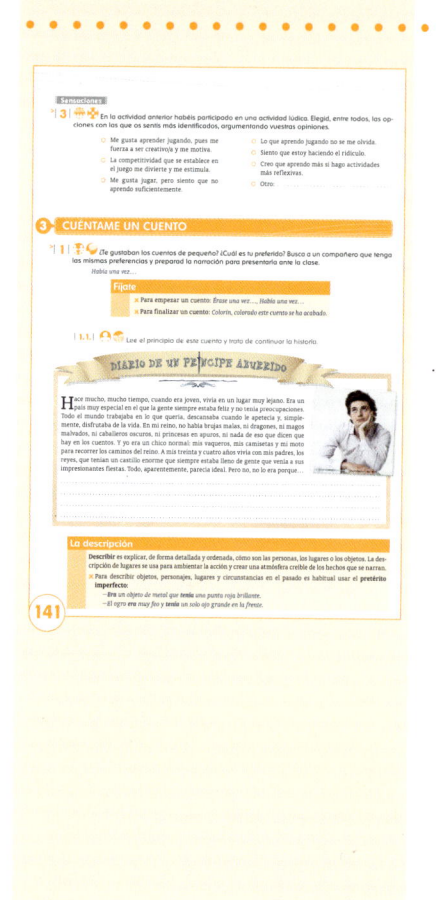

>3 La utilidad y las ventajas de integrar lo lúdico en el aula están ampliamente reconocidas en el campo de la enseñanza ELE. Entre otras cosas, se valora la posibilidad de potenciar la creatividad, de desarrollar actitudes sociales, de trabajar habilidades y conocimientos, de generar un contexto de comunicación real y de mejorar el componente afectivo dentro del aula a través del juego (http://marcoele.com/suplementos/estrategias-y-componente-ludico/). El objetivo de esta actividad, pues, es que el alumno exprese sus creencias y sensaciones con respecto al aprendizaje lúdico, por un lado, y por el otro, poner de manifiesto los beneficios de aprender jugando.

3 CUÉNTAME UN CUENTO — 141

En este epígrafe el alumno trabajará aspectos de la narración y la descripción que le permitirán llevar a cabo la creación completa de un cuento, a modo de tarea final y en grupo cooperativo. Como contenido cultural, se propone la revisión de cuentos infantiles y de sus personajes. Finalmente, el alumno aprenderá a hacer cumplidos, a disculparse, a expresar sorpresa y a lamentarse, como formas de interactuar en una conversación.

>1 Con esta actividad se pretende introducir el tema de los cuentos infantiles y a la vez potenciar el componente creativo, que envuelve toda la unidad y especialmente este epígrafe. Haga que los alumnos se pongan en pie y que busquen un compañero que tenga el mismo cuento preferido. Una vez distribuidos en parejas según sus preferencias, pídales que preparen una versión breve del mismo y que lo cuenten en clase. Puede también transformar la dinámica y hacer la actividad en grupos de 3 o 4 estudiantes.

A continuación, proponga la realización del ejercicio 1 de la unidad 15 del *Libro de ejercicios* para que los alumnos conozcan el cuento de Caperucita Roja.

1.1. El fragmento que leerá el estudiante corresponde a la introducción de un cuento, en la que se presentan los personajes, el lugar donde transcurren los hechos y la época. Se pretende que el alumno comprenda que el texto es únicamente el inicio del cuento, y que complete la introducción sin dar cuenta de los hechos que tuvieron lugar en la historia del joven protagonista. Tenga en cuenta que el texto va a servir en la siguiente actividad para presentar la estructura de un cuento y los recursos lingüísticos habituales en este tipo de narración. Antes de comenzar la tarea y después de la lectura, remita al cuadro de atención para conocer los aspectos a tener en cuenta acerca de la descripción en un relato.

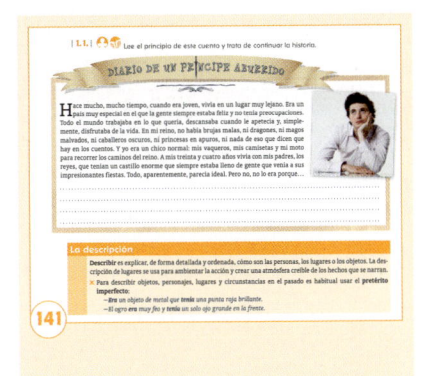

1.2. La parte que ha narrado el autor corresponde a introducir la historia y situarla temporalmente. Para ello utiliza el recurso *Hace mucho, mucho tiempo…* Luego, contextualiza el relato con una descripción del lugar donde se sitúa, de la gente y sus hábitos, y de sí mismo.

Para introducir la historia y situarla temporalmente.

> 2 En este punto se retoma el cuento cuya introducción completó el alumno en la actividad 1.1. Ahora los estudiantes deben leer el comienzo del desarrollo de la historia al mismo tiempo que refuerzan el uso contrastado del pretérito indefinido y el pretérito imperfecto. Fíjese que la corrección de las formas verbales está planteada como actividad de comprensión auditiva en 2.1.

1. iba; 2. Me acerqué; 3. vi; 4. se giró; 5. apareció; 6. era; 7. ocultaban; 8. busqué; 9. hablé; 10. contó; 11. maldijo; 12. Escondió; 13. tenía; 14. eran; 15. dijo; 16. Iba.

2.1.

🔊 |44|

Hada madrina: ¡Hombre! ¡Mi príncipe favorito! ¡Qué guapo estás! ¿Qué haces tú por aquí? ¡Qué sorpresa!

Príncipe: Perdona, madrina, por no avisarte antes, ¡tú también estás estupenda!, pero no he venido a hacer cumplidos, tengo que hablar contigo.

Hada madrina: Pero, ¡qué nervioso estás! ¿Qué te pasa?

Príncipe: Tengo que contarte una cosa que me pasó el otro día cuando iba paseando por el campo.

Hada madrina: ¡Vaya por Dios! ¿Qué te pasó?

Príncipe: Pues verás, iba yo tan tranquilo, como siempre, dando una vuelta. Me acerqué a un grupo de campesinos y vi algo muy extraño que me dejó la sangre helada, madrina.

Hada madrina: ¿Sí? ¿No me digas? ¿El qué?

Príncipe: Uno de los campesinos se giró y, de repente, apareció un ser que era horrible: peludo, con garras y una extraña cola.

Hada madrina: ¿De verdad? Anda, anda, no puede ser… ¡No me lo puedo creer!

Príncipe: ¡Que sí, que te digo que sí! En ese momento me di cuenta de que todos los habitantes del reino me ocultaban algo y por eso he venido a hablar contigo.

Hada madrina: ¡Vaya! ¡Cuánto lo siento! Creo que ha llegado el momento de contarte algo.

Príncipe: Empieza.

Hada madrina: Cuando tú naciste una malvada bruja maldijo nuestro reino. Escondió siete objetos mágicos, cada uno de ellos protegido por una criatura fantástica y terrible en algún lugar del reino.

Príncipe: ¿Qué? ¿Qué me estás contando? ¡Eso es un cuento!

Elena: Lo siento, cariño. ¡Es que eres un príncipe! En la maldición dijo que tenías que descubrir quiénes eran los guardianes de los objetos mágicos y quitárselos para poder salvar al reino de un terrible destino. Dijo también que ibas a encontrar a tu verdadero amor pero que ibas a sufrir mucho por su culpa...

Como actividad extra, realice la dinámica de la proyección 41.

Proyección 41. Hace mucho tiempo...

Actividad de expresión oral en la que los alumnos tienen que inventar cuentos cortos a partir de imágenes, y en la que podrán practicar el uso de recursos para la narración.

Dinámica. Proyecte la imagen e indique que esta contiene cinco filas de imágenes que corresponden a cinco cuentos diferentes. Agrupe a los alumnos en parejas o en grupos reducidos y distribuya los cuentos de forma que a cada grupo le corresponda uno distinto. Explíqueles que deberán crear la historia que se esconde tras esas imágenes. Además, ponga como condición que empleen al menos una estructura de cada uno de los recursos para narrar que aparecen en el cuadro de 3.1. Puede concluir la actividad con una votación final en la que se elija el mejor relato.

También cabe la opción de que creen la historia eligiendo un lugar, dos personajes y un objeto de entre todas las fotos que aparecen en la proyección. Esta alternativa dará más margen al alumno para desarrollar la creatividad.

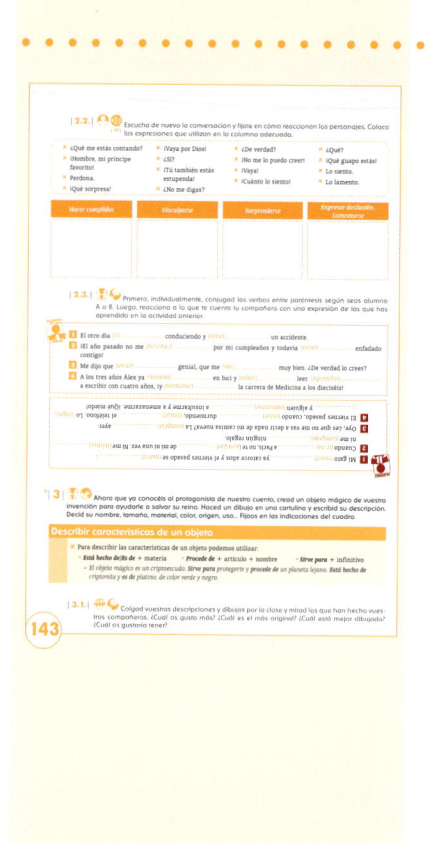

2.2. Las expresiones que se trabajan en este ejercicio son propias del lenguaje oral y se usan para interactuar y favorecer el desarrollo de la conversación con la persona con quien se habla. Deje tiempo para que lean y comprendan las expresiones y el contenido de las cuatro columnas, antes de empezar la audición. Si desea simplificar la tarea, concédales unos minutos para que, en parejas, traten de prever la función de cada expresión.

Adviértales que hemos incluido la expresión *Lo lamento*, como sinónimo de *Lo siento*, aunque no aparezca en la audición, para que también sea incluida en la columna correspondiente.

Hacer cumplidos: ¡Hombre, mi príncipe favorito!, ¡Qué guapo estás!, ¡Tú también estás estupenda! Disculparse: Perdona, Lo siento, Lo lamento. Sorprenderse: ¡Qué sorpresa!, ¿Sí?, ¿No me digas?, ¿De verdad?, ¡No me lo puedo creer!, ¿Qué?, ¿Qué me estás contando? Expresar desilusión. Lamentarse: ¡Vaya por Dios!, ¡Vaya!, ¡Cuánto lo siento!

2.3. Alumno A. 1. iba, tuve; 2. felicitaste, estoy; 3. estuvo/estaba, vio/veía; 4. montaba, sabía, Aprendió, terminó.

Alumno B. 1. tenía, murió; 2. fuiste, acordaste, llamaste, compraste; 3. compré; 4. estaba, soñó, cogí, comenzó.

Después de la corrección y de la práctica oral, puede ampliar la actividad con una dinámica de expresión oral en la que cuenten experiencias propias. Por ejemplo, pida que cada alumno piense en un éxito propio, un error cometido, una vivencia insólita o un hecho desafortunado o negativo. A continuación, cuentan la experiencia al compañero y este debe reaccionar según lo visto en 2.2.

> 3 Esta es la última propuesta de actividad preparatoria para la tarea final. Consiste en que el alumno presente un objeto de su invención y que se dote de los recursos necesarios para describirlo. Tenga en cuenta que en la actividad 4.1. se propone la creación de un cuento que incluya la presencia y la descripción de elementos mágicos.

3.1. Como dinámica alternativa, le proponemos que cada pareja realice una presentación a lo largo de la cual los compañeros deben anotar los rasgos que más pueden ayudar al príncipe joven en su misión. Ya finalizadas las intervenciones, las parejas comentarán sus anotaciones y escogerán el objeto más adecuado para el cuento. Plantee, para terminar, una puesta en común con el objetivo de llegar a un acuerdo de elección final.

Antes de pasar a la siguiente actividad, amplíe el trabajo hecho hasta el momento sugiriéndoles que lean un cuento elegido por ellos mismos y que lo expliquen a continuación a uno o más compañeros de la clase. Le sugerimos que la lectura se haga en horario no lectivo y que les ofrezca libros u otros recursos para realizar la tarea. A modo de ejemplo, le proporcionamos dos páginas web donde se pueden leer y escuchar al mismo tiempo cuentos infantiles: http://www.cuentosparachicos.com/ESP/audiocuentos/ y http://www.soncuentosinfantiles.com/videocuentos/video-cuentos-escuchar-y-leer.htm.

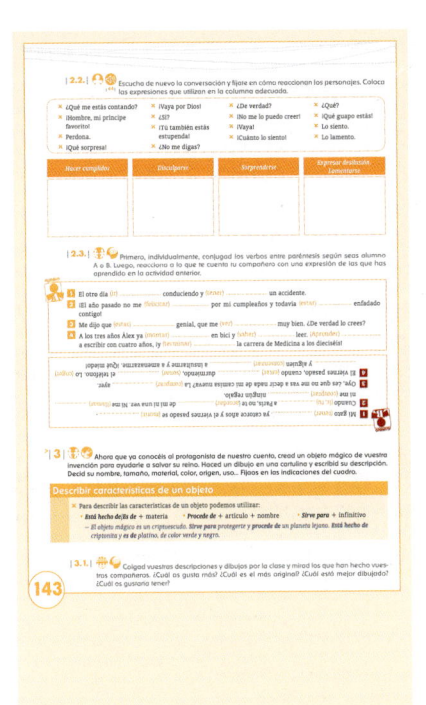

> 4 Como preactividad a la tarea cooperativa, se hace un repaso de diferentes cuentos infantiles muy populares a través de imágenes.

Los personajes que aparecen hacen referencia a: *Aladino y la lámpara maravillosa* (genio), *Peter Pan* (Campanilla), *Los tres cerditos*, *Caperucita roja*, *La Sirenita*, *El gato con botas*, *La Cenicienta*, *Hansel y Gretel* (bruja).

ELEteca
31. Cuentos infantiles.

4.1. Tarea final del epígrafe, en la que se deben recoger los siguientes aspectos: la organización del trabajo en grupo, la planificación del texto, la estructuración del relato en introducción, nudo y desenlace, la narración del cuento con los recursos estudiados en la unidad, y la inclusión y la descripción de personajes, lugares y objetos. Le recomendamos que empiece con una lluvia de ideas en la que propongan vocabulario para ampliar la lista que se ofrece en la tabla de esta actividad (aspecto físico, personalidad, ropa y complementos, y elementos mágicos relacionados con los personajes).

Antes de que los alumnos valoren el trabajo de los compañeros, realice una lectura en grupo abierto del punto 4 de la actividad y abra una discusión sobre cuáles son los aspectos que consideran más relevantes para poder evaluar los textos.

Como actividad complementaria, anime a sus estudiantes a que creen un audiocuento, es decir, a redactar el cuento en ordenador y grabar una pista de audio con la narración del texto. De esta forma, toda la clase podrá leerlo y escucharlo a la vez.

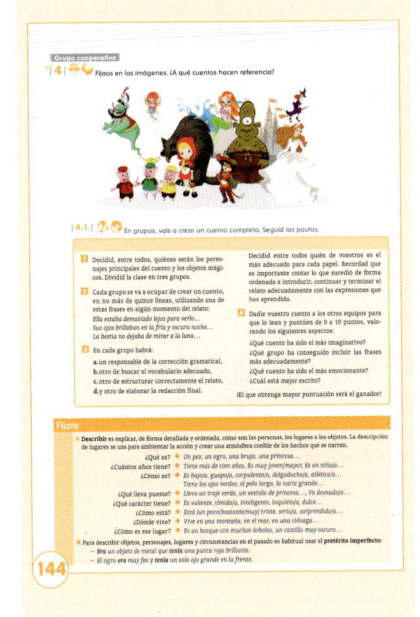

nuevo PRISMA fusión • Libro del Profesor • Unidad 15

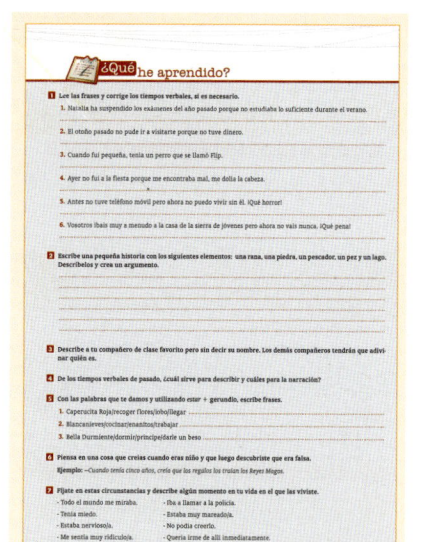

¿QUÉ HE APRENDIDO?

> **1** 1. Natalia suspendió los exámenes del año pasado porque no estudiaba lo suficiente durante el verano; 2. El otoño pasado no pude ir a visitarte porque no tenía dinero; 3. Cuando era pequeña tenía un perro que se llamaba Flip; 5. Antes no tenía teléfono móvil pero ahora no puedo vivir sin él. ¡Qué horror!

> **4** El pretérito imperfecto se utiliza para describir. Para narrar se utilizan todos los tiempos del pasado, según lo que queramos presentar: acciones, acontecimientos, contextos, circunstancias, escenarios…

> **5** 1. Caperucita Roja estaba recogiendo flores cuando llegó el lobo; 2. Blancanieves estaba cocinando mientras los enanitos estaban trabajando; 3. Bella Durmiente estaba durmiendo cuando el príncipe le dio un beso.

ELEteca
COMUNICACIÓN. Contar anécdotas.
GRAMÁTICA. ¿Hice o hacía?
LÉXICO. Los cuentos.

ELEteca
¡Qué dices!

ELEteca
FONÉTICA Y ORTOGRAFÍA. Contraste de los sonidos /c/ y /z/. El ceceo y el seseo. Las normas de ortografía de c y z.

16 UN FUTURO SOSTENIBLE

A lo largo de esta unidad, centrada a nivel temático en la ecología y el medioambiente, los alumnos aprenderán a hablar de acciones futuras y a hacer predicciones, conjeturas y promesas, así como también a expresar acciones presentes o futuras que dependen de una condición. Para ello estudiarán la morfología del futuro imperfecto, algunas expresiones temporales de futuro y las oraciones condicionales introducidas por la partícula *si*. En relación con el contenido cultural, el alumno conocerá algunos datos sobre el río Amazonas y los parques naturales de la península ibérica. El trabajo léxico se ocupa, además, del vocabulario relacionado con la ecología, las actividades al aire libre y el tiempo atmosférico. A nivel estratégico, se profundiza en el portfolio de las lenguas como herramienta de evaluación y en la formulación de objetivos y metas en el futuro para la planificación del aprendizaje.

1 CONSUMO RESPONSABLE 146

A través de este epígrafe, se revisan algunas estructuras para expresar acciones que se realizan en el futuro, como son las perífrasis verbales *ir a / pensar / querer + infinitivo*. También, con el objetivo de expresar ideas futuras, se estudia la morfología y el uso del futuro imperfecto y se revisan los marcadores temporales asociados a este tiempo. En lo que respecta al contenido cultural, se trabajan aspectos del consumo responsable dentro del tema del medioambiente y su preservación.

> **1** Las imágenes sirven de pretexto para presentar algunos aspectos relacionados con el consumo responsable de los recursos naturales, tema central del epígrafe. Preste atención al desarrollo de esta actividad y de la siguiente, donde se concentra el trabajo léxico de esta sección, necesario para la tarea final.

En primer lugar, pida a los alumnos que describan las fotos y que piensen qué parcela del consumo responsable reflejan. Pueden complementar la tarea proponiendo un título para cada una de ellas.

Posibles respuestas. 1. Persona mirando las composición o ingredientes de los alimentos para hacer un consumo responsable; 2. El tipo de energía que gasta un electrodoméstico; 3. Problemas medioambientales, como la deforestación, y la escasez de recursos natrales; 4. El consumo de frutas y verduras orgánicas.

1.1. En esta actividad aparece por primera vez en contexto el futuro imperfecto para hablar de acciones presentes o futuras que dependen de una condición. El alumno relacionará las frases con las imágenes trabajadas en la actividad anterior.

4, 2, 1, 3.

Una vez resuelta la actividad, invítelos a compartir su actitud personal ante estas cuestiones. Por último, y si lo desea, dígales que en parejas piensen en medidas para consumir los recursos naturales de manera responsable en su vida cotidiana. Algunas medidas podrían ser: cambiar el medio de locomoción y utilizar más el transporte público; dejar el coche e ir a pie o en bicicleta; reducir la calefacción de la casa todo lo posible; cerrar las ventanas mientras haya calefacción y llevar ropa cálida; apagar las luces y los enchufes cuando no se utilicen; utilizar bombillas de bajo gasto energético; reutilizar las bolsas de plástico (para ir a la compra, para la basura...); etc. Haga una puesta en común sobre las propuestas que han elaborado.

nuevo PRISMA fusión • Libro del Profesor • Unidad **16**

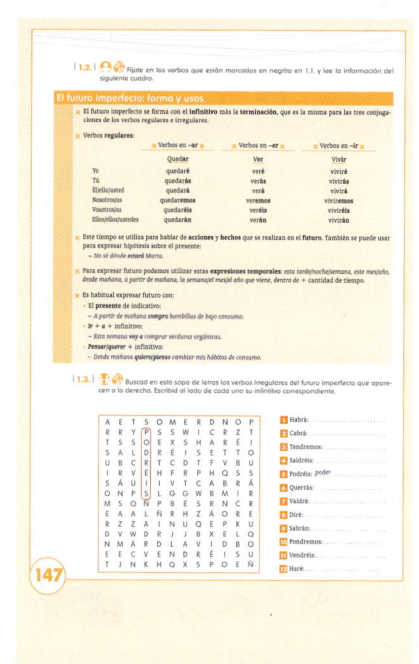

1.2. En este punto se presenta la morfología del futuro imperfecto, los marcadores temporales y sus usos.

Dé la consigna a los alumnos de que observen los verbos destacados en la actividad 1.1. y de que piensen a qué tiempo se refieren las frases. A continuación, pídales que deduzcan la conjugación partiendo de los verbos que aparecen en el ejercicio.

En el cuadro de información gramatical también se repasan otras estructuras para hablar del futuro: el presente de indicativo, normalmente acompañado de un marcador temporal de futuro, y las perífrasis verbales *ir a* + infinitivo, *pensar* + infinitivo y *querer* + infinitivo. Si lo cree pertinente, distinga entre el valor de futuro que expresan el presente, el futuro imperfecto y la estructura *ir a* + infinitivo, para expresar acciones futuras de menos seguras de realizar a más, frente a las perífrasis *pensar* + infinitivo y *querer* + infinitivo, en las cuales se expresa la voluntad o intención de hacer algo en el futuro. Estas dos construcciones, por tanto, serán adecuadas para hablar de planes pero no de predicciones.

1.3. Con esta actividad, de carácter gramatical, se pretende que el alumno comience a familiarizarse con las formas irregulares del futuro imperfecto.

Sin mirar los verbos de la columna de la derecha, los alumnos buscan en la sopa de letras doce verbos irregulares en futuro imperfecto. A continuación, comprueban en la columna de la derecha si los han encontrado correctamente e infieren el infinitivo correspondiente de cada uno. Si lo cree conveniente, copie en la pizarra los doce infinitivos y pídales que busquen en la sopa de letras sus formas del futuro imperfecto.

1. haber; 2. caber; 3. tener; 4. salir; 5. poder; 6. querer; 7. valer; 8. decir; 9. saber; 10. poner; 11. venir; 12. hacer.

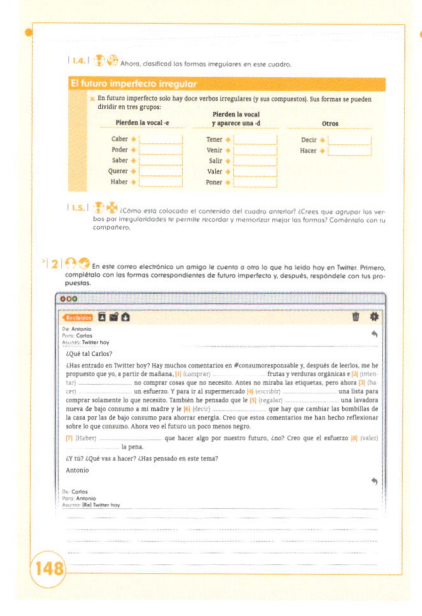

1.4. En este ejercicio se prosigue con la reflexión sobre las formas irregulares del futuro imperfecto.

Realice un primer acercamiento pidiendo a los alumnos que, en parejas, y teniendo en cuenta que las terminaciones son iguales para verbos regulares e irregulares, traten de averiguar el cambio experimentado en el infinitivo de los verbos que han encontrado en la sopa de letras. Cuando dé por concluido el trabajo, dígales que discutan las conclusiones alcanzadas con el resto de los compañeros.

Una vez expuestas las ideas, pida que los clasifiquen en el cuadro gramatical.

caber: cabrá; poder: podréis; saber: sabrán; querer: querrás; haber: habrá; tener: tendremos; venir: vendréis; salir: saldréis; valer: valdrá; poner: pondremos; decir: diré; hacer: haré.

1.5. Esta actividad pretende que el alumno tome conciencia y trabaje estrategias para recordar las formas irregulares, un ejercicio que puede extrapolarse a otras formas verbales estudiadas con anterioridad. Anime a los alumnos a explicar cuáles son las técnicas que consideran más rentables a la hora de memorizar las irregularidades verbales (listas, dibujos, grupos de verbos, mapas asociativos, etc.).

Los verbos están agrupados según el tipo de irregularidad que presentan.

> **2** La tarea final consiste en la redacción de un correo electrónico donde se utilizan todos los contenidos léxicos y gramaticales estudiados hasta el momento.

Cada uno redacta individualmente el texto y, después, lo intercambia con su compañero y se lo corrige. Otra opción es que agrupe a sus alumnos en parejas para llevar a cabo la tarea y que consensúen las propuestas. Finalmente, haga una puesta en común.

1. compraré; 2. intentaré; 3. haré; 4. escribiré; 5. regalaré; 6. diré; 7. Habrá; 8. valdrá.

Como actividad extra, divida la clase en parejas o en grupos de tres y dígales que cada una de ellas busque información sobre un aspecto en concreto dentro del consumo responsable de los recursos naturales: el agua, las energías, la alimentación, el transporte y los residuos. Pídales que busquen información en Internet, realicen una ficha con datos y que la expongan a los compañeros en la siguiente clase.

> **3** y **3.1.** El epígrafe concluye con dos actividades que prosiguen el trabajo emocional dentro del aprendizaje y la relación de los colores con las sensaciones. El alumno también aprenderá la expresión *Ver el futuro negro*, asociada a una visión pesimista del porvenir.

Anímelos a que expliquen sus expectativas sobre el futuro y si lo considera apropiado, enfoque la actividad desde una perspectiva esperanzadora, incitándolos a elegir el color que desearían para su futuro y cómo se verían a sí mismos dentro de esa posibilidad.

Llevar una vida o ver la vida de color de rosa significa que lleva una vida sin problemas, tranquila, alegre. *Ver el futuro negro* significa verlo con falta de esperanza.

Para practicar la conjugación de las formas regulares e irregulares del futuro imperfecto, proponga la realización de los ejercicios 1, 2 y 3 de la unidad 16 del *Libro de ejercicios*.

2 DOS MINUTOS DE TU TIEMPO 149

El trabajo en esta sección tiene como objetivo final que el alumno sea capaz de articular todos los contenidos lingüísticos vistos hasta el momento mediante su presentación en un concurso sobre la protección del medioambiente. Para ello, revisará lo aprendido hasta ahora sobre los hábitos de consumo responsable y aprenderá nociones sobre el reciclaje. A nivel funcional, se pone en práctica el uso del futuro para expresar acciones presentes o futuras que dependen de una condición.

> **1** Esta actividad pretende iniciar una reflexión sobre otro de los grandes aspectos de la protección del medioambiente: el reciclaje.

Comience el epígrafe comentando que, como consumidores, cada uno de ellos no solo debe introducir prácticas y alternativas que minimicen el consumo de los recursos naturales, sino también que supongan una reducción en la generación de los residuos.

A continuación, antes de empezar la lectura, anímelos a pensar sobre los símbolos del reciclaje que aparecen en la actividad y a concentrarse en deducir su significado. Para ello, le aconsejamos que en este punto recuerde a los alumnos la función del futuro imperfecto referida a la expresión de probabilidad sobre el presente. Si ya conocen estos símbolos, sugiérales que formulen hipótesis sobre la creación de su diseño: *¿Por qué se eligió ese dibujo? ¿Y el color? ¿Cuándo se crearon? ¿Quiénes fueron los autores?*, etc. Mediante la posterior lectura de los textos confirmarán o rectificarán sus hipótesis.

1. B; 2. C; 3. A.

ELEteca
32. Los símbolos de reciclaje.

1.1. Antes de empezar la audición pídales que, a partir de la información que acaban de leer, prevean el posible contenido de un documental sobre el medioambiente.

Como sugiere el enunciado, dé la consigna de que escuchen la audición y, si lo prefiere, dígales que elaboren el título en parejas, previa discusión sobre su contenido. En este punto puede abrir una reflexión y dialogar con los alumnos sobre cuál sería el título más idóneo. Esta dinámica ayudará al alumno a discriminar las ideas principales de las secundarias, objetivo de la actividad 1.2.

|45| Reciclar es cualquier "proceso donde se recogen los residuos y se transforman en nuevos materiales que pueden ser utilizados o vendidos como nuevos productos o materias primas".

¿Qué se puede reciclar? Prácticamente el 90 por ciento de la basura doméstica es reciclable, por eso es importante separar en nuestra casa la basura y depositarla en los contenedores adecuados. Hay contenedores de papel y cartón, materias orgánicas, vidrio, latas de aluminio, envases de plástico, pilas, etc. Por cada tonelada de vidrio reciclado se salva una tonelada de recursos naturales, ya que el vidrio es cien por cien reciclable. Por otro lado, si usamos botellas rellenables o retornables, podremos reducir la contaminación en un veinte por ciento, ya que una tonelada de vidrio reutilizado varias veces ahorrará 117 barriles de petróleo.

Los principales objetivos del reciclaje son el ahorro de energía y la conservación de los recursos naturales. Si reciclamos, disminuirá el volumen de residuos, se protegerá el medioambiente y ahorraremos recursos naturales. Asimismo, evitaremos la deforestación, reduciremos el 80 por ciento de la basura y, además, al procesarla, disminuiremos la contaminación.

Si das dos minutos diarios de tu tiempo, vivirás en un mundo más limpio.

Posible ejemplo: *Dos minutos de tu tiempo*. Es el título del epígrafe y la reflexión que cierra este fragmento de documental.

1.2. Deles un tiempo para que lean las preguntas e indíqueles que traten de intuir, basándose en la escucha y en su propio conocimiento, las posibles respuestas. Proceda a la segunda escucha. Si lo cree conveniente, ayúdelos con el orden de aparición de la información correspondiente a las respuestas. Finalmente, pueden comparar la información recogida con la obtenida por sus compañeros.

1. Papel, cartón, materias orgánicas, vidrio, latas de aluminio, envases de plástico, pilas, etc.; 2. Proceso donde se recogen los residuos y se transforman en nuevos materiales que pueden ser utilizados o vendidos como nuevos productos o materias primas; 3. Disminuirá el volumen de residuos, se protegerá el medioambiente, ahorraremos recursos naturales, evitaremos la deforestación, reduciremos el 80% de la basura y disminuiremos la contaminación.

1.3. Para conocer los objetos que podemos reciclar, reparta la ficha 48.

Ficha 48. Si yo reciclo, ellos reciclarán.

Actividad para trabajar el léxico relacionado con el reciclaje.

Dinámica. En parejas, pida que piensen de qué materiales están hechos los objetos que se recogen en la ficha y lo introduzcan en su contenedor correspondiente. Si lo desea, puede pedir a los alumnos que añadan otros nombres de residuos que se puedan reciclar.

Contenedor azul: periódico, revistas, caja de galletas, bolsas de papel.
Contenedor amarillo: latas de bebidas, envases de detergente líquido, *briks* de leche, botellas de aceite, envases de yogur, bote de champú.
Contenedor verde: botellas de vino, frascos de perfume, tarros de mermelada.
Punto Limpio: cristales de ventana, pilas, plancha, teléfono.

1.4.

● Nunca sé qué hacer con las latas de bebida y los envases de detergente líquido.
○ Eso va todo al contenedor verde, ¿no?
● No, no. Hay que tirarlo en el amarillo que es donde va todo lo de plástico. También los *briks* de leche, las botellas de aceite y los envases de yogur.
● Entonces, el bote de champú también, ¿verdad?
● Sí, sí, también, si es de plástico. En el verde hay que depositar las botellas de vino, los tarros de mermelada y los frascos de perfume.
○ ¿Y los cristales de las ventanas?
● No, los cristales de las ventanas no, porque son de cristal, no de vidrio. Esos hay que llevarlos al Punto Limpio, junto con las pilas y los electrodomésticos.
● Si quieres te los llevo yo, porque tengo que ir a tirar una plancha y un teléfono viejo.
○ ¡Vale! Yo voy ahora al contenedor azul con un montón de periódicos y revistas. ¿Tenéis algo?
● Sí, una caja de galletas y bolsas de papel. Espera, te lo preparo.

Resuma la audición explicando que el contenedor verde es para envases de vidrio, el contenedor amarillo es para envases de plástico y latas, y el contenedor azul para envases de papel y cartón. Coménteles también que un Punto Limpio es una instalación que dispone, además, de contenedores para depositar residuos que, por su peligrosidad o su volumen, no pueden ser recogidos por los servicios de limpieza.

> 2 y **2.1.** Con estas actividades se indaga en las oraciones con la partícula *si* para expresar acciones presentes o futuras que dependen de una condición.

Escriba en la pizarra la frase: *Si no reciclamos, ¿qué ocurrirá?*; e invite a sus alumnos a que contesten a la pregunta. A continuación, pídales que lean el cuadro de reflexión y el texto donde se da respuesta a esta pregunta. Los alumnos deben subrayar en el texto las dos partes de la oración y elaborar oraciones condicionales que ilustren las consecuencias derivadas del reciclaje.

Si no reciclamos la basura inorgánica (*condición*), no desaparecerá de la tierra hasta dentro de 5 o 10 años después (*futuro*); si la separamos y la dejamos en su contenedor correspondiente (*condición*), se reutilizará de modo que se reduce la producción de nuevos residuos contaminantes (*futuro*); Si reciclamos el papel de periódico (*condición*), volverá a ser papel para nuevos periódicos (*futuro*); Si reciclamos las latas (*condición*), se hacen otras latas o productos de este material (*presente*); Si se funden las botellas de plástico que se recolectan (*condición*), se pueden hacer nuevos productos (*presente*).

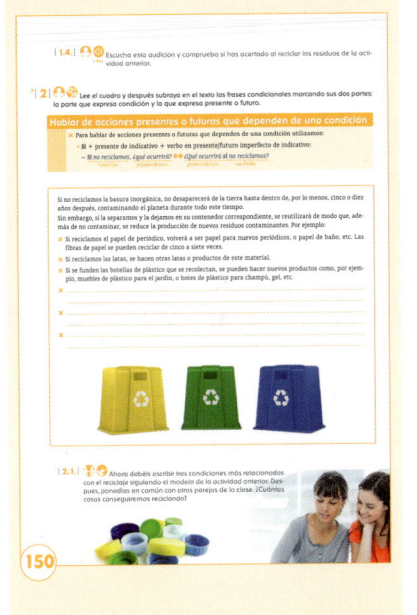

Posibles ejemplos. Si reciclamos los residuos orgánicos que desechamos, se tratarán para crear abono para las plantas; Si reciclamos las pilas, evitaremos la contaminación del medioambiente y se recuperarán para otros usos los metales que contienen; Si reciclamos las botellas y los tarros de vidrio, se ahorrarán materias primas para fabricar nuevos envases.

Puede continuar la práctica con los ejercicios 6 y 7 de la unidad 16 del *Libro de ejercicios*.

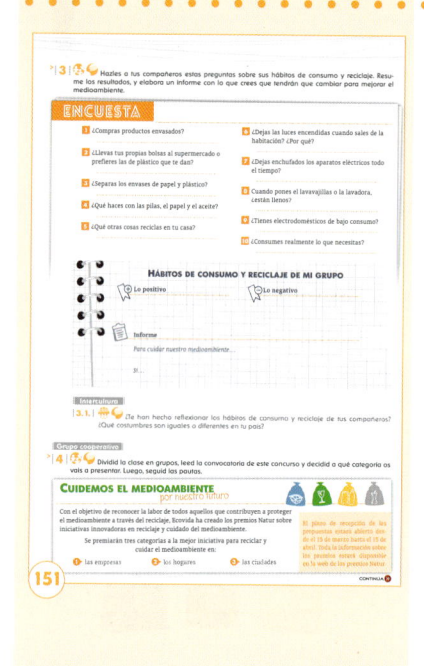

> **3 y 3.1.** Práctica oral controlada sobre hábitos personales sobre el consumo y el reciclaje. El ejercicio sirve para poner en práctica el futuro imperfecto y el vocabulario relacionado con la conservación del medioambiente.

Para concluir la actividad, los alumnos elaborarán un informe sobre las rutinas de su grupo relacionadas con el cuidado del medioambiente. Le proponemos la realización de un decálogo de buenas prácticas y otro de malas prácticas para la preservación de nuestro entorno, a partir de las conclusiones obtenidas por cada uno de los grupos. Pregunte, luego, cómo se plantea este tema en sus países respectivos.

> **4** Se pone fin al epígrafe con esta tarea de trabajo cooperativo en la que los alumnos elaborarán propuestas para proteger el medioambiente en torno a tres categorías: las empresas, los hogares y las ciudades. Los alumnos analizarán un texto de una convocatoria de un concurso, tipología que contiene un tema, objetivo, premios, categorías y plazos de entrega, y participarán en él.

Como actividad extra, realice la tarea de la proyección 42.

Proyección 42. El mundo del futuro.

Con esta proyección el alumno podrá realizar predicciones y describir el futuro tomando como punto de partida cuestiones de importancia vital en nuestra sociedad.

Dinámica. Proyecte las imágenes del documento y pida a los estudiantes que, en grupos de tres, elijan dos de los aspectos referidos al futuro que aparecen en la proyección y que recojan todas las reflexiones que puedan tener en relación a aquellos. A modo de conclusión, puede animarlos a crear un mural donde resuman la información recabada.

3 ESPACIOS NATURALES 152

En este epígrafe los alumnos descubrirán la Amazonia, uno de los espacios naturales más importantes del mundo y estudiarán los problemas que plantea su conservación. A nivel funcional, aprenderán a expresar predicciones y a hablar de acontecimientos del presente o del futuro de los que no se tiene total certeza. Para ello se introducen algunas estructuras de probabilidad, como *creer / imaginar / suponer* + infinitivo.

> **1** Con esta actividad se pretende introducir el tema del Amazonas y la conservación de su ecosistema, contenidos que se trabajarán detenidamente en la actividad 1.1., además de poner en común aquellos conocimientos que ya poseen sobre la selva amazónica.

Si lo considera pertinente, disponga a los alumnos por parejas o por pequeños grupos para realizar la actividad. Aproveche el mapa para hablar de los espacios naturales que conocen en el continente americano.

La cuenca del Amazonas abarca nueve países: Bolivia, Perú, Ecuador, Colombia, Venezuela, Brasil, Surinam, Guyana y Guayana Francesa.

El español es lengua oficial en cinco de ellos: Perú, Colombia, Bolivia, Ecuador y Venezuela.

En Brasil hablan portugués; en Surinam neerlandés; en Guayana Francesa, francés; y en Guyana hablan inglés.

ELEteca
33. La cuenca del río Amazonas.

1.1. Le proponemos que indique a sus alumnos que lean las frases con atención y que piensen en la información que puede ser incorrecta sin la ayuda del texto. Propóngales que comparen sus respuestas con las de sus compañeros y haga una puesta en común en clase abierta. A continuación, pídales que vuelvan a leer el texto y que corrijan las frases.

1. Es el bosque tropical más extenso del mundo; 2. Es un plan para evitar la deforestación; 3. Casi la mitad de Ecuador está cubierto por árboles y la tasa de deforestación es la más alta de América Latina; 4. El programa del gobierno de Ecuador se desarrollará en cinco millones de hectáreas; 5. Los sellos de garantía certifican la procedencia de la madera (de zonas donde la tala se produce de forma controlada).

ELEteca
34. El programa Socio Bosque.

>2 Actividad de reflexión gramatical donde se presentan formas lingüísticas para expresar predicciones y conjeturas. El alumno estudiará algunos marcadores de probabilidad como son *imagino que*, *creo que* y *supongo que* para hablar de acontecimientos del presente o del futuro de los que no estamos seguros.

Una vez completado el cuadro gramatical, pregunte a los alumnos cuáles son las principales amenazas que acechan los espacios naturales del planeta. A partir de aquí, pídales que en parejas hagan un análisis del problema expuesto, planteen hipótesis y propongan medidas efectivas para la protección de estos espacios.

Posibles ejemplos. Supongo que el gobierno de Ecuador trabajará mucho durante muchos años con los campesinos y pueblos indígenas, ya que así se controlará la tala ilegal de árboles. No sé cuándo descenderá la tasa de deforestación de Ecuador, la más alta de América Latina.

Si cree necesario consolidar estos contenidos, puede llevar a cabo las actividades 4 y 5 de la unidad 16 del *Libro de ejercicios*.

>3 Mediante esta actividad, el alumno reflexionará sobre los objetivos de su aprendizaje del español a través del Portfolio de las Lenguas y trabajará metas a corto plazo para medir el avance de su proyecto. Reparta la ficha 49 y, después de completarla, pida que describa su objetivo sobre el estudio del español.

Ficha 49. Tabla de evaluación del nivel A2 del Portfolio de las lenguas.

ELEteca
35. Portfolio de las lenguas.

4 OCIO AL AIRE LIBRE 153

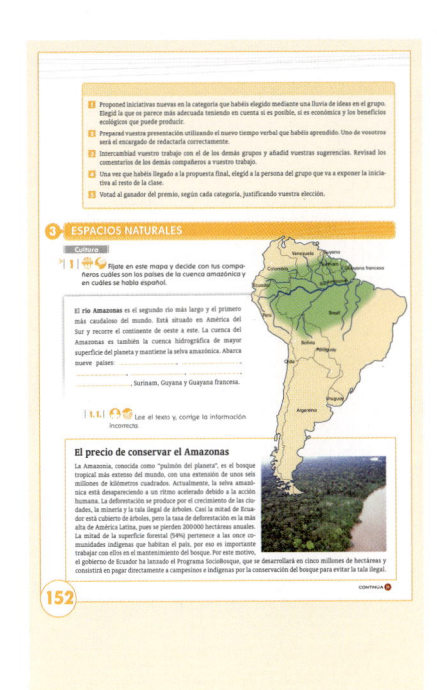

Mediante este epígrafe el alumno conocerá algunos espacios naturales y arquitectónicos de gran importancia en la península ibérica, como son el Parque Nacional de los Picos de Europa, el Parque Nacional de Doñana y la ruta de los llamados *pueblos negros*, al norte de la provincia de Guadalajara, así como también las actividades de ocio que se pueden realizar en estos lugares. Aparte del vocabulario sobre actividades de ocio, se trabajará el léxico para hablar del tiempo atmosférico y de fenómenos meteorológicos.

> **1** Comience comentando que van a conocer ahora unos espacios naturales protegidos situados en España. En primer lugar, presente las tres imágenes y diga que hacen referencia a las actividades al aire libre que se pueden llevar a cabo en enclaves naturales relacionados con el turismo rural. Sugiera a los alumnos que piensen en las actividades que reflejan las imágenes y en el entorno donde se realizan (un pueblo, una montaña, una ciudad, un parque, etc.). A continuación, indíqueles que escojan una según sus preferencias y que justifiquen su elección.

1.1. La lectura sobre la ruta de los pueblos negros, el Parque Nacional de los Picos de Europa y el Parque Nacional de Doñana servirá de contextualización para las actividades al aire libre que se pueden realizar en este tipo de viajes. Indique que, en parejas, lean el texto y que identifiquen y relacionen las descripciones con las imágenes. Pregúnteles también si habían oído hablar antes sobre algunos de estos lugares, si existen enclaves parecidos en sus países y si han practicado alguna vez los deportes que se mencionan en la lectura.

1. C; 2. A; 3. B.

Ruta de los pueblos negros. Localización: al norte de la provincia de Guadalajara. Qué ver: sus casas tradicionales hechas a base de pizarra negra y paisajes que conservan toda su belleza. Qué hacer: rutas a caballo y senderismo. Alojamiento: en albergues, casas rurales y hoteles.

Parque Nacional de los Picos de Europa. Localización: en el norte de España, concretamente en la cordillera cantábrica, y entre Asturias, León y Cantabria. Qué ver: glaciares, lagos y una abundante fauna. Qué hacer: descenso del río Sella en canoa, montar en *quads*, subir en el teleférico de Fuente Dé y espeleología. Alojamiento: en posadas y casas rurales.

Parque Nacional de Doñana. Localización: Andalucía. Qué ver: el espacio protegido más importante de España y una de las mayores reservas naturales de Europa. Qué hacer: visita de medio día en 4x4 al parque, un paseo a caballo por la tarde, visita guiada a una de las bodegas más famosas de la zona. Alojamiento: en hotel o en choza marismeña.

Una vez terminada la actividad, pregunte a sus alumnos si lo que han aprendido sobre estas localizaciones coincide con la imagen que se habían creado de ellas tras analizar las fotos.

Si desea profundizar en las posibilidades que ofrece el tema del turismo rural, organice a los alumnos en grupos, según las preferencias personales expuestas en la actividad 1, y pídales que escojan un lugar que conozcan, que preparen una agenda de actividades para el fin de semana y que luego elijan, tras exponer toda la clase, cuál es la más completa o la que incluye una mayor variedad de actividades. Esta propuesta le servirá para preparar el contenido de la actividad 1.2., en la que se revisan actividades de ocio de índole muy diversa.

1.2. Para comenzar, indique a los alumnos que lean la lista de actividades que se enumeran y que pregunten a sus compañeros el vocabulario que no entiendan. Indíqueles que intenten clasificar las actividades del listado. Este trabajo previo de clasificación los ayudará a tenerlas en mente cuando las escuchen en la audición. Una posible clasificación podría ser: turismo rural (*montar a caballo, participar en deportes de aventura, montar en canoa, hacer una ruta en* quad, *practicar remo, hacer espeleología, hacer montañismo, hacer submarinismo, pasear, salir al campo, visitar parques naturales, montar en bicicleta*), turismo cultural (*visitar ruinas y museos*), turismo de compras (*ir de compras*) y turismo enológico o gastronómico (*visitar una bodega*). A continuación, proceda a la primera escucha y dígales que marquen las actividades a medida que se vayan mencionando. En la segunda escucha, y si lo cree necesario, deténgala cuando termine la intervención de cada persona.

Para concluir la actividad, pida a los alumnos que, en parejas, piensen cuál sería el destino más adecuado de los vistos en la actividad anterior para los protagonistas de la audición e inicie una discusión en clase abierta.

salir al campo, participar en deportes de aventura, hacer una ruta en *quad*, hacer espeleología, montar en canoa, montar a caballo, visitar alguna bodega.

|47|
- ¡Qué ganas tengo de salir al campo este fin de semana! ¿Qué os parece si nos vamos al norte y hacemos deporte de aventura? He visto una oferta que ofrece rutas en *quads*, espeleología y el descenso del río Sella en canoa.
- Es que yo creo que ahora en el norte hará frío. Prefiero ir al sur, montar a caballo, visitar alguna bodega… Ya sabes, algo más tranquilo. ¿Tú qué opinas, Blanca?
- Pues a mí lo que no me apetece es hacer un viaje muy largo porque si no, pasaremos todo el fin de semana en el coche. Me han hablado de la ruta de los pueblos negros, en Guadalajara, que está aquí al lado, y te aseguro que allí también podremos hacer actividades al aire libre: senderismo, rutas a caballo…
- La verdad es que parece interesante. Habrá que ver qué tiempo hará este fin de semana.
- Creo que hará bueno. Luego lo miraré en Internet.
- La verdad es que tienes razón con lo de la distancia, pero yo quiero hacer algo activo. Si me aseguráis que nos vamos a mover, me apunto a la ruta de los pueblos negros.
- Yo te prometo que lo pasaremos bien.
- ¿Y tú, Raúl? ¿Haremos algo más que comer y dormir?
- Que síííí… Te prometo que participaremos en todas las actividades al aire libre.

> **2** Relacionado con las actividades al aire libre se introduce el léxico del tiempo atmosférico y las predicciones, necesarios para planificar un viaje o escapada de fin de semana.

Pida a los alumnos que comparen sus respuestas con el resto de parejas y concluya preguntando cuáles de los símbolos utilizados coinciden con los de los mapas del tiempo en sus países.

1. d; 2. a; 3. f; 4. h; 5. e; 6. g; 7. b; 8. c.

2.1. Antes de la audición, puede entregarles un mapa de España para que tomen notas o escriban los símbolos atmosféricos que corresponden a cada región. Si lo considera oportuno, puede adelantarles que estas notas les serán de utilidad para la realización de la actividad 2.2.

|48|
Queridos oyentes, ha llegado el momento del pronóstico del tiempo para este fin de semana.

Desde el Atlántico se acerca una fuerte tormenta que afectará, sobre todo, al noroeste y norte de la Península durante todo el fin de semana. Habrá nubes en el noroeste, y lloverá ligeramente durante la primera parte del sábado.

En el norte, nevará en los Picos de Europa y las densas nieblas se extenderán por la cordillera cantábrica hasta País Vasco y Navarra.

En el noreste estará parcialmente nuboso, incluso en el campo habrá heladas a primera hora de la mañana.

En el centro soplarán fuertes vientos por la mañana. Sin embargo, la tarde se presentará soleada y con una máxima de 23 grados. En el sur y en la costa mediterránea brillará el sol. En general, se espera un ligero ascenso de las temperaturas en todo el país.

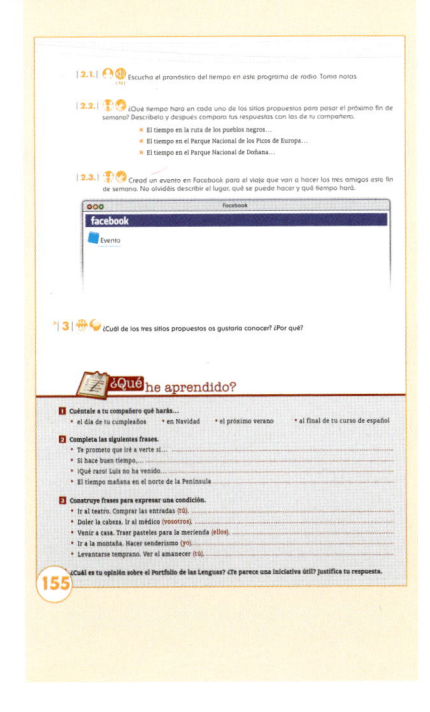

nuevo PRISMA fusión • Libro del Profesor • Unidad **16**

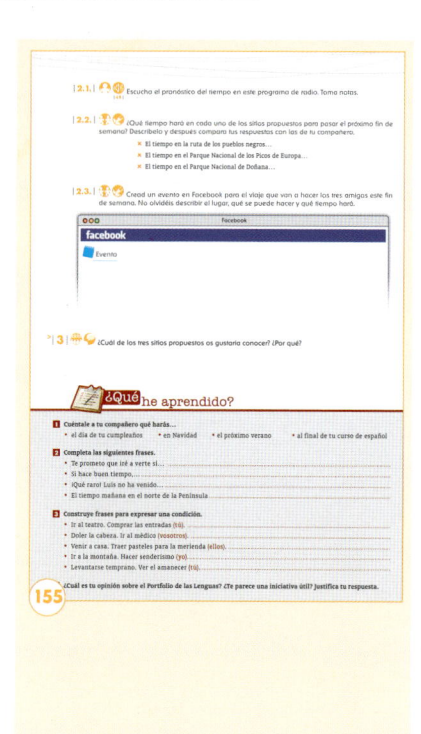

Si quieren mantenerse informados, les invitamos a consultar nuestro Twitter: *@eltiempoestefinde*

2.2. Posibles respuestas. El tiempo en la ruta de los pueblos negros será de fuertes vientos por la mañana y saldrá el sol durante la tarde. En el Parque Nacional de los Picos de Europa nevará. El sol brillará en el Parque Nacional de Doñana y se disfrutará de cielos despejados.

2.3. Sugiera a los alumnos que tomen como modelo los textos de la actividad 1.1. y que pongan en práctica las formas léxicas y gramaticales aprendidas para redactar el evento.

Como alternativa, puede llevar a cabo la actividad propuesta en la proyección 43.

Proyección 43. Escapada de fin de semana.

Con esta proyección el alumno pone en práctica el futuro imperfecto y el vocabulario aprendido sobre las actividades de ocio relacionadas con la naturaleza y con el tiempo atmosférico.

Dinámica. Explíqueles que van a ver imágenes sobre diferentes actividades de ocio relacionadas con el turismo en enclaves naturales. Proyecte las imágenes del documento, pídales que identifiquen las actividades que aparecen y, a continuación, forme tres grupos a partir de las preferencias de los alumnos. Seguidamente, dígales que preparen una salida de fin de semana en la que describan y justifiquen el tipo de escapada que han preparado (natural, activo o cultural), el lugar de destino, las actividades que realizarán allí y la previsión del tiempo, en relación con el tipo de actividades que van a llevar a cabo. Para terminar, los alumnos decidirán por consenso cuál es la mejor escapada.

A. Hacer/practicar balsismo; B. Navegar en barco; C. Hacer/practicar escalada; D. Visitar bodegas; E. Hacer/practicar submarinismo; F. Hacer/practicar senderismo; G. Pasear en bicicleta; H. Montar a caballo, practicar/hacer equitación; I. Visitar monumentos.

¿QUÉ HE APRENDIDO? 155

>2 Posibles respuestas. Te prometo que iré a verte si me llamas mañana; Si hace buen tiempo, iremos de excursión este fin de semana a la montaña; ¡Qué raro! Luis no ha venido, imagino que estará en el tren todavía; El tiempo mañana en el norte de la Península será soleado.

>3 Posibles respuestas. Si vamos al teatro, tú comprarás las entradas; Si os duele la cabeza, iréis al médico; Si vienen a casa, traerán pasteles para la merienda; Si voy a la montaña, haré senderismo; Si te levantas temprano, verás el amanecer.

ELEteca
COMUNICACIÓN. **En el futuro.**
GRAMÁTICA. **El futuro imperfecto.**
LÉXICO. **El tiempo atmosférico.**

ELEteca
Nuestro granito de arena.

ELEteca
FONÉTICA Y ORTOGRAFÍA. **Los sonidos /f/ y /j/.**

17 CON UNA CONDICIÓN

En esta unidad el alumno va a poder hacer conjeturas sobre hechos pasados, pedir y dar consejos, hablar de acciones futuras respecto a un tiempo pasado, expresar deseos y dirigirse al interlocutor de forma cortés. Para ello, se enfrentará a textos conversacionales vinculados a situaciones cotidianas y estudiará otro tiempo verbal, el condicional simple. En cuanto a los contenidos culturales y léxicos, se presentan los sistemas sanitarios de Hispanoamérica y España, se trabajan diálogos entre paciente y médico, enfermero o farmacéutico, se revisan algunos marcadores del discurso y se introduce el léxico relacionado con la salud.

1 ¿QUÉ PASARÍA AYER? 156

El epígrafe está organizado en dos secciones: la primera, dedicada a ofrecer una percepción global de los cinco usos del condicional simple, y la segunda, a la expresión de la hipótesis o la probabilidad mediante el nuevo tiempo verbal.

> **1** Se presentan situaciones con diálogos asociados, que darán pie, en la siguiente actividad, a introducir la forma y las funciones del condicional simple.

Para empezar, sugiérales que hagan conjeturas sobre quiénes son las personas que aparecen en las fotografías, dónde están, qué están haciendo y cuál es su actitud. Esto le permitirá potenciar el recurso a la estrategia de deducción del significado de los diálogos a través de las imágenes.

A. 4; B. 3; C. 2; D. 1.

1.1. Le sugerimos una alternativa para presentar el cuadro gramatical del condicional simple. Pida que lean el primer punto del cuadro y que, seguidamente, intenten inferir las terminaciones del tiempo a partir de los verbos en negrita de la actividad 1. Al terminar, invite a que lean el contenido del segundo punto del cuadro y confirmen o rectifiquen sus hipótesis.

Prosiga después con la lectura de la morfología del condicional simple irregular y con el ejercicio de relación entre los diálogos y los usos del condicional.

Diálogo 1: Expresar una hipótesis o probabilidad en el pasado; Diálogo 2: Expresar cortesía; Diálogo 3: Expresar un deseo (*Me encantaría*) / Dar un consejo o hacer sugerencias (*compraría*); Diálogo 4: Expresar una acción futura con respecto a otra pasada.

1.2. Actividad controlada en la que se pone en práctica el contenido visto hasta el momento, atendiendo al significado y a la forma del condicional simple.

1. importaría (Expresa cortesía); 2. llegaría (Expresar una acción futura con respecto a otra pasada); 3. sería (Expresar una acción futura con respecto a otra pasada); 4. tocaría (Expresar hipótesis o probabilidad en el pasado); 5. mentiría (Expresar hipótesis o probabilidad en el pasado); 6. tomaría (Dar un consejo o hacer sugerencias); 7. iría (Dar un consejo o hacer sugerencias); 8. gustaría (Expresar un deseo).

Puede ampliar esta actividad con la siguiente práctica: divida la clase en cinco grupos y asigne una función del condicional a cada uno. Pídales que piensen en una situación en la que pueda darse la función que les ha tocado y generen un diálogo breve y sencillo en dos o tres minutos.

Para fijar los conocimientos adquiridos sobre la forma y usos del condicional simple proponga los ejercicios 1 a 4 de la unidad 17 del *Libro de ejercicios*.

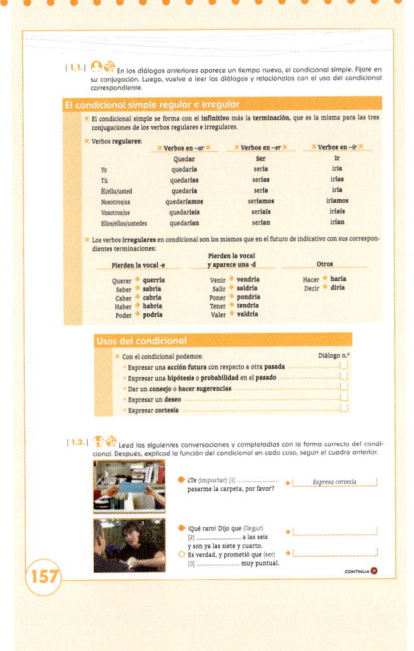

nuevo Prisma fusión • Libro del Profesor • Unidad **17** | **141** |

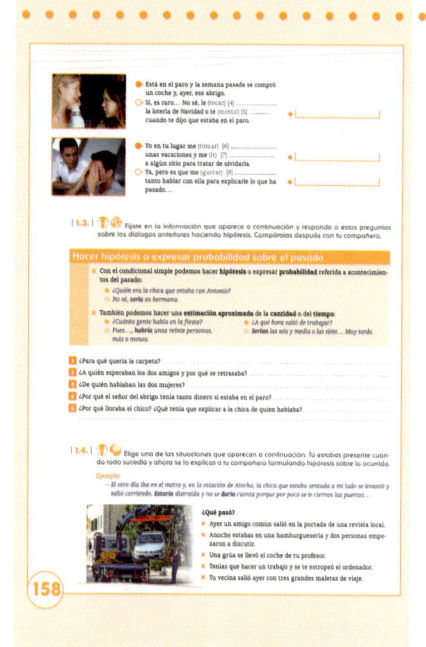

1.3. A partir de esta actividad se practican cada uno de los usos específicos del condicional. Las siguientes actividades están dedicadas a la expresión de la probabilidad.

Tras la lectura del cuadro funcional, adviértales que en la unidad 16 aprendieron a expresar conjeturas en presente con el futuro imperfecto.

Posibles respuestas. 1. Pues querría la carpeta para guardar unas fotocopias de clase; 2. Suponemos que sería un compañero de trabajo, con quien querrían visitar la ciudad. Olvidaría la cita y por eso no se presentó; 3. El señor de quien hablaban sería quizá un antiguo compañero de clase; 4. Imaginamos que ese señor estaría casado con una mujer rica y que no necesitaría el trabajo para tener dinero; 5. Creemos que lloraba porque la chica no querría continuar la relación con él. La chica vería algo, pero sería un malentendido y el chico querría justificarse.

1.4. Si lo considera oportuno, puede ser usted el que asigne a cada estudiante una de las situaciones, de forma que se trabajen todas las conjeturas. Deje que primero desarrollen la actividad hablando libremente en parejas, y luego termine comentando cada situación en grupo abierto.

Si prefiere una dinámica más lúdica, haga que primero comenten sus hipótesis al conjunto de la clase y que sea el resto del grupo el que adivine la situación de la que está hablando.

Puede ampliar la práctica de la expresión de la probabilidad realizando alguna otra dinámica en la que hagan conjeturas en pasado. Le ofrecemos un ejemplo que puede favorecer la implicación personal de los estudiantes. Dígales que escriban brevemente en un papel alguna vivencia reciente que les sorprendió, o que les pareció curiosa o interesante, basándose en las que aparecen en esta actividad. Recoja todos los papeles y repártalos a todos los alumnos. Explíqueles que deberán formar parejas e intentar adivinar por qué se dieron esas situaciones y qué ocurrió después. Una vez que las parejas hayan expuesto sus conclusiones, ceda la palabra a quien vivió la experiencia para que aclare los detalles de lo sucedido. Otro ejemplo es realizar la actividad de la proyección 44.

Proyección 44. ¿A quién le toca ahora?

A partir de esta proyección los estudiantes van a hacer hipótesis en presente y en pasado y a trabajar el vocabulario relacionado con la salud.

Dinámica. Muestre la imagen central y pregunte qué es lo que ven en ella, qué lugar representa, quién es Víctor y quiénes son las personas que aparecen a su alrededor. Explique, a continuación, que en parejas deberán elegir a una de esas personas para realizar la siguiente actividad. En primer lugar, van a informar al resto de compañeros sobre el personaje elegido: ofrecer datos personales, describirlos e imaginar qué les pasa. En segundo lugar, van a hacer conjeturas sobre por qué están en la sala de espera de un hospital. Dígales también que para expresar probabilidad pueden usar tanto el futuro imperfecto (si se refieren al presente) como el condicional (para relatar en pasado), y anímelos a preparar el vocabulario que necesitarán para hacer referencia a los problemas de salud y a lo que le sucedió al personaje. En el momento de exponer la tarea, pida a las parejas que no mencionen el nombre de la persona a la que se están refiriendo, para que sean los compañeros quienes intenten adivinarlo.

2 ¿ALGÚN CONSEJO? 159

Partiendo de un foro de consultas en Internet, este epígrafe se centra en cómo pedir y dar consejos. Se prosigue, pues, con el estudio de otro uso del condicional, y se introducen estructuras y léxico habituales para hacer sugerencias en situaciones propias de la vida cotidiana.

> **1** Los foros virtuales son un espacio en el que el alumno puede hallar y necesitar con frecuencia el uso de estructuras para pedir y dar consejo. Este contexto nos lleva a proponer una actividad de comprensión lectora en la que se presentan dichas estructuras, pero que además puede facilitarle a usted la introducción de dinámicas que impliquen la participación en foros reales.

Le sugerimos introducir la actividad preguntando si conocen el significado del tema del foro, *Cosas a tener en cuenta*, y a que propongan qué cosas creen que hay que tener en cuenta en la vida, cuestiones relevantes o valiosas para ellos. A continuación, lea con ellos los ocho temas que preocupan en el foro y pida que busquen los consejos que los foreros han aportado. Adviértales que solo las cinco primeras consultas han tenido respuestas y que, por tanto, se relacionan con las respuestas de A a K. Las consultas 6, 7 y 8 se reservan para la actividad 3 de este epígrafe, en la que los estudiantes van a responder y aconsejar sobre los respectivos problemas o necesidades que allí se plantean.

1. E, A; 2. D, J; 3. F, G, H; 4. C, I, K; 5. B.

Le recomendamos que, una vez resuelta la tarea, dé la instrucción de que subrayen las preguntas que utilizan los foreros para pedir un consejo, ya que necesitarán conocerlas para realizar la actividad 2.

1.1. Mediante el cuadro de esta actividad el alumno tiene que inferir algunas de las estructuras de que dispone el hablante de español para aconsejar.

1. Yo; 2. Yo en tu lugar; 3. Podrías; 4. Tendrías que.

Fíjese en que la presentación gramatical divide las estructuras en dos tipos: a menudo la confusión entre ambos hace que los estudiantes intercambien unas y otras y que generen, en consecuencia, oraciones erróneas. Puede llevar a cabo un ejercicio previo de práctica controlada que le permita identificar posibles dificultades de los alumnos y aclarar dudas. Por ejemplo, puede retomar una de las consultas de la actividad 1 y pedir que entre todos den consejos recurriendo a ambas estructuras.

1.2. Pida que vuelvan a leer las consultas 6, 7 y 8 del foro e intenten aconsejar a estas personas. En las consultas 7 y 8, los foreros piden recomendaciones relacionadas con dos ciudades españolas, Valencia y Madrid. Si lo cree necesario, deje que busquen información sobre estas ciudades para responder a las sugerencias con mayor fundamento.

Posibles respuestas. 6. Deberías hacer ejercicio regularmente y podrías cocinar los fines de semana. Yo que tú me compraría algún libro de comida sana; 7. Tendrías que llevarlos a la Ciudad de las Artes y las Ciencias, hay muchas cosas por hacer y la arquitectura es espectacular; 8. Yo en tu lugar iría a uno de esos bares de intercambios de idiomas que hay en la ciudad, muchos madrileños van allí para practicar lenguas y conocer gente.

Para la puesta en común, puede optar por que algunos alumnos escriban en la pizarra sus consejos. A continuación, realice una corrección en la que participe toda la clase y en la que el resto de alumnos pueda también resolver dudas sobre sus escritos.

> **2** Como observará, las situaciones planteadas corresponden a circunstancias muy dispares de la vida diaria, pero frecuentes en el ámbito de la cotidianeidad. De considerarlo oportuno, pida a los alumnos que lean sus problemas y anoten el vocabulario que creen que van a necesitar o aparecer en sus diálogos.

Como conclusión del epígrafe, puede completar la práctica con una actividad en la que los alumnos den consejos a partir de problemas planteados por ellos mismos. Le damos un ejemplo: pídales que en parejas piensen en un problema o una dificultad común en relación con el aprendizaje del español y que, a medida que lo tengan pensado, lo vayan escribiendo en la pizarra, simulando un foro. Una vez hayan terminado todos de escribir, cada pareja tendrá que elegir uno de los problemas que no sea el propio y pensar qué consejos dar a los compañeros. Dé un tiempo para que discutan y expongan sus conclusiones en grupo abierto.

Si lo cree conveniente, en vez de en la pizarra, pida que escriban los problemas en una cartulina y reaprovéchela en la actividad 2.3. del siguiente epígrafe, donde se ha incluido también una actividad de reflexión sobre el aprendizaje.

Para seguir practicando las funciones para dar consejos y hacer hipótesis, puede realizar el ejercicio 5 de la unidad 17 del *Libro de ejercicios*.

3 ▸ NUNCA PENSÉ QUE LO HARÍA — 160

Se continúa con las nuevas tecnologías como fuente de tipos textuales y se abre el epígrafe con comentarios de Twitter, que sirven para introducir expectativas pasadas sobre la propia vida y el uso del condicional para referirse a acciones futuras respecto a otras pasadas. Este uso, junto con la expresión de deseos presentes o futuros, son las dos funciones que se contemplan en el epígrafe. Además, los estudiantes podrán trabajar el componente afectivo con una reflexión retrospectiva sobre sus sensaciones relativas al estudio del español.

> **1** Antes de empezar la actividad, le recomendamos que los anime a imaginar al menos dos de las vivencias que pueden esconderse tras la etiqueta o *hashtag*: #Cosasquenuncapenséqueharía. Pídales que se fijen en las fotos de los dos primeros *tuits* y que intenten adivinar la experiencia que sus autores nunca pensaron que llegarían a hacer. Esto los ayudará a preparar la lectura y a familiarizarse con esta función del condicional. Al concluir la actividad, pregunte si han adivinado los comentarios de la etiqueta.

Posible respuesta. Se sienten satisfechos y/o contentos de lo que han hecho, ya que no imaginaban que lo harían.

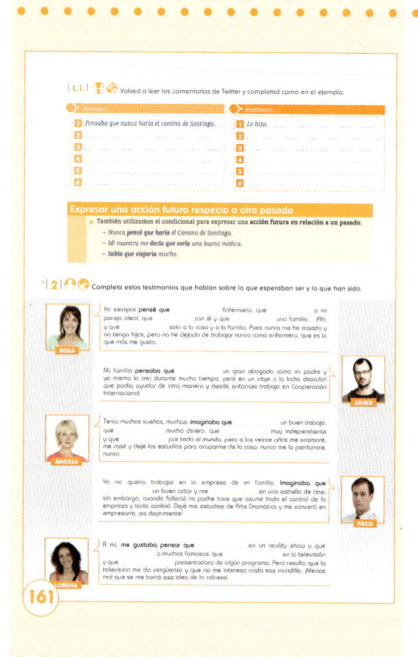

1.1. Con esta actividad el estudiante deberá tener en cuenta no solo el valor del condicional, sino también su repercusión en el presente. De esta forma, podrá concebir la función de expresar una acción futura respecto a otra pasada en toda su complejidad.

1. Pensaba que nunca haría el camino de Santiago / Lo hizo; 2. Pensaba que no podría viajar sola / Lo hizo el año pasado; 3. Su madre le decía que nunca aprendería a cocinar / Aprendió y ahora le gusta mucho; 4. Sabía que viajaría mucho / Lo hace; 5. Decía que sería una buena médica / No lo fue e hizo Filología; 6. Pensaba que sería escritor de grandes novelas / No lo es, pero escribe en un blog.

> **2** Avise a sus estudiantes de que en esta actividad son ellos quienes tienen que pensar los verbos más adecuados para completar los fragmentos del texto. La corrección se realizará mediante la siguiente audición.

Posibles respuestas. Rosa: estudiaría, conocería, me casaría, tendría, me dedicaría; Javier: sería; Ángela: tendría, ganaría, sería, viajaría; Paco: sería, convertiría; Lorena: participaría, conocería, saldría, me haría.

2.1. Corrija la actividad 2 y, después de la audición, agrúpelos en parejas para que respondan a las preguntas del enunciado.

🔊
|49|
– Yo siempre pensé que estudiaría Enfermería, que conocería a mi pareja ideal, que me casaría con él y que tendría una familia... ¡Ah!, y que me dedicaría solo a la casa y a la familia. Pues nunca me he casado y no tengo hijos, pero no he dejado de trabajar nunca como enfermera, que es lo que más me gusta.

– Mi familia pensaba que sería un gran abogado como mi padre y yo mismo lo creí durante mucho tiempo, pero en un viaje a la India descubrí que podía ayudar de otra manera y desde entonces trabajo en Cooperación Internacional.

– Tenía muchos sueños, muchos; imaginaba que tendría un buen trabajo, que ganaría mucho dinero, que sería muy independiente y que viajaría por todo el mundo; pero a los veinte años me enamoré, me casé y dejé los estudios para ocuparme de la casa; nunca me lo perdonaré, nunca.

– Yo no quería trabajar en la empresa de mi familia. Imaginaba que sería un buen actor y me convertiría en una estrella de cine; sin embargo, cuando falleció mi padre, tuve que asumir todo el control de la empresa y todo cambió. Dejé mis estudios de Arte Dramático y me convertí en empresario, ¡es deprimente!

– A mí, me gustaba pensar que participaría en un *reality show* y que conocería a muchos famosos, que saldría en la televisión y que me haría presentadora de algún programa. Pero resulta que la televisión me da vergüenza y que no me interesa nada ese mundillo. ¡Menos mal que se me borró esa idea de la cabeza!

Posibles respuestas. Rosa está conforme con haber podido ser enfermera; Javier se siente realizado; Ángela se siente arrepentida; Paco está decepcionado; Lorena está contenta de no haberse hecho famosa.

Puede plantear la segunda pregunta como refuerzo a la expresión de sugerencias o consejos. Para ello, indíqueles que den un consejo, especialmente a Rosa, Ángela y Paco, o que elijan a la persona con quien se sientan más identificados y le sugieran los pasos a seguir para cambiar de situación.

2.2. Para llevar a cabo la tarea, pida que se distribuyan en grupos de tres o cuatro personas y explique que serán esas personas a quienes contarán luego las expectativas que tenían de niños sobre su vida. En esta actividad van a escribir libremente sus pensamientos para luego contarlos a los compañeros de grupo. Recuérdeles que al hacerlo deben evitar la lectura del texto, para que este sea efectivamente un ejercicio de expresión oral.

2.3. Actividad de reflexión sobre el propio aprendizaje, en la que el alumno valorará su percepción y sensaciones respecto al idioma. Si los alumnos lo necesitan, ofrézcales un tiempo de preparación para que puedan razonar su respuesta o discutirla con un compañero.

Puede continuar la práctica con el ejercicio 6 de la unidad 17 del *Libro de ejercicios*.

2.4. Prosiga el trabajo de reflexión sobre el propio aprendizaje para introducir otra función relacionada con el condicional: la expresión de deseos de presente y futuro.

Divida la clase en grupos de tres o cuatro alumnos y, antes de dar comienzo a la actividad, llame su atención sobre el cuadro en el que se mencionan las expresiones verbales que más se usan para expresar deseos en presente o futuro. De este modo, tendrán presente el modelo que van a desarrollar en la interacción oral.

Para profundizar más en los contenidos de este epígrafe, realice la ficha 50.

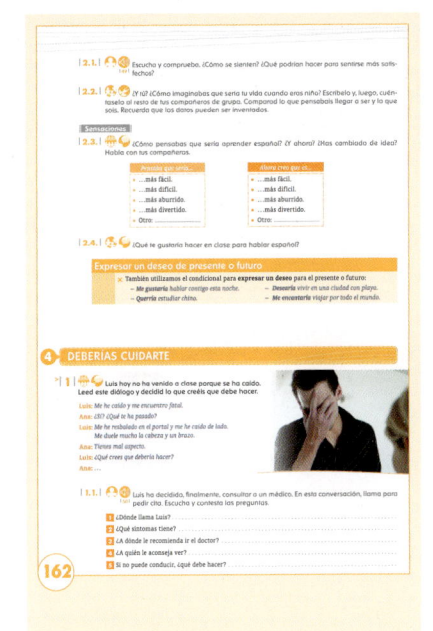

nuevo PRISMA fusión • Libro del Profesor • Unidad **17**

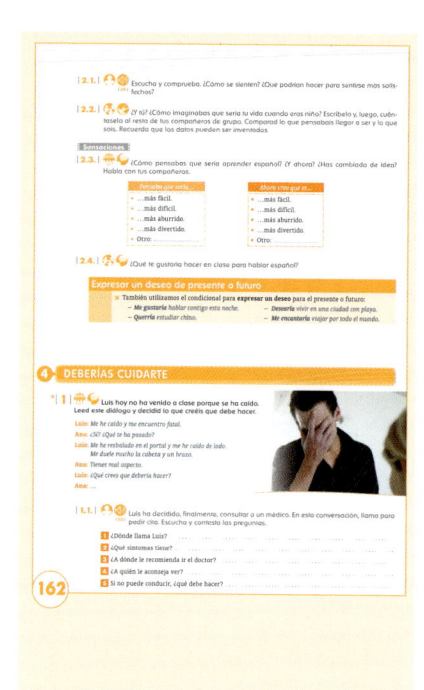

Ficha 50. Pensaba que sería...

Actividad lúdica con la que puede practicar la expresión de una acción futura respecto a otra pasada, la expresión de un deseo y, además, revisar el vocabulario relacionado con las profesiones.

Dinámica. Reparta primero las tarjetas recortadas de la ficha, una por alumno. Dé la consigna de que lean su contenido y de que traten de descubrir y escribir la profesión a la que se dedica el personaje de la tarjeta. Una vez hecho esto, dígales que piensen un mínimo de tres ventajas y tres desventajas vinculadas a la profesión asignada. A continuación, deberán imaginar que esa era la profesión con la que soñaban cuando iban a la escuela y que en breve van a encontrarse con algunos de sus excompañeros de clase. Distribuya a los alumnos en grupos reducidos y explíqueles que en esa reunión van a saludarse y a simular el reencuentro para luego explicar cómo pensaban que sería su vida, en relación con el trabajo elegido. Además, deben expresar deseos relacionados con ese trabajo. Si lo cree necesario, ponga un ejemplo con su propia profesión: *Pues yo creía que ayudaría a otras personas a aprender y a conocer mejor mi cultura. Ahora me gustaría continuar mi profesión, enseñando y aprendiendo de todas estas personas...* Al terminar la conversación, los miembros de cada grupo revelarán sus hipótesis sobre la profesión de los compañeros del grupo.

4 DEBERÍAS CUIDARTE — 162

El tema central de este epígrafe es la asistencia médica en una situación de enfermedad o malestar. Partiendo de esta cuestión, se estudian las características de los sistemas sanitarios de España e Hispanoamérica, como contenido cultural. Además, se presentan tres modos en los que solicitar y recibir atención médica: por teléfono, en un centro sanitario y en una farmacia. Se ofrecen muestras de lengua al respecto y se propone un ejercicio de trabajo cooperativo que consiste en la simulación de una consulta médica en un hospital. Para concluir, se completa la presentación de los usos del condicional con el estudio y la práctica de cómo expresar cortesía.

> **1** Este breve diálogo y la audición de 1.1. introducen la cuestión de la asistencia sanitaria y presentan algunos marcadores del discurso.

Para responder a qué debería hacer Luis en las circunstancias dadas, pregúnteles qué harían ellos en su país en esta misma situación.

Posible respuesta. *Creo que debería visitar a un médico, para asegurarse de que no tiene nada grave.*

1.1. Esta audición permitirá al alumno contrastar su respuesta a la pregunta anterior con la que le da el servicio de asistencia telefónica.

Lleve a cabo la actividad de comprensión auditiva, que comprenderá también la actividad 1.2., donde se presentan conectores y estructuradores de la información.

🔊 |50| **Voz del contestador:** Bienvenido al servicio automático de petición de cita de su centro de salud. Para pedir cita, diga: "Cita" o marque un 1, para otras consultas, diga: "Otras consultas" o marque el 2. Un momento por favor, enseguida le pasamos con el centro de salud.

Enfermera: Centro de salud de Santa Marta. Buenos días, ¿dígame?

Luis: Buenos días. Querría pedir cita con el doctor Sanz.

Enfermera: Lo siento, pero no podremos atenderle hasta mañana.

Luis: Es que me he caído… Creo que no puedo esperar tanto. ¿Qué me aconseja usted?

Enfermera: ¿Qué síntomas tiene?

Luis: Me duele la cabeza y estoy mareado pero, sobre todo, me duele mucho el brazo derecho.

Enfermera: Un momento, por favor, le paso directamente con el doctor Sanz.

Dr. Sanz: Buenos días, me dice la enfermera que se ha caído y que le duele mucho el brazo, ¿verdad? Dígame, ¿puede moverlo?

Luis: ¡Uf!, no, imposible… ¿Qué hago?

Dr. Sanz: Pues yo que usted iría a urgencias inmediatamente.

Luis: ¿A dónde? Es que no soy de aquí.

Dr. Sanz: Debería ir al hospital San Carlos, porque allí le podrá ver un traumatólogo y ver si tiene el brazo roto. Yo en su lugar iría ahora mismo.

Luis: ¿Le importaría decirme dónde está ese hospital? Podría ir en coche desde mi casa. Vivo cerca del parque del Oeste.

Dr. Sanz: ¿Conducir en su estado? No, mejor, tendría que llevarle alguien.

Luis: Es que ahora mismo estoy solo.

Dr. Sanz: Si no puede acompañarle nadie, podría llamar a emergencias, al 112.

1. A un centro de salud; 2. Le duele la cabeza, está mareado y le duele el brazo derecho; 3. A urgencias; 4. A un traumatólogo; 5. Tendría que llevarle alguien o llamar a emergencias.

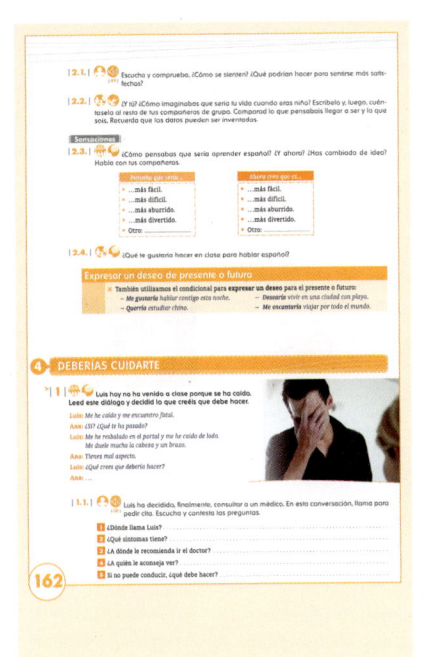

1.2. Numeración de los fragmentos por orden: 4, 2, 6, 1, 3, 5.

>2 Después de leer el cuadro de atención y antes de escribir el resumen, remita a sus estudiantes a la pág. 102, actividad 2.1., para revisar la información referente la función de los marcadores del discurso. Puede también animarlos a revisar el trabajo que hicieron entonces, así como el ejercicio de planificación de un texto realizado con la proyección 33.

>3 El trabajo en grupo cooperativo de esta unidad consiste en convertir el aula en un centro de salud simulado y en recrear los mismos procedimientos que tienen lugar en esos centros.

Le recomendamos que comience la tarea con una lectura previa de los cuadros con preguntas y expresiones frecuentes para hablar de salud, y de las tablas de *Síntomas* y *Médicos* que aparecen en la página 164. También, a modo preparatorio, distribuya la clase para que pacientes, médico de medicina general y médicos especialistas tengan un espacio asignado. Por otro lado, indique al grupo de médicos que deberán disponer de papel donde poder redactar el informe sobre los pacientes.

Cuando llegue al paso 5 de la tarea, le aconsejamos que diga a los médicos que van a llevar a cabo una reunión de centro para evaluar el funcionamiento y la coordinación entre departamentos. A los pacientes, por su parte, explíqueles que son una asociación y que se reúnen con el objetivo de luchar por la mejora de la asistencia al enfermo.

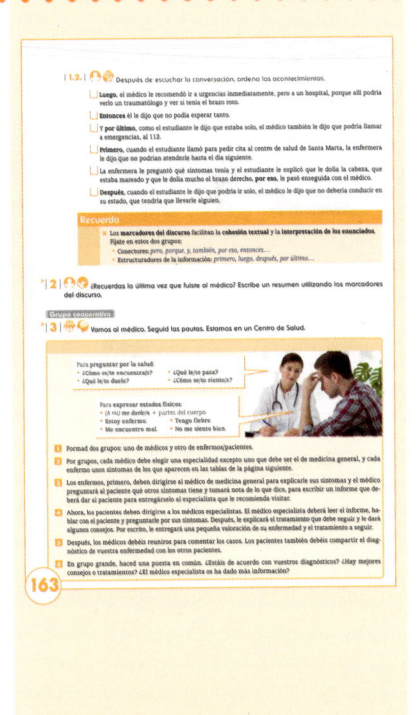

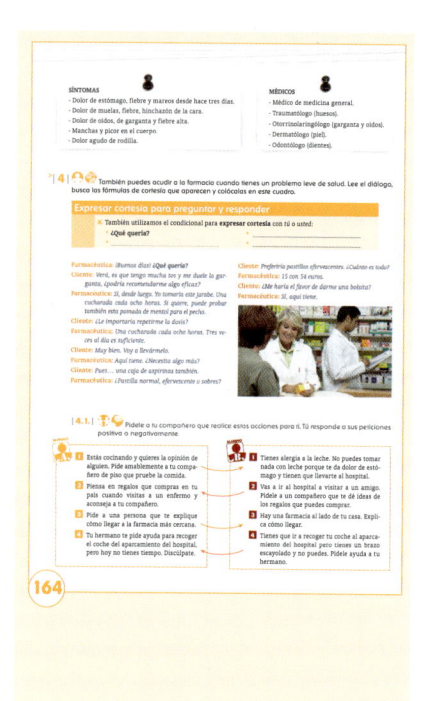

> **4** Esta es una actividad de comprensión lectora que sirve como muestra de un diálogo en una farmacia y con la que introducimos, al mismo tiempo, el último uso vinculado al condicional simple: la expresión de la cortesía. El alumno debe identificar en el texto cuáles son las estructuras que contienen el condicional, cuya función es interpelar a otra persona de forma comedida o cortés.

¿Podría…?, ¿Le importaría…?, ¿Me haría el favor de…?

Una vez completado el cuadro, puede dedicar unos minutos a trabajar la pronunciación de las preguntas que contienen las estructuras estudiadas. Para ello, haga usted mismo de modelo leyendo las frases del diálogo o pida que varios alumnos representen el diálogo.

4.1. Con esta actividad se practican, de una forma más guiada, no solo la formulación de preguntas de una forma cortés, sino también saber responder a esas peticiones.

Para practicar este uso del condicional en otros contextos y de una forma más libre, realice la actividad de la proyección 45.

Proyección 45. Disculpe, ¿podría…?

Actividad de expresión escrita e interacción oral que parte de contextos de la vida cotidiana en los que es frecuente el empleo de formas de cortesía.

Dinámica. En grupo abierto, haga que identifiquen las situaciones proyectadas y elijan una para elaborar un diálogo en parejas. Asegúrese de que eligen y respetan el registro en sus escritos. Cuando hayan terminado de redactarlo, van a representarlo ante el resto de compañeros. Estos, por su parte, pueden realizar preguntas sobre el contenido de lo que han escuchado.

> **5** A modo de ejercicio preparatorio de la lectura, pídales que en parejas prevean al menos tres diferencias entre la sanidad en España y en Hispanoamérica. Luego, proponga que entre todos discutan para elegir las tres diferencias más plausibles. Una vez hecho esto, lleve a cabo la actividad tal cual se plantea en el libro. Cuando todas las parejas hayan terminado de resumir su lectura de A y de B, podrán verificar si esas diferencias eran ciertas o no. Haga una puesta en común que le sirva asimismo para valorar en qué medida han comprendido el contenido de los textos.

5.1. Antes de proceder a la actividad, le proponemos un ejercicio que puede ayudarlos a dotarse de recursos lingüísticos para realizarla.

Dígales que, en primer lugar, subrayen las palabras, estructuras o frases de los textos de la actividad 5 que creen que les serían útiles para explicar las características del sistema sanitario en su país; y, en segundo lugar, que piensen otras palabras o expresiones que puedan necesitar. Finalmente, dé pie a que compartan los rasgos de cada sistema sanitario con toda la clase.

A fin de beneficiar una escucha más activa, cabe la opción de sugerirles que al final de la actividad señalen y justifiquen cuál o cuáles de los países representados en el aula tiene un sistema más afín al propio.

ELEteca
36. La sanidad pública en España.

¿QUÉ HE APRENDIDO? 165

> **1** Posibles respuestas. Imagino que ayer comerían algo en mal estado y que no se encuentran bien; Quedarían anoche para salir y volverían demasiado tarde a casa.

> **2** Posibles respuestas. Desearía salud para mí y todos los que me rodean; Me gustaría vivir en un mundo justo y sin pobreza.

> **3** Posibles respuestas. Para ser felices deberíamos poder decidir qué es lo que queremos hacer; tendríamos que intentar ser lo más positivos posible; y deberíamos rodearnos de personas que nos hacen sentir bien.

> **4** Esta actividad está pensada para que el alumno valore lo que ha aprendido en la unidad sobre la expresión de la cortesía, contrastándolo con sus propias habilidades antes de empezar la unidad. Se intenta beneficiar así el continuo control del proceso de aprendizaje para potenciar su autonomía.

ELEteca
Comunicación. **En la consulta.**
Gramática. **El condicional simple.**
Léxico. **La salud.**

ELEteca
¡Ay, qué dolor!

ELEteca
Fonética y ortografía. **Los sonidos /n/, /ñ/, /ch/ e /y/. Los dígrafos *ch* y *ll*. Las letras *y* y *ll*.**

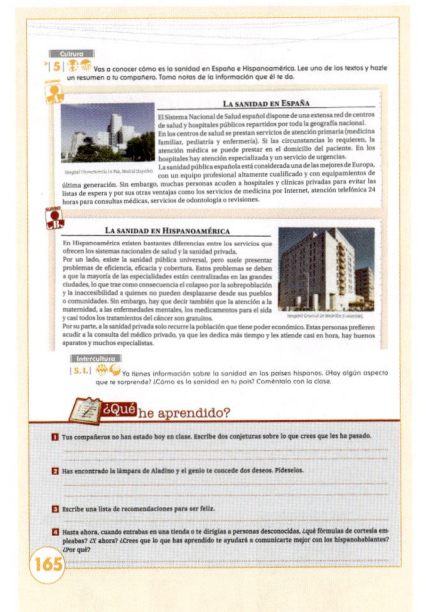

18 IMPERATIVAMENTE

Esta unidad está estructurada alrededor de tres temas principales: el reparto de las labores domésticas, los hábitos para mantener el estado de salud y la compra segura por Internet. Partiendo de ellos, los estudiantes van a diseñar una tabla de organización de las tareas de casa y a idear una campaña publicitaria. Con este objetivo, aprenderán a pedir y conceder permiso, a dar órdenes y consejos, y a persuadir, mediante el empleo del modo imperativo. Revisarán la forma y los usos del imperativo afirmativo y conocerán el negativo; además, reflexionarán sobre la colocación de los pronombres cuando aparecen con verbos en este modo verbal.

Asimismo, el alumno se enfrentará a la lectura y la redacción de textos informativos y publicitarios. En cuanto al componente estratégico, destacamos la reflexión sobre la aplicación de estrategias para escribir un texto de opinión, y con respecto al componente afectivo, la importancia de la motivación en el aprendizaje del idioma.

1 TUS DESEOS SON ÓRDENES 166

En el primer epígrafe de esta unidad, el alumno va a conocer distintas formas para pedir y conceder permiso en diferentes contextos cotidianos. Revisará el uso del imperativo para realizar esta función, así como también las formas regulares e irregulares de este modo verbal. En lo que se refiere al componente estratégico, pondrá en práctica la deducción del significado de léxico desconocido a través de imágenes.

> **1** Las imágenes con las que se abre el epígrafe ilustran actos de la vida diaria en las que nos dirigimos a otra persona para pedir permiso. Estas servirán como punto de partida para el trabajo que se llevará a cabo en las actividades 1.1. y 1.2., en las que se presentan estructuras para pedir permiso y para concederlo, respectivamente.

Como paso previo a la actividad, asigne cada foto a una pareja de alumnos diferente y encárgueles que describan lo que se observa en ella (el lugar, las personas y sus acciones, los objetos…). Recuerde que la descripción a partir de una fotografía constituye una de las cuatro tareas de la prueba 4 del examen DELE A2. Puede consultar, si lo necesita, los ejemplos correspondientes a esta tarea en el *Libro de ejercicios* o la sección final del *Libro del alumno*, *Prueba de examen del nivel A2*.

A continuación, diga a los alumnos que relacionen las imágenes y que, en caso de encontrar palabras desconocidas, intenten ayudarse de las fotos para deducir su significado antes de buscar en el diccionario o pedir ayuda a una tercera persona.

1. E; 2. F; 3. D; 4. A; 5. C; 6. B.

1.1. 1. Podría; 2. importa; 3. ¿es posible?

Una vez hayan inferido las formas de pedir permiso, pregunte cuál de las situaciones de la actividad 1 es más formal y cómo se refleja eso en la lengua. En las fotos A, B y E los hablantes se dirigen a personas desconocidas en espacios públicos. Por ello recurren a formas como: ¿Podría…? (condicional de cortesía), ¿Es posible? (de carácter impersonal) o ¿Le importa si…? (uso de la persona *usted*).

1.2. Recuerde a sus alumnos que, de nuevo, intenten realizar la actividad sin el uso de diccionario y apoyándose en las fotos del ejercicio 1.

a. 5; b. 2; c. 3; d. 1; e. 6; f. 4.

La forma verbal que se ha utilizado para conceder un permiso es el imperativo.

Una vez hecha la corrección de la actividad, pida que identifiquen en las respuestas y en el cuadro gramatical aquellos casos en los que se repite una palabra al conceder permiso. Pregúnteles si en su lengua existe este fenómeno y, en caso afirmativo, que expliquen cuál es la intención del hablante al repetir esas palabras. En cualquier caso, debe quedar claro que es un mecanismo para atenuar o restar importancia a la concesión del permiso.

Siga practicando las funciones de pedir y conceder permiso con los ejercicios 1 y 2 de la unidad 18 del *Libro de ejercicios*.

1.3. De entre los verbos que en la actividad anterior aparecen en negrita, el alumno debe ahora seleccionar aquellos que coinciden con los del cuadro. Luego, proceda a la lectura de la explicación gramatical, que servirá al alumno para realizar el siguiente ejercicio.

Si prefiere ampliar el trabajo de inducción de formas, pídales que subrayen los verbos irregulares que aparecen en 1.2. y que traten de explicar el tipo de irregularidad que se da en ellos. Con este ejercicio los alumnos pueden llegar a relacionar las irregularidades del imperativo con las del presente de indicativo.

1. pase; 2. lea; 3. abre; 4. diga.

Para seguir practicando los verbos en imperativo afirmativo, puede realizar el ejercicio 3 de la unidad 18 del *Libro de ejercicios*.

> **2** Antes de pasar a la última actividad del epígrafe, ponga en práctica lo visto hasta ahora con diálogos breves similares a los que han estudiado. Pídales, por ejemplo, que den cuenta de aquellas situaciones en las que necesitan pedir permiso en clase o en el centro donde estudian: para hacer una pregunta, para pedir algo al profesor o a un compañero, para ir al baño, para hacer una solicitud a la secretaría de la escuela, para poder hacer uso de algún servicio del centro… Cuando hayan compartido sus propuestas, invítelos a preparar y representar los diálogos asumiendo los roles pertinentes o incluso llevándolos a la práctica en el mismo centro.

2 ORGANÍZATE 168

La segunda sección de esta unidad gira en torno a las responsabilidades dentro del hogar e incluye una simulación en la que los habitantes de una casa discutirán sobre la organización de las tareas del hogar. Los alumnos trabajarán el vocabulario relacionado con estas y practicarán la expresión del mandato por medio del modo imperativo. En cuanto al contenido gramatical, se presentan las formas del imperativo negativo y el uso de los pronombres de objeto directo e indirecto combinados.

> **1** Céntrese ahora solo en la comprensión global del texto, pidiendo que contrasten sus hipótesis sobre las preguntas del enunciado con lo que han extraído a través de la lectura.

El contenido léxico que aparece en negrita se trabajará en la actividad 1.1. Además, en la actividad 1.2. de comprensión lectora, el alumno comprobará en qué medida ha entendido el contenido del artículo.

Las personas que aparecen en la imagen están con la colada y planchando. El texto va a tratar sobre las tareas domésticas.

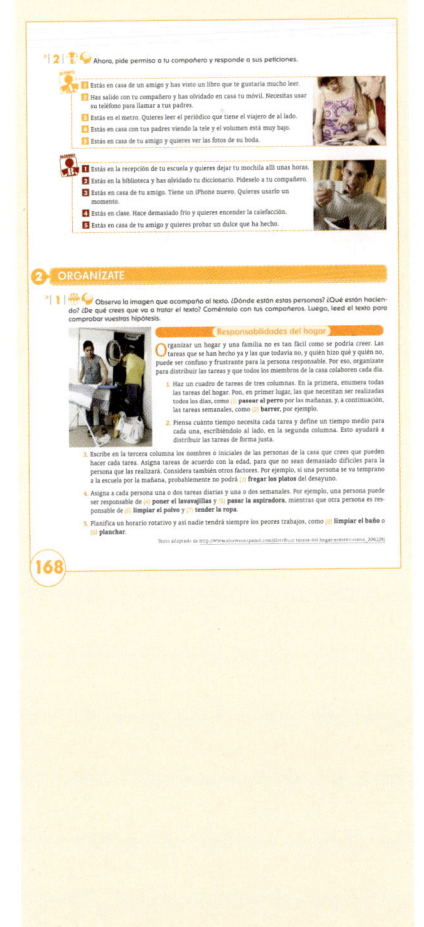

nuevo Prisma fusión • Libro del Profesor • Unidad **18** | 151 |

1.1. a. 4, poner el lavavajillas; b. 2, barrer; c. 6, limpiar el polvo; d. 1, pasear al perro; e. 3, fregar los platos; f. 9, planchar; g. 8, limpiar el baño; h. 7, tender la ropa; i. 5, pasar la aspiradora.

1.2. Puede concluir la actividad interesándose por la opinión de los estudiantes respecto a la propuesta del texto y animándolos a compartir de qué forma organizan ellos las tareas del hogar.

1. V; 2. V; 3. V; 4. V; 5. F (De acuerdo a la edad y a otros factores); 6. F (Horario rotativo).

>2 Mediante esta propuesta lúdica, los alumnos van a expresar sus gustos en relación con una serie de labores domésticas dadas.

Amplíe la actividad haciendo que cada pareja comente también cuáles son las tareas que realizan con mayor frecuencia y cómo reparten las tareas en sus hogares.

A continuación, proponga los ejercicios 4 y 5 de la unidad 18 del *Libro de ejercicios* para afianzar el léxico de las tareas domésticas y el imperativo afirmativo.

2.1. Le recomendamos que empiece indicando a los alumnos que lean esta noticia breve y pregúnteles sus opiniones sobre este tema. Luego, en parejas, pida que respondan a la primera pregunta basándose en sus conocimientos y en posibles experiencias. Esto les dará tiempo a contrastar la noticia con otra información y a razonar su respuesta. Cuando hayan manifestado su opinión, interésese por la situación del reparto de tareas en su país o en su propio hogar.

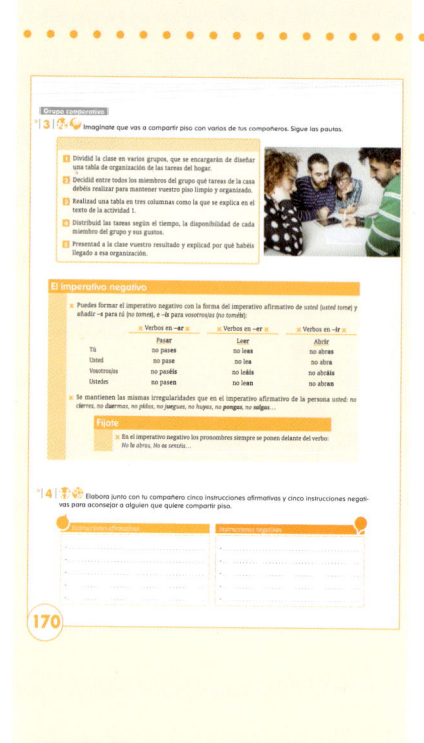

>3 En esta tarea los estudiantes trabajarán conjuntamente para simular una actividad de la vida real, teniendo en cuenta todos los contenidos vistos en el epígrafe. Antes de realizar la actividad, revise con ellos el cuadro gramatical del imperativo negativo y dé las explicaciones oportunas.

Si usted imparte clase en un aula multicultural, le aconsejamos que forme grupos con aprendientes de diferentes nacionalidades, para que intercambien modos distintos de concebir la organización del trabajo y de la vida doméstica.

Una vez que cada grupo haya presentado el resultado de su tarea, pregunte cuál de ellos creen que ha elegido y ha distribuido las tareas de una forma más realista, equitativa y eficaz.

>4 Actividad de práctica sobre el contenido del cuadro anterior. En parejas, pídales que hagan una tabla en la que den cinco instrucciones afirmativas y cinco negativas a alguien que va a compartir piso. Si la clase muestra disposición, puede hacer una puesta en común para que, entre todos, y a través de una discusión, elijan aquellas instrucciones que les parezcan más importantes o relevantes.

Antes de empezar, incida en el uso y la colocación de los pronombres de objeto directo e indirecto, ayudándose del cuadro que aparece en la página siguiente.

Para fijar los conocimientos adquiridos sobre la forma del imperativo negativo proponga los ejercicios 6 y 7 de la unidad 18 del *Libro de ejercicios*.

> **5** En primer lugar, pida que se concentren en la enumeración de los aspectos que menciona Ana, y que escriban los números correspondientes en las casillas de la izquierda. Déjeles tiempo para que comprendan el contenido de los ítems. En la segunda escucha podrán completar el cuadro *Se refiere a*, para lo cual deberán asociar el pronombre que aparece en negrita con la acción o el objeto al que Ana hace referencia.

🔊 **Locutor:** A ver... La siguiente oyente nos comenta cómo organizarse en casa.
|51|
Ana: Hola, buenos días. Soy Ana Guzmán... Mira, en primer lugar, comentarte que me encanta vuestro programa.

Locutor: Muchas gracias, Ana. ¿Cuáles son tus ocho tareas imprescindibles en casa?

Ana: Mira, yo odio las tareas del hogar porque nunca acaban. Pero hay que hacerlas. Lo mejor es incorporarlas en nuestro día a día, de forma progresiva, y así se convierten en rutina y las haces sin darte cuenta... Veamos... en primer lugar he puesto "Deja tu cama hecha antes de salir de casa". En general, esto sí que lo cumplo a diario. Mi abuela me acostumbró a hacerlo antes de ir al cole por la mañana. Son cinco minutos y evitas la sensación de desorden que da llegar a casa y ver la cama sin hacer. En segundo lugar tengo "Recoge la mesa después de cada comida". Esto no me gusta nada. Me da mucha pereza porque tengo sueño después de comer... Así que unas veces lo hago y otras no... En tercer lugar "Dobla y guarda la ropa en los armarios". El tema de la ropa en casa me desespera, es un ciclo sin fin. Siempre hay que poner la lavadora, tender, planchar, doblar y guardar, ¡uf...! En cuarto lugar, "Quita el polvo". Yo no lo hago a menudo porque no lo veo; sé que está ahí, pero... Lo mejor sería hacerlo cada día, pero no me gusta, así que lo hago una vez a la semana. Después he puesto... "Piensa y prepara la comida para el día siguiente". Si por la noche piensas en qué vas a comer mañana, y lo preparas, todo es mucho más fácil. En sexto lugar "Recoge la cocina antes de ir a dormir". Esto es algo que intento hacer siempre que puedo. No puedo soportar levantarme por la mañana con prisa y ver toda la cocina llena de platos, sobras de comida, botellas... En el número siete: "Tira la basura a diario". Si no, hay mal olor en casa... Y finalmente, "Deshazte de una cosa inútil cada día".

Tenemos cientos de cosas absurdas que no hacen más que acumular polvo y ocupar espacio en casa.

Bueno, pues estas son mis ocho reglas imprescindibles para tener la casa organizada. ¿Qué os ha parecido?

---

1. No salgas de casa sin hacerla; 2. No la dejes puesta después de comer; 3. No la guardes en los armarios sin doblarla; 4. No te olvides y pasa un trapo todos los días; 5. Prepáratela el día anterior; 6. No te acuestes sin recogerla; 7. No la dejes más de un día. Tírala diariamente; 8. No las acumules.

5.1. 1. No salgas de casa sin hacer**la** (la cama); 2. No **la** (la mesa) dejes puesta después de comer; 3. No **la** (la ropa) guardes en los armarios sin doblar**la** (la ropa); 4. No **te** (tú) olvides y pasa un trapo todos los días; 5. Prepárate**la** (la comida) el día anterior; 6. No **te** (tú) acuestes sin recoger**la** (la cocina); 7. No **la** (la basura) dejes más de un día. Tíra**la** (la basura) diariamente; 8. No **las** (las cosas inútiles) acumules.

5.2. Hasta este punto los alumnos han trabajado el uso de los pronombres combinado con la expresión de órdenes y con la concesión de permiso en imperativo. En el cuadro que aparece bajo el enunciado encontrará algunas muestras a partir de las cuales se reflexiona sobre el uso, antepuesto y pospuesto, de los pronombres cuando existe combinación de objeto directo e indirecto.

delante.

nuevo PRISMA fusión • Libro del Profesor • Unidad **18** | 153 |

> Puede continuar la práctica de la combinación de los pronombres con el imperativo con el ejercicio 8 de la unidad 18 del *Libro de ejercicios*.

> **6** Como el escrito constituye un mensaje de invitación dirigido a unos amigos, recomiéndeles que primero elijan el tipo de mensaje que desean hacerles llegar, por ejemplo, un correo electrónico o una nota que leerán al llegar a casa. Basándose en el medio elegido, deberán pensar en el modo de saludarlos, de contextualizar el texto, de transmitir las normas y de despedirse.

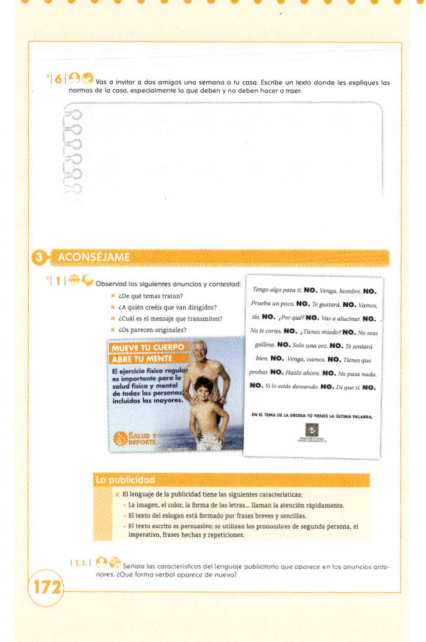

A modo de alternativa lúdica le proponemos que realicen la misma actividad de escribir una invitación y sus normas de casa, distribuyendo a los alumnos en grupos de cuatro. Cada persona elaborará un escrito dirigido al resto de compañeros, quienes desempeñarán el rol de invitados. Al terminar el mensaje, una pareja del grupo ofrecerá sus textos a la otra pareja, de modo que cada una reciba dos invitaciones distintas. El objetivo será leer los mensajes recibidos para elegir cuál de las invitaciones van a aceptar.

3 ACONSÉJAME 172

En este epígrafe el alumno va a crear una campaña publicitaria relacionada con la salud. Con este objetivo, se presentan en esta sección hábitos saludables y costumbres alimentarias de los españoles en relación con el desayuno, y ejemplos de anuncios y campañas publicitarias. Se conocerán algunas características del lenguaje publicitario y el uso del imperativo como forma de persuasión y de dar consejo.

Por otro lado, a través de otro anuncio, el alumno conocerá las ventajas e inconvenientes de la compra a través de Internet y podrá reflexionar y discutir al respecto, para finalmente elaborar un texto de opinión en torno a esta cuestión. A partir de su escrito proponemos, además, una actividad sobre la aplicación de estrategias para escribir un texto. Finalmente, los alumnos elaborarán un eslogan para animar a otras personas a estudiar español.

> **1** El anuncio que se encuentra situado en la parte izquierda de la actividad es una adaptación de un proyecto del año 2011 presentado por el Ministerio de Educación, Cultura y Deporte de España. El anuncio situado al lado derecho de la actividad es un anuncio de la Fundación de Ayuda contra la drogadicción (FAD) que forma parte de una campaña lanzada los años 1993 y 1994. Además de la lectura, en este segundo caso se puede visionar este y otros anuncios de la FAD en: http://www.fad.es/Campanas?id_nodo=3&accion=1&campana=30

Posibles respuestas. El primer anuncio trata sobre la importancia de hacer deporte. Va dirigido a todas las personas. Intenta transmitir la idea de una vida sana a través del deporte. El segundo anuncio trata sobre el tema de las drogas. Va especialmente dirigido a los jóvenes e intenta concienciarles para evitar la influencia o incitación a las drogas por parte de otras personas.

1.1. Esta segunda actividad del epígrafe, en la que el alumno debe analizar los anuncios leídos, es asimismo una presentación de las siguientes funciones que se trabajan en la unidad: persuadir al interlocutor y dar consejos.

Lea las características del texto publicitario y ejemplifíquelo con los dos anuncios anteriores.

En los anuncios aparecen todas las características del lenguaje publicitario que aparecen en el cuadro anterior. En estos anuncios de nuevo aparece el imperativo y su uso para dar consejos.

Anuncio sobre salud y deporte: en el anuncio se usa el azul claro de fondo, subrayado naranja y letras blancas para el título, azul marino para el cuerpo del anuncio y la foto de un hombre mayor y un niño, posiblemente un abuelo y su nieto, corriendo. El título es breve y directo, está formado por dos verbos en imperativo con sus respectivos complementos; en ambos verbos se usa la segunda persona del singular y los complementos incluyen el posesivo *tu*, con lo que se señala directamente a la persona que lo lee.

Anuncio contra la drogadicción: la imagen es en blanco y negro, una composición sencilla para un mensaje claro y rotundo como el que se pretende transmitir; en el texto destaca la palabra "no", escrita en letra grande y mayúscula y en negrita, con la que se responde a preguntas o interpelaciones sencillas y directas; estas contienen mayoritariamente verbos en imperativo o en presente, conjugados en la segunda persona del singular.

Una variante a la actividad es que los alumnos busquen y elijan un anuncio de su interés, similar a los propuestos. Para ello, puede poner a su disposición alguna fuente a partir de la cual realizar la búsqueda. Nosotros le proponemos el sitio web de la FAD, http://www.fad.es/Campanas?id_nodo=3&accion=0, donde puede encontrar todas las campañas que el organismo ha realizado desde 1988, y el del Ministerio de Sanidad, Servicios Sociales e Igualdad del gobierno de España, http://www.msssi.gob.es/campannas/portada/home.htm. Una vez elegido el anuncio y hecho el análisis, anímelos a exponerlo junto con una muestra en papel, audio y/o vídeo del anuncio.

> **2** El anuncio que aparece aquí, y cuyo eslogan y contenido aparece en la siguiente actividad, forma parte de la campaña de prevención de la obesidad infantil que el gobierno español lanzó el año 2006. Su difusión se hizo por medio de la televisión y la radio y a través de carteles y folletos.

Trata de la necesidad de que los niños desayunen adecuadamente antes de empezar con su rutina, va dirigido a los padres y su eslogan es: *¡Despierta, desayuna!*

2.1. Deje que lean primero el contenido del eslogan y comprueben sus hipótesis. Si lo desea, reproduzca luego el vídeo o el mensaje radiofónico que emitió el gobierno y que encontrará en el enlace http://www.msssi.gob.es/campannas/campanas06/ObesidadInfant.htm. A continuación, indíqueles que respondan a las preguntas del enunciado. En la siguiente actividad podrán comprobar sus respuestas mediante la lectura de un texto informativo sobre los hábitos del desayuno en España.

Posible respuesta. El objetivo de este anuncio es concienciar a los padres de la importancia de que sus hijos hagan un buen desayuno por las mañanas para un mayor rendimiento escolar y la necesidad de hacer deporte. En España, mucha gente hace desayunos ligeros y poco deporte, lo que potencia unos hábitos no saludables.

2.2. Después de comprobar las respuestas del ejercicio anterior, pida que comenten aquello que más les haya sorprendido o interesado del texto.

Como alternativa, haga que comparen la realidad española con la de su país sobre la forma de desayunar, así como que comenten posibles iniciativas similares a la de la campaña que han conocido. Si se decide por esta opción, tenga en cuenta que en la actividad 2.5., de carácter intercultural, los alumnos van a compartir costumbres saludables que se siguen en sus respectivos países.

Como actividad extra, pida que escriban un texto similar a este sobre los hábitos del desayuno en sus países. Cuando llegue a la actividad 2.5., pegue los textos por la clase para que los lean y establezcan las similitudes y diferencias al respecto.

2.3. 1. consumas / tomes / compres; 2. consumas / tomes / tengas; 4. estés; 5. esperes; 8. engordes; 9. consumas / tomes / compres; 11. consumas / tomes / compres; 12. abuses.

2.4. A. 1; B. 6; C. 5; D. 12; E. 3; F. 10; G. 2; H. 9; I. 7; J. 8; K. 4; L. 11.

Al terminar la relación entre recomendaciones y decisiones, puede realizar alguna actividad en la que, a partir de unas y otras, valoren sus propios hábitos en torno a lo que han leído. Para ello, divida la clase en parejas y haga que cada alumno marque aquellas recomendaciones que no sigue en su vida diaria. De entre estas, tendrá que elegir al menos una que le gustaría y que se ve capaz de realizar. Finalmente, cada pareja comentará las conclusiones a las que ha llegado e intentará comprometerse a llevar adelante la decisión tomada.

2.5. Los hábitos alimentarios están relacionados, entre otras cosas, con la formación cultural y social de una persona. Las tradiciones, las creencias y las costumbres de un país influyen en aquello que se consume y en el modo en que se hace. Con esta actividad se pretende que el alumno aporte esos aspectos de su cultura que considera "saludables" en cuanto a la alimentación. Además, pueden ampliar la actividad comentando aspectos "no saludables" de su gastronomía y haciendo recomendaciones sobre cómo mejorarlos.

2.6. Con la creación de una campaña, el alumno va a poder recurrir a los contenidos vistos en el epígrafe y poner en práctica el uso del imperativo como forma de persuasión. Como actividad adicional, proponga que de entre todas las propuestas elijan la más adecuada para realizar conjuntamente un anuncio publicitario. Recuerde que en la actividad 1.1. de este epígrafe dispone de dos enlaces en los que puede consultar vídeos de campañas reales.

Como actividad extra, lleve a cabo la dinámica de la ficha 51.

Ficha 51. Decálogo de consejos y buenas prácticas.

Tarea complementaria a la creación del cartel publicitario del punto 2.6., consistente en la elaboración de un decálogo sobre salud destinado a la gente mayor.

Dinámica. Informe a los estudiantes de que, junto con el cartel, el Ministerio de Sanidad quiere publicar un decálogo con consejos para una vida más saludable. Avise, además, de que solo disponen de las imágenes y de las facetas de la vida a las que hacen referencia, y que se les ha encomendado la redacción de los consejos relacionados con ellas. Pida que distribuyan las diez facetas entre grupos distintos y que hagan una propuesta del contenido. Una vez hecho esto, pondrán en común y acordarán posibles mejoras para llevar a cabo la redacción final del decálogo.

>3 Se introduce, en este bloque de actividades, el debate sobre las ventajas y desventajas que tiene comprar vía Internet. Por eso, proponemos una actividad oral de reflexión en torno a un anuncio de la compañía eBay, cuyo objetivo es promocionar el consumo a través de Internet.

ELEteca
37. eBay.

3.1. En esta actividad los estudiantes van a identificar algunos beneficios e inconvenientes de la compra en línea, y a elaborar un texto expresando su opinión.

Algunas ideas pueden ser:

A favor: adquirir un producto en cualquier momento; es cómodo; hay ofertas; puedes encontrar cualquier producto.

En contra: miedo a escribir los datos personales en un formulario y a abrir cuentas en determinados sitios para comprar; buscar sitios reconocidos y fiables; que el producto llegue en malas condiciones; no poder tocar o probarse un producto; hay que proporcionar los datos bancarios.

Después de acordar, en grupos reducidos, ideas a favor y en contra de la compra en Internet, cada alumno elaborará un texto de opinión al respecto. Esta segunda tarea será utilizada, en la siguiente actividad, para reflexionar acerca de las estrategias para escribir un texto. Por eso le puede ser de utilidad ofrecerles una hoja en blanco e indicarles que, en caso de tener que tomar notas o hacer un borrador, recurran solamente a esa hoja. Usted, el alumno u otros compañeros podrán luego usar, tanto esta hoja como el texto en cuestión, en el ejercicio de reflexión estratégica.

3.2. Si en la actividad anterior indicó a los estudiantes que usaran una hoja aparte para crear el texto, puede ahora llevar a cabo una dinámica alternativa. Pida que, por parejas, se intercambien los textos y los borradores y que cada uno analice ambas hojas a partir de los criterios que ofrecemos en el ejercicio. Cuando hayan terminado, un alumno expondrá las conclusiones que ha extraído después del análisis y, a continuación, el otro compañero las confirmará o rectificará.

Si lo cree oportuno, cree parejas con alumnos de nacionalidades diferentes, para que aprovechen posibles hábitos o métodos de escritura frecuentes en culturas ajenas.

3.3. El alumno va a practicar aquí el uso del imperativo para aconsejar. Le sugerimos que proponga un diálogo en el que uno de los miembros de la pareja explique y contextualice el problema, y que seguidamente pida consejo al compañero. Este deberá interactuar con el primero y darle al menos una recomendación al respecto.

Recuerde que en la página 159 del *Libro del alumno* dispone de ejemplos en los que se plantea un dilema y se pregunta para escuchar posibles soluciones.

Si quiere continuar profundizando en este tema, realice la actividad de la proyección 46.

Proyección 46. Sin peligro en la Red.

Tarea en grupo cooperativo de creación de un folleto informativo con consejos para usar Internet de forma segura.

Dinámica. Explique a los alumnos que forman parte de una agencia a la que se le ha encargado la creación de un folleto sobre el buen uso de la Red. En primer lugar, deberán decidir qué tipo de información ofrecerán en relación con las diferentes imágenes proyectadas, y cuál será el orden de aparición en el folleto. Seguidamente, se dividirán en grupos y a cada uno se le asignará solamente una o dos de las ilustraciones del folleto. El objetivo será idear un mensaje que las encabece y un texto informativo breve que lo resuma. Cuando todos los grupos hayan terminado, pondrán en común sus ideas e intentarán proponer mejoras para la versión final del impreso. Para terminar, deberán recopilar imágenes, redactar los textos y unificar todo en un documento dándole la forma que consideren más adecuada.

3.4. Sugiera a los alumnos que, para empezar, comenten con su pareja todos los aspectos positivos que asocian con el estudio del español. Este ejercicio los ayudará a tomar conciencia y a reconsiderar las propias motivaciones para el aprendizaje, así como a conocer otras formas de valorarlo positivamente.

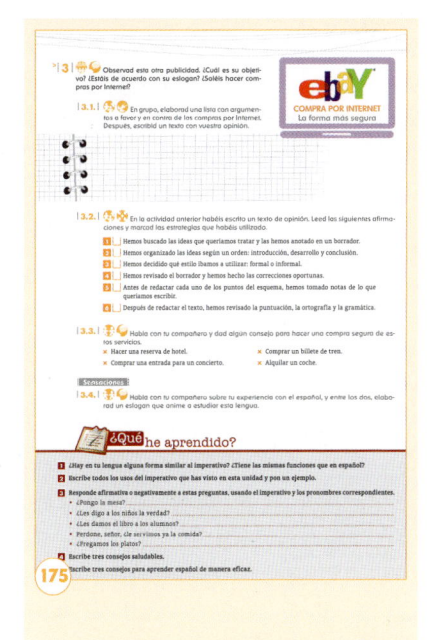

¿QUÉ HE APRENDIDO?

> **2** Usos y posibles ejemplos: conceder permiso, *¿Puedo hacer una pregunta? / Sí, claro, dime, dime*; dar órdenes, *Por favor, recoge la mesa después de comer*; dar consejos, *Si quieres rendir en tu día a día, toma un buen desayuno*; persuadir, *Inscríbete ya y ven a aprender nuestra cultura y nuestra lengua.*

> **3** Posibles respuestas. *Sí, ponla / No, no la pongas todavía; Sí, dísela / No, no se la digas todavía; Sí, dádselo / No, no se lo deis ahora; Sí, servídmela ya / No, no me la sirváis aún; Sí, fregadlos / No, no los freguéis.*

> **4** Posibles respuestas. *Para tu bienestar físico y psicológico, no tomes alcohol; Duerme entre siete y ocho horas diarias; Respeta el horario de las comidas principales.*

> **5** Posibles respuestas. *Crea un plan de estudio y organiza las horas que vas a dedicarle; Busca un lugar donde te sientas cómodo para estudiar; Repasa lo que has estudiado y piensa si lo usas o si sabes usarlo cuando te comunicas en español.*

ELEteca
COMUNICACIÓN. **Pidiendo cosas.**
GRAMÁTICA. **El imperativo.**
LÉXICO. **Las tareas domésticas.**

ELEteca
¿En qué puedo ayudarle?

ELEteca
FONÉTICA Y ORTOGRAFÍA. **Los signos de interrogación y exclamación. Esquema entonativo básico del español.**

19 ¡CAMPEONES!

Los retos y hábitos referentes al deporte y a la actividad física, como ámbito de transformación personal y social, constituyen el núcleo temático de esta unidad. El alumno aprenderá a expresar deseos relacionados con los objetivos a los que se aspira en la vida y en el deporte, a través del estudio de un nuevo tiempo verbal, el presente de subjuntivo. También se presentarán los pronombres como término de preposición y algunas de las perífrasis verbales de infinitivo más utilizadas. Entre los contenidos culturales de esta unidad se encuentran los triunfos de la selección española de fútbol, la incidencia de la alimentación en el estado físico y mental de las personas y la fundación Dame Vida, una organización benéfica que servirá como punto de partida para que el alumno aprenda a pedir y conceder ayuda en español. A nivel funcional, los estudiantes van a estudiar cómo expresar conocimiento y desconocimiento, y preguntar por la habilidad de hacer algo a través de los verbos *saber* y *conocer*. Como trabajo estratégico, van a reflexionar sobre la deducción de formas verbales mediante la comparación y la asociación de palabras en esquemas léxicos para el estudio del vocabulario.

1 ¡VAMOS A POR TODAS! 176

La expresión *¡Vamos a por todas!*, muy utilizada en el ámbito del deporte, se refiere a hacer algo poniendo todos los medios o esfuerzos para conseguir un reto. Con ella se introduce el contenido de esta sección, en la que el alumno va a estudiar cómo expresar deseos y aspiraciones, tomando como referencia el mundo del deporte. Para esta finalidad, aprenderá el léxico relacionado con el deporte, así como un nuevo tiempo verbal, el presente de subjuntivo. En relación con el contenido estratégico, el alumno trabajará con esquemas léxicos asociativos para recordar vocabulario y se retomarán diferentes modalidades textuales ya vistas con anterioridad, como son el texto informativo y la entrevista. Estos ejemplos servirán asimismo para introducir el contenido cultural del epígrafe: la selección española de fútbol. Para terminar, el alumno va a reflexionar sobre sus deseos y expectativas con respecto a su aprendizaje del español.

> **1** Las imágenes ilustran varios de los deportes con más repercusión a nivel internacional e introducen uno de los contenidos culturales de mayor importancia en la unidad.

Como comienzo de la actividad, los estudiantes pueden comentar cuál es su deporte favorito en general, cuál prefieren ver o practicar de los tres que aparecen en las fotografías y qué aspectos consideran atractivos y negativos de cada uno de ellos. A continuación, pídales que completen el esquema léxico con las palabras que aparecen en el cuadro y que comparen sus respuestas con las de sus compañeros. Este ejercicio da inicio a una reflexión de carácter estratégico sobre cómo organizar y recordar el léxico.

Si desea seguir explorando el vocabulario más genérico referente a cada modalidad deportiva, puede animarlos a que expliquen en qué consisten estos deportes y cuáles son sus reglas básicas.

Baloncesto: falta personal, cancha, rebote, canasta; **Fútbol:** portería, campo, penalti, delantero, red; **Tenis:** raqueta, pista, saque, red.

1.1. Partiendo del modelo de la actividad anterior, aquí se pretende que los alumnos creen campos léxicos de varias palabras referidas a un deporte; con ello llevarán a cabo un trabajo asociativo en el que tomarán conciencia de la utilidad de estos esquemas para activar el léxico que ya saben y, posteriormente, para recordar las palabras que contienen.

Si lo considera interesante, anímelos a escoger deportes nacionales de sus países, con la finalidad de que exista, además, un intercambio de información cultural.

Una vez trabajados los mapas asociativos, divida la clase en parejas y pídales que, sin mirar los apuntes y a manera de competición, intenten recordar el mayor número de palabras de aquellos esquemas que han elaborado.

Puede finalizar la actividad preguntando sobre los deportes más seguidos en sus países y, según su percepción personal, en España e Hispanoamérica. Esta dinámica final servirá para introducir la segunda parte del epígrafe, dedicado a la selección española de fútbol.

> **2** Actividad que introduce la comprensión lectora de un texto sobre la selección española de fútbol y sus méritos deportivos. Sugiera, si lo desea, el análisis de la imagen como trabajo previo: pregunte a los alumnos qué momento puede reflejar la imagen y si conocen a alguno de estos futbolistas.

Se la conoce con el nombre de *La Rojita* por ser la réplica de *La Roja* en la categoría inferior, y este nombre es debido al color de su equipación.

2.1. Los alumnos confirmarán las hipótesis realizadas en el ejercicio anterior con la lectura de este texto informativo sobre la selección española de fútbol. Los estudiantes pueden comentar si existe algún deportista o equipo de alguna modalidad deportiva en sus países que sea admirado por su calidad deportiva y humana.

2.2. La entrevista a Thiago Alcántara, jugador de *La Rojita*, constituirá el marco para la introducción de un nuevo tiempo verbal para los alumnos, el presente de subjuntivo, en su función de expresar deseos en el futuro.

Una alternativa a la sugerida en el enunciado es que lean el texto como paso previo a la audición y que, a continuación, traten de imaginar las palabras o las ideas que faltan por el contexto. Seguidamente, ponga la audición por primera vez. A continuación, pídales que comparen las respuestas con las de los compañeros.

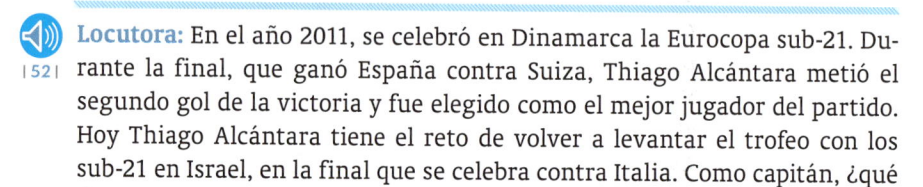

|52| **Locutora:** En el año 2011, se celebró en Dinamarca la Eurocopa sub-21. Durante la final, que ganó España contra Suiza, Thiago Alcántara metió el segundo gol de la victoria y fue elegido como el mejor jugador del partido. Hoy Thiago Alcántara tiene el reto de volver a levantar el trofeo con los sub-21 en Israel, en la final que se celebra contra Italia. Como capitán, ¿qué deseas que haga este equipo? ¿Hasta dónde puede llegar?

Thiago: Lógicamente aspiramos a lo máximo, pero es muy difícil. Ojalá podamos conseguir el oro con la sub-21 y traerlo aquí a España. Es nuestro reto y lo intentaremos con todas nuestras fuerzas.

Locutora: El jugador internacional inicia la concentración en la Ciudad del Fútbol con muchas ilusiones, dos años después del último campeonato de Europa, en los que ha crecido como jugador, y se ha convertido en el capitán del equipo de Julen Lopetegui, su entrenador y responsable. Thiago, ¿qué esperas conseguir en el futuro?

Thiago: Yo aspiro a todo. Quiero que tanto mis compañeros como yo participemos en la selección absoluta y consigamos títulos por y para España.

Locutora: Todo el país estará pendiente del debut de Thiago y los suyos el próximo 6 de junio en Jerusalén.

1. deseas que; 2. Ojalá; 3. esperas; 4. aspiro a; 5. Quiero que.

2.3. 2. Expresar aspiraciones y deseos.

Puede continuar la práctica con el ejercicio 1 de la unidad 19 del *Libro de ejercicios*.

2.4. A través de la entrevista de 2.2. se presentaban las diferentes estructuras utilizadas para expresar deseos en español, usando el presente de subjuntivo para hablar de aspiraciones referidas a personas diferentes del sujeto y el infinitivo para aquellas referidas al propio sujeto.

Antes de la lectura del cuadro gramatical, adviértales que *ojalá* es una partícula de deseo que siempre va seguida de subjuntivo, tanto para referirse al propio sujeto como a otra persona diferente a él, y que se trabajará en profundidad en el nivel B1.

Una vez leído el cuadro gramatical, indíqueles que vuelvan a las frases de 2.2. que contienen estas estructuras y que, en parejas, las clasifiquen mediante la identificación del sujeto. Este trabajo los ayudará a percatarse de que los verbos en negrita aparecen conjugados en un tiempo verbal aún no estudiado.

>3 Tras el estudio del uso del subjuntivo relacionado con la expresión de deseos, se procede aquí al análisis deductivo de la morfología de los verbos regulares e irregulares, trabajo que concluirá en la actividad 3.2. Se pretende que el alumno deduzca, para comenzar, las formas de las personas que faltan a partir del resto de conjugaciones.

1. participemos; 2. participéis; 3. corras; 4. corran; 5. resista; 6. resistas.

1. iguales; 2. iguales.

3.2.

Ficha 52. Presente de indicativo/presente de subjuntivo.

Actividad estratégica en la que los alumnos deducirán las conjugaciones del presente de subjuntivo a partir del presente de indicativo.

Dinámica. Siga las indicaciones de la ficha.

1. 1. quiera; 2. quiera; 3. queráis; 4. conozcas; 5. conozca; 6. conozcáis; 7. conozcan; 8. venga; 9. vengáis; 10. vengan.

2. a. podáis; b. pidáis; c. salgamos; d. tengáis; e. vengas; f. tengan; g. haga; h. piense; i. conozcamos; j. quieras.

3.2. Todo el trabajo inductivo iniciado en la actividad anterior tomará como punto de referencia la similitud del presente de subjuntivo con el presente de indicativo. Indique a los alumnos que recojan, en pequeños grupos, las semejanzas que encuentran entre el presente de indicativo y subjuntivo.

Para fijar el presente de subjuntivo, puede realizar los ejercicios 2, 3 y 4 de la unidad 19 del del *Libro de ejercicios*.

>4 Una vez concluido el estudio de la gramática y del uso del presente de subjuntivo, los alumnos retomarán el tema del epígrafe, y conocerán el léxico y las expresiones referentes a los logros en modalidades deportivas concretas.

Tras la puesta en común, anímelos a comparar estas estructuras con las utilizadas en sus lenguas nativas y haga que comenten si ellos mismos han tenido algunas de las experiencias relacionadas con el triunfo deportivo que reflejan.

1. a; 2. e; 3. d; 4. c; 5. b.

4.1. Comience el ejercicio indicando a los alumnos que identifiquen las modalidades que aparecen en las imágenes y que expliquen en qué consisten esos deportes en cuestión. Los deportes a los que se hace referencia son la natación, el atletismo, el ciclismo, el kárate y el baloncesto.

Mateo. Llegar el primero/a a la meta, Subir al podio, Batir un récord, Ganar la medalla de oro, Clasificarse para la final; Fernando. Llegar el primero/a a la meta, Subir al podio, Batir un récord, Ganar la medalla de oro; Ana María. Subir al podio, Ganar la medalla de oro, Clasificarse para la final; Luisa.

nuevo PRISMA fusión • Libro del Profesor • Unidad **19** | **161** |

Subir al podio, Ganar la medalla de oro, Clasificarse para la final. En la solución hemos tenido en cuenta que estos deportes pueden ser olímpicos.

Si lo desea, pregúnteles qué deseos formularían los deportistas de las imágenes.

Posibles respuestas. Mateo. Quiero llegar el primero a la meta; Fernando. Deseo ganar la medalla de oro; Ana María. Deseo clasificarme para la final; Luisa. Aspiro a subir al podio.

4.2. En este ejercicio de expresión escrita por parejas los alumnos pondrán en práctica el vocabulario y la gramática aprendidos en esta sección, tomando como punto de partida un foro de Internet en el que la comunicación se caracteriza por su espontaneidad.

Una vez redactados los mensajes, haga una corrección en clase abierta, donde los estudiantes expongan las palabras y expresiones para dar ánimo en sus lenguas e intenten encontrar su equivalente en español. Algunos ejemplos pueden ser: ¡Vamos!, ¡Arriba!, ¡Ánimo!, ¡Estamos contigo!, ¡Adelante!, ¡A por todas!, ¡Tú puedes!, ¡Eres el mejor!, etc.

Si considera conveniente seguir reforzando los contenidos vistos hasta este punto, pida a los estudiantes que piensen en el nombre de un deportista famoso. A continuación, indíqueles que, uno por uno, imiten al personaje en cuestión y expliquen en qué consiste su trabajo y cuáles son sus objetivos deportivos. Los compañeros averiguarán de quién se trata, formularán deseos para su futuro y le darán ánimos con las expresiones que acaban de aprender.

Posibles respuestas. Mateo. ¡Vamos, Mateo! Quiero que llegues el primero a la meta. ¡Confiamos en ti!; Fernando. Fernando, eres el mejor. ¡Todos deseamos que subas al podio!; Ana. ¡Te deseamos que tengas toda la fuerza para ganar el combate! ¡Adelante!; Luisa. Luisa, quiero que ganéis el partido y el campeonato porque sois grandes deportistas, así que muchos ánimos y ¡a por todas!

>5 Si las tareas anteriores tenían como finalidad la expresión de deseos dentro del ámbito deportivo, en esta actividad los alumnos van a aplicar los contenidos aprendidos al ámbito del aprendizaje del español, a modo de conclusión del epígrafe.

Una alternativa es que, imitando la dinámica de las actividades 4.1. y 4.2., escriban sus aspiraciones en relación con el español y que, a continuación, sus compañeros les den ánimos y expresen deseos. Para ello, indíqueles que escriban en una hoja el objetivo último en su aprendizaje del español y que se la pasen al compañero de la derecha. Este redactará unas palabras de ánimo y se lo pasará a otro compañero, quien procederá de la misma manera. Una vez que todos los alumnos hayan escrito palabras de ánimo, se entregará la hoja al autor inicial.

Para cerrar el epígrafe, invítelos a que expresen sus deseos sobre diferentes temas como el trabajo, el amor, el dinero, etc. Pídales que los escriban en un papel, recójalos y, a continuación, dígales que los lean uno a uno. Entre toda la clase se localizará al autor del texto.

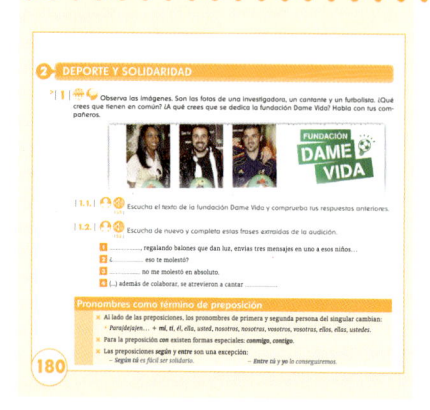

2 DEPORTE Y SOLIDARIDAD — 180

En este epígrafe el alumno va a aprender a pedir, ofrecer y conceder ayuda, además de estudiar el vocabulario relacionado con las ONG que se dedican a fines solidarios. Conocerán la fundación benéfica Dame Vida y la organización Deportistas Solidarios, asociaciones que desempeñan una labor social tomando el deporte como medio de intervención. El trabajo sobre dichos contenidos culturales se llevará a la práctica de manera conjunta en la tarea final, en la que los alumnos participarán en una ONG relacionada con el deporte a través de la propuesta en grupo cooperativo de un reto de carácter solidario. A nivel gramatical, se estudiarán los pronombres como término de preposición.

> **1** Con esta actividad, los alumnos comenzarán a familiarizarse con el tema de las ONG y la labor social que llevan a cabo, tomando como punto de partida las imágenes de varias personas que pertenecen a la fundación solidaria Dame Vida.

Tal y cómo sugiere el enunciado, pregunte a los estudiantes si conocen a estas personas y qué piensan que tienen en común. Será con la actividad siguiente cuando comprueben sus hipótesis.

ELEteca
38. Fundación *Dame Vida*.

1.1. Mediante la comprensión auditiva los alumnos darán respuesta a los interrogantes abiertos en el ejercicio anterior.

Diga a sus alumnos que van a escuchar una entrevista a Huecco, impulsor del proyecto *Dame Vida-Soccket*. Proceda a una primera escucha e indíqueles que tomen nota de las ideas más importantes. A continuación, pídales que comparen las respuestas con las de sus compañeros. Una vez corroboradas o rectificadas las hipótesis, proceda a la segunda escucha.

Locutor: Tenemos con nosotros al cantante extremeño Huecco, que ha comenzado un nuevo proyecto solidario para su fundación Dame Vida. La fundación Dame Vida es una fundación benéfica y, entre otros proyectos, quiere llevar a las zonas más pobres los balones *Dame Vida-soccket* que generan luz limpia al rodar por el suelo. Necesito, Huecco, que nos expliques para qué sirve un balón con luz.

Huecco: Los balones *Dame Vida-soccket* producen energía limpia, de fácil transporte y, lo más importante, de una manera divertida: jugando al fútbol. Jessica Matthews y Julia Silverman, de la universidad de Harvard, crearon este ingenioso balón: el *soccket*. Jugando tan solo 15 minutos con él, es capaz de acumular energía dentro para enchufarle una lámpara y producir horas de luz. Hay que saber que un 25% de los niños del mundo aún no tienen acceso a algo tan necesario como la luz. Para mí, regalando balones que dan luz, envías tres mensajes en uno a esos niños: que jueguen al fútbol, que obtengan luz para sus casas, y que, además, eso sea una fuente de energía limpia y no contaminante.

Locutor: Me gustaría saber cuál es el objetivo principal del proyecto.

Huecco: Queremos que haya mil familias con luz en casa. Para concienciar a la gente y recibir aportaciones, he preparado un videoclip con una canción en la que han colaborado algunos deportistas. Hemos recibido ya donaciones particulares y también propuestas para colaborar con diferentes empresas, no es un proyecto cerrado...

Locutor: Hubo algunos deportistas que no pudieron participar en el vídeo. ¿A ti eso te molestó?

Huecco: A mí no me molestó en absoluto. El 99 por ciento de los deportistas a los que pedimos su colaboración han dicho que sí desde el comienzo. Solo la alemana Brigit Prinze no ha podido aparecer en el vídeo por problemas de agenda, y pocos más. Quiero dar las gracias especialmente a Müller, Lahm, David Villa, Reina, Sergio Ramos, Kun Agüero y Pau Gasol pues, además de colaborar, se atrevieron a cantar conmigo.

Todos han colaborado en un proyecto solidario para la fundación Dame Vida. Esta fundación es una fundación benéfica que quiere llevar a las zonas más pobres los balones *Dame Vida-soccket* que generan luz al rodar.

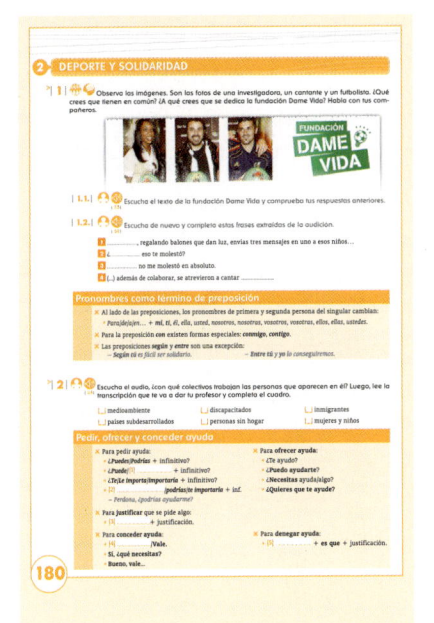

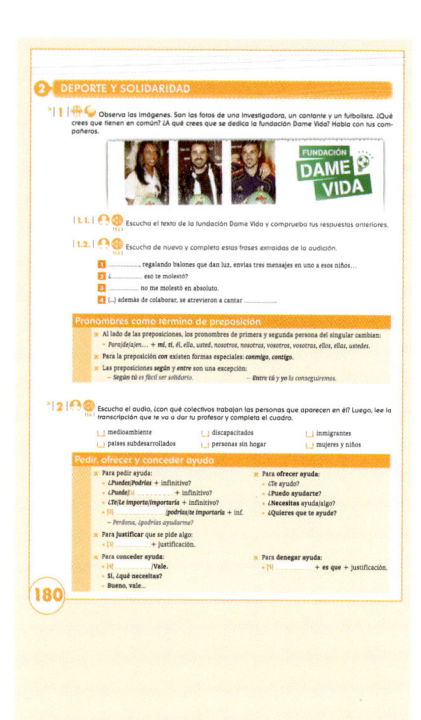

1.2. Esta segunda escucha introduce el uso de los pronombres como término de preposición, un elemento gramatical cuyo uso sugiere la implicación de las personas que forman parte del discurso articulado por el sujeto. Por ello son de especial utilidad en los mensajes emitidos habitualmente por organizaciones que solicitan ayuda para fines solidarios y serán herramientas de gran importancia para la consecución de la tarea final.

Una vez completado el ejercicio, dé la consigna de que lean la información del cuadro. A continuación, y si lo considera útil, indíqueles que cambien los pronombres de las frases por otros referentes a otras personas en las frases cuando sea posible y que modifiquen los elementos necesarios para que la oración final sea correcta.

1. Para mí; 2. A ti; 3. A mí; 4. conmigo.

> **2** Los alumnos van a escuchar tres diálogos diferentes, pertenecientes a tres entrevistas de captadores de socios que solicitan ayuda para varias organizaciones solidarias en un espacio público. Se pretende que, por una parte, el alumno se familiarice con algunos de los colectivos más desfavorecidos que reciben ayuda solidaria y, por otra, que conozca el léxico relacionado con las diferentes causas que aquí se señalan.

Tras la primera audición, pida que identifiquen con qué tres colectivos trabajan estas personas. A continuación, lleve a cabo una lluvia de ideas general sobre el contexto de estas conversaciones: dónde pueden encontrarse los individuos que hablan, qué pueden estar solicitando las personas que inician las conversaciones, cómo justifican la demanda de ayuda y cuál es la reacción de los interlocutores. Proceda a la segunda escucha y, una vez corregida la actividad, anime a los alumnos a comentar si alguna vez han hecho un donativo para alguna causa con la que se sientan sensibilizados o si se les ha solicitado colaboración en una situación similar a la de la audición. Aproveche la propia experiencia de los estudiantes y pregúnteles cuáles son las causas solidarias que aparecen en la audición que piensan que tienen una mayor participación social en sus países.

Diálogo 1

● Perdone, señor, somos de la ONG Deportistas Solidarios y quería informarle de nuestros proyectos.

○ Bueno, si es rápido…

● Somos una ONG dedicada a llevar el deporte a los países pobres, a las escuelas, para conseguir que los niños no abandonen el colegio de manera prematura. ¿Podría ayudarnos con algún donativo? Es que necesitamos recaudar fondos para así continuar con nuestros proyectos. Ahora estamos llevando a cabo una campaña de sensibilización en Madrid para dar a conocer nuestro trabajo.

○ Sí, claro. Me parece una idea genial. Es una labor estupenda.

Diálogo 2

● ¡Señora! Un momentito. ¿Le importaría ayudar a nuestra ONG con un donativo? Estamos trabajan…

○ Lo siento, no puedo, tengo mucha prisa.

Diálogo 3

● ¡Hola, buenos días! Estamos buscando voluntarios para colaborar en nuestra ONG. No sé si puedes ayudarnos.

○ Bueno, no sé…

● Mira, somos una organización sin ánimo de lucro que realiza labores sociales en África y en países de Hispanoamérica. Luchamos por la integración de la mujer y los niños en la sociedad llevando a cabo actividades deportivas. Trabajamos por la protección de los derechos del menor y la igualdad social. ¿Quieres colaborar con nosotros?

⊃ Lo siento, es que ya pertenezco a una organización que se dedica a la protección del medioambiente y pago una cantidad mensual. No puedo colaborar en más cosas.

Diálogo 1: países subdesarrollados; Diálogo 3: mujeres y niños (entrevistadora) / medioambiente (persona entrevistada).

Ficha 53. Pedir, ofrecer y conceder ayuda.

A través de la transcripción del audio y del trabajo en grupo del ejercicio anterior, el alumno va a completar la información gramatical del cuadro, en el que estudiará cómo pedir, ofrecer y conceder ayuda.

Dinámica. Si lo ve oportuno, proponga la actividad 2 para realizar en parejas o en pequeños grupos. Recuérdeles que la forma verbal del condicional es propia de un ambiente formal, pero también de contextos informales en los que se desea suavizar la petición, mientras que el uso del presente implica un mensaje más directo y, por tanto, adecuado en un entorno íntimo y con personas con las que se mantiene una relación de proximidad. A continuación, haga una puesta en común para la corrección final.

1. Podría; 2. No sé si puedes; 3. Es que; 4. Sí, claro; 5. Lo siento, no puedo.

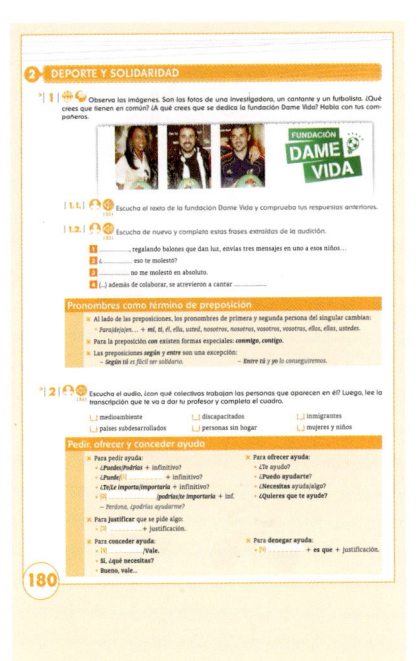

2.1. Actividad de interacción oral en parejas, que tiene como objetivo que los alumnos pongan en práctica las formas para pedir, ofrecer y conceder ayuda en diferentes situaciones. Dígales que presten atención al contexto formal o informal de la conversación, el cual conllevará el uso de la forma *tú* o *usted* y del condicional o el presente. Invítelos a reaccionar ante la solicitud de ayuda, según el grado de implicación a la hora de ofrecerla, para lo cual utilizarán el sí más enfático (*Sí, claro*), o en el sí más dubitativo (*Bueno, vale…*).

>3 Con esta tarea cooperativa se ponen en práctica todos los contenidos vistos hasta ahora en la unidad: el vocabulario relacionado con el deporte y las ONG, la expresión de deseos y las formas de pedir, ofrecer y conceder ayuda. La actividad toma como fuente de información la página web de una organización benéfica, Deportistas Solidarios en Red, en la que los usuarios proponen retos deportivos destinados a recaudar dinero para una causa solidaria concreta. Los tres primeros puntos del ejercicio tienen como objetivo que los alumnos se familiaricen con el funcionamiento de esta iniciativa y con el tipo de retos que allí se plantean. Se propone la ficha 54 como alternativa a la búsqueda de información sobre la organización en Internet. Cuando los aprendientes conozcan en qué consiste el trabajo de esta organización, elaborarán el reto solidario que decidan a nivel grupal. Una vez terminado el trabajo por grupos y tras la exposición de cada propuesta, anímelos a formular preguntas sobre el desarrollo y viabilidad del proyecto.

Ficha 54. Deportistas Solidarios en Red.

ELEteca
39. Deportistas Solidarios en Red.

>4 A modo de conclusión, los alumnos pueden expresar sus opiniones acerca de estas organizaciones: si conocen alguna de relevancia nacional o internacional y si han realizado algún voluntariado de carácter solidario o piensan hacerlo en el futuro.

Para terminar, se puede abrir una reflexión sobre la figura del deportista, en la que comenten si su grandeza ha de medirse únicamente por los logros deportivos o si también deben ser juzgados por su carácter solidario y su compromiso con aquellos que más lo necesitan. También, si consideran que el deporte puede tener un papel transformador a nivel social y personal.

nuevo **PRISMA** fusión • Libro del Profesor • Unidad **19**

3 MENS SANA IN CORPORE SANO 181

La expresión *Mens sana in corpore sano* (*Mente sana en un cuerpo sano*, en su traducción al castellano) hace referencia a la importancia del ejercicio y de la alimentación para el bienestar físico y emocional. Esta cuestión constituirá la idea central de esta sección: la incidencia de la alimentación y del ejercicio sobre el estado físico y mental de las personas. El alumno va a estudiar vocabulario relacionado con los alimentos y sus nutrientes, además de conocer los beneficios del ejercicio físico. A nivel funcional, aprenderá a expresar conocimiento y desconocimiento, además de preguntar por la habilidad de hacer algo. En referencia al contenido gramatical, va a trabajar algunas de las perífrasis de infinitivo más utilizadas en español. En lo que respecta al aspecto cultural, los estudiantes conocerán a la nadadora de natación sincronizada Marga Crespí, su trayectoria profesional y sus rutinas de trabajo.

> **1** Las imágenes que dan inicio al epígrafe simbolizan la relación que existe entre una buena alimentación y el ejercicio físico para alcanzar la armonía entre la mente y el cuerpo. Estas ideas servirán asimismo para introducir la lectura de la actividad 1.1., en la que se explican los beneficios de practicar deporte y de llevar una dieta sana. Una vez analizado el posible significado de las imágenes, dé la consigna a los alumnos de que, en parejas, piensen en la imagen que propondrían ellos como metáfora de la expresión que da título al epígrafe.

Posible título. Deporte + buena alimentación = salud.

1.1. Siguiendo con la reflexión comenzada en la actividad anterior, pida a los alumnos que reflexionen sobre los beneficios de llevar un estilo de vida saludable en referencia tanto al deporte como a la alimentación.

Para la lectura del texto, indíqueles que extraigan las ideas generales y que traten de deducir por el contexto el significado de las palabras desconocidas. Una vez completado el ejercicio, haga que comparen sus respuestas con las de sus compañeros.

Posibles respuestas. 1. Hacer deporte nos ayuda a mantenernos en forma y es beneficioso para nuestra salud; 2. Si al hábito deportivo sumamos una alimentación sana y equilibrada, los resultados a nivel físico serán más beneficiosos; 3. Hacer deporte y seguir una dieta saludable beneficia nuestro estado psicológico; 4. Cuando realizamos una actividad física extra, debemos aumentar el consumo de alimentos ricos en hidratos de carbono; 5. Además de estos alimentos con hidratos de carbono, es importante mantener una hidratación adecuada para evitar mareos y otras consecuencias negativas.

1.2. Esta actividad de práctica oral en parejas introduce los verbos *saber* y *conocer*, contenido que, a través de diversas funciones lingüísticas, va a estudiarse en actividades subsiguientes. Este ejercicio se centra en la expresión de conocimiento o desconocimiento de algo, a través del uso de estos verbos.

Una vez trabajado el texto y tras leer el cuadro de información gramatical, puede indicarles que anoten individualmente aspectos que saben acerca de los beneficios o daños que producen en las personas elementos relacionados con la alimentación y el deporte. Proponga que compartan estos conocimientos con sus compañeros, siguiendo el modelo que ofrecemos. Finalmente, pida a los alumnos que expongan sus reflexiones al resto de la clase.

1.3. y **1.4.** Los estudiantes van a estudiar ahora, de manera individual, el uso del verbo *conocer*, referido al hecho de haber tenido una experiencia directa con una persona o cosa, y el verbo *saber*, relacionado con expresar el conocimiento de una información o las habilidades que posee una persona o cosa.

Si lo cree útil, puede escribir en la pizarra los dos verbos y preguntar a los estudiantes ejemplos del uso de ambos para que, seguidamente, deduzcan la función que tienen en cada uno de ellos. A continuación, leerán el cuadro de información. En este punto, coménteles que deben usar el verbo *saber* cuando precede a una forma verbal en infinitivo.

1. sabe; 2. Conoces; 3. sabe; 4. sabe; 5. conozco; 6. conoces; 7. sabe; 8. conoce; 9. Sabes; 10. sabe / conoce.

Como actividad extra, realice la actividad de la ficha 55.

Ficha 55. ¿Lo sabes o lo conoces?

Actividad lúdica de interacción oral sobre la distinción en el uso de los verbos *saber* y *conocer*.

Dinámica. Disponga las fichas de dominó encima de una superficie plana, de modo que sean visibles para los alumnos durante toda la actividad. Escoja una de ellas y póngala en un lugar aparte de la mesa. A continuación, indique a un estudiante que elija otra y que la una a la anterior por uno de los extremos. El alumno construirá una frase utilizando los dos extremos de la tarjeta que ha unido, referentes a un dibujo, que el alumno interpretará libremente, y a una forma verbal, correspondiente a los verbos *saber* y *conocer*. Siga el mismo procedimiento hasta completar el dominó. Fíjese en que también aparece una ficha comodín, con la que el alumno puede imaginar la forma de *saber* o *conocer*, o el dibujo que le sea conveniente para formar la frase.

A continuación, puede consolidar el uso de los verbos *conocer* y *saber* con el ejercicio 9 de la unidad 19 del *Libro de ejercicios*.

>2 Con esta actividad de vocabulario, los alumnos centrarán su atención en el tema de la alimentación y de los nutrientes que tiene cada alimento.

Como paso previo, pregúnteles cuáles son los alimentos que las personas necesitamos consumir para que nuestro cuerpo funcione adecuadamente, cuáles no son necesarios y aquellos que son necesarios siguiendo un consumo moderado.

1. E; 2. B; 3. C; 4. A; 5. D; 6. F.

Una opción alternativa es que pregunten al compañero cuáles son sus hábitos alimentarios y que anoten la frecuencia con la que consumen los alimentos que aparecen en la columna de la derecha del ejercicio. Seguidamente, cada alumno expondrá en clase abierta la información del compañero entrevistado, y el resto reprenderá los aspectos mejorables de su alimentación siguiendo el ejemplo de la actividad 1.2.

2.1. El ejercicio que cierra esta primera parte del epígrafe pretende que los alumnos pongan en común los alimentos que constituyen parte de la dieta básica de sus países.

Si el alumnado está constituido por aprendientes que viven en un país de habla hispana, anímelos a hablar de las diferencias que existen entre la alimentación de sus países y las del país donde residen y los aspectos positivos y negativos de ambas tradiciones gastronómicas en relación con una alimentación saludable.

Como actividad opcional, realice las actividades de la proyección 47.

Proyección 47. Queremos que las cosas cambien.

Actividad de expresión escrita e interacción oral, que tiene como finalidad que el alumno exprese deseos y haga peticiones mediante los conocimientos gramaticales y léxicos aprendidos en la unidad.

Dinámica. Siga las indicaciones de las actividades que aparecen en la proyección.

Deseos referidos al propio sujeto: Queremos finalizar los estudios universitarios; Y nosotros queremos vivirla a tope. **Deseos referidos a otra u otras personas diferentes del sujeto:** En *Vidactiva* aspiramos a que la universidad sea una gran oportunidad para formarse, y no solo en aspectos académicos; Queremos […] que nuestros conocimientos sean tan importantes como nuestras habilidades profesionales y nuestros valores personales; Desde nuestra asociación deseamos que esta actitud individual se extienda al resto de la comunidad universitaria y a toda la población en general.

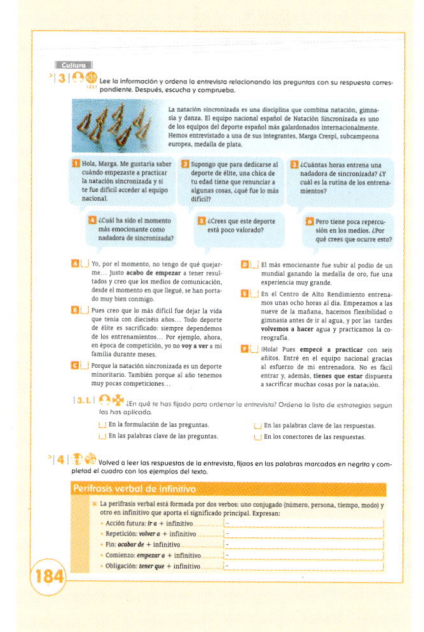

> **3** y **3.1.** Este ejercicio de comprensión lectora supone el inicio de la segunda parte del epígrafe. Por una parte, servirá para introducir las perífrasis verbales de infinitivo más utilizadas y, por otro lado, será el punto de arranque de una reflexión sobre las palabras claves y el uso de conectores como estrategias para ordenar una entrevista y optimizar la comprensión. Todo este trabajo se llevará a cabo a través de una entrevista a Marga Crespí, nadadora del equipo nacional de natación sincronizada, en la que comenta diversos aspectos de su carrera deportiva, sus hábitos de entrenamiento y los problemas y retos de una deportista de élite de su especialidad.

Como sugiere el enunciado, los alumnos ordenarán los párrafos del texto utilizando diferentes estrategias, sobre las cuales reflexionarán una vez resuelto el ejercicio. Coménteles que las preguntas del locutor están ordenadas.

Locutor: La natación sincronizada es una disciplina que combina natación, gimnasia y danza. El Equipo Nacional español de Natación Sincronizada es uno de los equipos del deporte español más galardonados internacionalmente. Hemos entrevistado a una de sus integrantes, Marga Crespí, subcampeona europea, medalla de plata.

Hola, Marga. Me gustaría saber cuándo empezaste a practicar la natación sincronizada y si te fue difícil acceder al equipo nacional.

Marga: ¡Hola! Pues empecé a practicar con seis añitos. Entré en el equipo nacional gracias al esfuerzo de mi entrenadora. No es fácil entrar, y además, tienes que estar dispuesta a sacrificar muchas cosas por la natación.

Locutor: Supongo que para dedicarse al deporte de élite, una chica de tu edad tiene que renunciar a algunas cosas, ¿qué fue lo más difícil?

Marga: Pues creo que lo más difícil fue dejar la vida que tenía con dieciséis años… Todo deporte de élite es sacrificado: siempre dependemos de los entrenamientos… Por ejemplo, ahora, en época de competición, yo no voy a ver a mi familia durante meses.

Locutor: ¿Cuántas horas entrena una nadadora de sincronizada? ¿Y cuál es la rutina de los entrenamientos?

Marga: En el Centro de Alto Rendimiento entrenamos unas ocho horas al día. Empezamos a las nueve de la mañana, hacemos flexibilidad o gimnasia antes de ir al agua, y por las tardes volvemos a hacer agua y practicamos la coreografía.

Locutor: ¿Cuál ha sido el momento más emocionante como nadadora de sincronizada?

Marga: El más emocionante fue subir al podio de un mundial ganando la medalla de oro, fue una experiencia muy grande.

Locutor: ¿Crees que este deporte está poco valorado?

Marga: Yo, por el momento, no tengo de qué quejarme… Justo acabo de empezar a tener resultados y creo que los medios de comunicación, desde el momento en que llegué, se han portado muy bien conmigo.

Locutor: Pero tiene poca repercusión en los medios. ¿Por qué crees que ocurre esto?

Marga: Porque la natación sincronizada es un deporte minoritario. También porque al año tenemos muy pocas competiciones…

(Adaptado de http://comunidad.diariodemallorca.es/entrevista-chat/1659/Deportes/Entrevista-a-Marga-Crespi/entrevista.html)

1. F; 2. B; 3. E; 4. D; 5. A; 6. C.

ELEteca
40. Marga Crespí.

> **4** Los alumnos reflexionarán en esta actividad sobre las perífrasis verbales con infinitivo a través del cuadro de información gramatical. Será en el nivel B1 cuando profundicen en otros tipos de perífrasis verbales.

Yo no voy a ver a mi familia durante meses; por las tardes volvemos a hacer agua; Justo acabo de empezar a tener resultados; pues empecé a practicar con seis añitos; tienes que estar dispuesta a sacrificar muchas cosas por la natación.

Finalmente, pídales que, por parejas, intenten sustituir las expresiones en negrita de la actividad 3 por otras diferentes, cambiando los elementos necesarios para que las frases conserven el significado inicial.

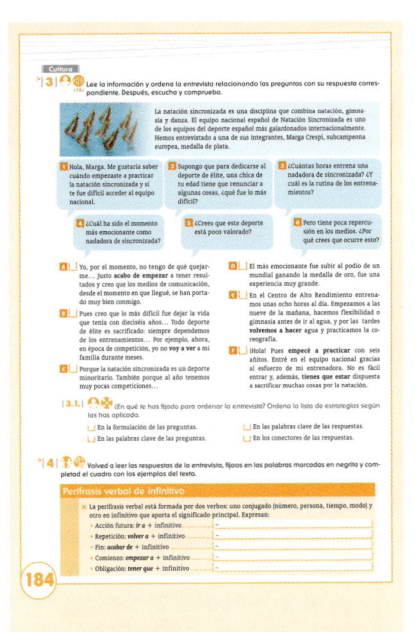

4.1. y **4.2.** Es conveniente que en esta actividad oriente a los alumnos con las preguntas que ha de realizar. Para ello, ofrézcales un ámbito sobre el que hablar o haga que elijan uno de su interés como, por ejemplo, el aprendizaje del español y su relación con los países de habla hispana.

Si lo considera conveniente, continúe la práctica de las perífrasis verbales con los ejercicios 5 a 7 de la unidad 19 del *Libro de ejercicios*.

> **5** A modo de conclusión, y si lo desea, puede pedir a los alumnos que cuenten qué han aprendido sobre las virtudes de la buena alimentación y del ejercicio físico que no supieran antes.

¿QUÉ HE APRENDIDO? 185

> **1** 1. pases; 2. ganes; 3. ser; 4. vaya; 5. poder; 6. clasificarnos.

> **2** 1. he vuelto a ir; 2. he acabado de terminar; 3. empiezo a trabajar; 4. tengo que aprovechar.

> **3** Posibles respuestas. 1. ¿Te importaría abrir la ventana? / ¿Quieres que abra la ventana?; 2. ¿Puedo ayudarte a moverla? / ¿Quieres que te ayude?; 3. ¿Quieres que te preste uno? / ¿Puedes prestarme uno?; 4. ¿Necesitas ayuda? / ¿Quieres que te ayude?

ELEteca
Comunicación. Expresar deseos.
Gramática. Volver a empezar.
Léxico. Los deportes.

ELEteca
¡Cuídate mucho!

ELEteca
Fonética y ortografía. La sílaba y la acentuación.

Repaso 2 / PRIMERA PLANA

Al igual que sucedió con la unidad *Repaso 1: Personalidades*, y para finalizar el curso, ofrecemos otra unidad de repaso con los contenidos fundamentales presentados a lo largo del libro. Es una revisión y, por tanto, no trata de evaluar al alumno. La unidad presenta una secuencia de actividades nuevas con las que los estudiantes podrán fijar los contenidos más importantes de A2 mientras que usted tendrá la oportunidad de comprobar el estado del grupo con respecto al nivel alcanzado.

También dispone en la ELEteca de un modelo de examen que reproduce la dinámica del examen DELE A2 del Instituto Cervantes y que le puede servir para realizar una evaluación objetiva del nivel alcanzado por sus estudiantes, así como servir de entrenamiento para aquellos alumnos que deseen presentarse a esta prueba.

1 ¿ESTÁS AL DÍA? 186

Con la tarea final de esta primera sección, se pretende que los alumnos redacten una noticia breve de temática libre, utilizando la estructura de esta tipología textual. Como trabajo previo, conocerán las secciones en las que se organiza un periódico digital, el vocabulario específico sobre el mundo de la prensa y algunos de los canales de radio y periódicos más importantes de España e Hispanoamérica. Con el fin de relatar los sucesos reales o ficticios que se narran en las noticias, se repasa el contraste entre el pretérito indefinido y el pretérito imperfecto. Los modelos de noticia que estudiarán los alumnos nos servirán para introducir algunas de las fiestas más famosas del mundo hispano, como son la tomatina y los sanfermines, en España, y los Diablos danzantes, en Venezuela. La última parte del epígrafe se centra en reflexionar sobre los errores que se cometen cuando se trabaja en grupo, como continuación del trabajo estratégico en el proceso de enseñanza-aprendizaje.

> **1** El enunciado de esta actividad se abre con una serie de preguntas relacionadas con el contenido cultural de la unidad: la prensa en España e Hispanoamérica.

En primer lugar, aclare, si lo cree oportuno, la expresión *estar al día*, una locución que se refiere a estar informado de lo que ocurre en la actualidad. Para comprobar si sus alumnos están al día, invítelos a compartir con la clase noticias actuales que han podido ver o leer en los medios de comunicación.

Las imágenes de varios de los periódicos más importantes del mundo hispanohablante tienen como objetivo atraer la atención del alumno. Si no conocen las publicaciones, aproveche las fotografías para captar su interés sobre el tema. Pregúnteles si son lectores de algún periódico o revista en sus países, qué tipo de publicaciones son sus favoritas y qué valoran en ellas (diseño, redacción del texto, titulares llamativos, calidad en la fotografía, etc.). También puede indicarles que comenten si han leído alguna vez algún artículo en español y cuáles son las dificultades que han encontrado en la comprensión de la lectura.

Son hispanoamericanos los periódicos *La Crónica de hoy* (México), *El Universal* (Venezuela), *La República* (Perú) y *Clarín* (Argentina). Los diarios *El País* y *El Mundo* son publicaciones españolas.

ELEteca
41. Algunos periódicos españoles e hispanoamericanos.

1.1. Este ejercicio supone el comienzo de una secuencia de actividades que culminará en la redacción de una noticia sobre fiestas tradicionales.

Para comenzar, se presentan varios modelos de titulares de la prensa en español y, a continuación, tres artículos de publicaciones digitales sobre celebraciones tradicionales en España y Venezuela. Coménteles que también los periódicos impresos tienen su versión digital.

Una alternativa a la propuesta en el enunciado es que los alumnos hagan conjeturas sobre las imágenes de las fiestas como paso previo a la lectura de los textos. De seguir esta opción, diga a los alumnos que reflexionen sobre lo que puede estar haciendo la gente y el estado de ánimo que reflejan, los elementos que aparecen en cada una de las fiestas, qué carácter puede tener cada celebración (religioso o cultural) y cuál puede ser su significado. Finalmente, pida que consensúen cuáles son los titulares que les corresponden a las imágenes.

1. El lanzamiento del tradicional chupinazo da inicio a los sanfermines puntualmente; 2. Buñol vivió una de sus 'Tomatinas' más multitudinarias; 3. Diablos de Yare danzarán este viernes en la celebración del Corpus Christi.

Tras la corrección, los alumnos deben completar un cuadro con la información clave de los textos. Dígales que, al tratarse de textos reales adaptados, encontrarán palabras que no entiendan, pero que aquello no les obstaculizará la realización de la tarea. El objetivo de esta segunda parte es detectar la información (nombre de la fiesta, lugar de celebración, fecha y su duración) a raíz de la cual se construye una noticia. Estos textos servirán de modelo para que los alumnos redacten una noticia en la actividad 2.1.

Si lo cree oportuno, puede dividir la clase en grupos de tres y asignar un texto a cada uno de los alumnos. Indíqueles que lo lean con atención y que completen la parte del cuadro referida a la noticia que han leído. A continuación, pídales que cuenten a sus compañeros la información que han aprendido para que estos completen el resto del cuadro. Con esta alternativa los alumnos ponen en práctica la capacidad de seleccionar la información que es importante y partiendo de ella, producir un relato oral.

	Noticia 1	Noticia 2	Noticia 3
Fiesta	Los sanfermines*	La tomatina	Los Diablos danzantes de Yare
Lugar de celebración	Pamplona	Buñol (Valencia)	Yare, estado de Miranda (Venezuela)
Fecha	6 de julio	Último miércoles de agosto	3 de junio
Duración	9 días	Un día	Un día

* En la fiesta de los sanfermines el chupinazo se realiza el día 6 de julio al mediodía, dando comienzo las fiestas. Al día siguiente, el día 7, comienzan los encierros, que son los más famosos de estas fiestas. Los sanfermines terminan a las 24h del día 14 de julio con el *Pobre de mí*, una canción de despedida.

1.2. El trabajo estratégico que aquí se plantea pretende que el alumno reflexione sobre el uso de recursos que le facilitan la comprensión de un texto. Es probable que el alumno haya podido encontrar algunas dificultades en la comprensión de datos específicos en el texto. Precisamente, este ejercicio posibilitará que tome consciencia de que la finalidad de la tarea anterior era completar el cuadro, localizar datos específicos y comprender el texto en su globalidad. Termine con una puesta en común en la que los estudiantes propongan otras estrategias que le son útiles para una compresión lectora eficaz.

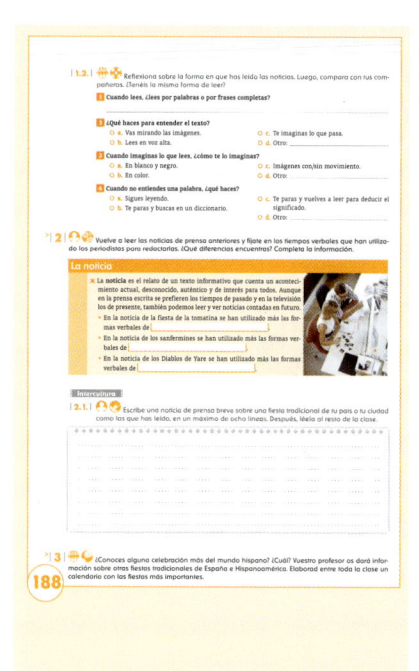

> **2** Cuadro de información sobre la noticia y la diversidad de tiempos verbales utilizados para su redacción.

pretérito indefinido / pretérito perfecto / futuro.

2.1. En esta actividad los alumnos van a redactar una noticia. Para ello, y una vez elegida la festividad sobre la que escribirán, sugiérales que vuelvan al cuadro de la actividad 1.1. y que preparen un esquema de la información básica que contendrá el texto que redacten. También puede pedirles que elaboren un mapa conceptual en el que, a partir de los aspectos señalados en el cuadro, piensen en otros elementos de estas celebraciones que crean conveniente señalar. Siempre que lo considere necesario, indíqueles que escriban el titular cuando la noticia ya esté redactada y no de manera previa. Dígales que revisen los titulares de 1.1. y que tomen como referencia el momento presente para elegir el tiempo del relato. Concluya la actividad con una reflexión intercultural sobre las fiestas de los países de los alumnos: de qué tipo suelen ser, qué características tienen en general en cada país, cuáles son las más importantes y en qué consisten y si guardan alguna similitud con las celebradas en el mundo hispano. Este último aspecto servirá para introducir la actividad 3.

> **3**

Ficha 56. Fiestas de España e Hispanoamérica.

Actividad cultural para conocer otras fiestas importantes del mundo hispano.

Dinámica. Divida ahora la clase en varios grupos. Reparta las ocho fiestas entre los integrantes de cada uno (una o dos fiestas a cada estudiante) y pida que completen la tabla final. Si en la alternativa para la actividad 1.1. los estudiantes contaron la información a sus compañeros, ahora solo les deben formular preguntas para completar la tabla. Finalmente, comprueban sus respuestas con sus compañeros y elaboran un calendario anual con todas estas fiestas.

Una propuesta diferente a la descrita en el enunciado de la actividad es crear un calendario de fiestas de la clase, donde aparezca la fiesta más importante que se festeja en cada país de origen de los alumnos de la clase.

> **4** En esta actividad comienza la segunda parte del epígrafe, centrada en los medios de comunicación y las secciones de un periódico, la cual finalizará con la redacción de una noticia en trabajo cooperativo en la actividad 5.

Si lo considera oportuno, indique a los alumnos que la pregunta del enunciado también se extiende a medios de comunicación en otras lenguas. Haga una puesta en común, en la que justifiquen la elección de los diferentes medios para obtener información de cada uno de los temas. Finalmente, propóngales que escojan el medio más completo para ellos y que argumenten su elección.

4.1. El alumno profundizará en el tema de la prensa y aprenderá vocabulario sobre las secciones y los contenidos de un periódico.

Si lo considera adecuado, divida la clase en grupos de tres para completar la tarea. Concluya el trabajo con las reflexiones personales de los alumnos; para ello, pídales que elaboren tres listas: secciones que no miran nunca, secciones que miran siempre y secciones que miran ocasionalmente. Indíqueles que se agrupen según sus preferencias; una división que le ayudará a la hora de formar grupos en la tarea de grupo cooperativo de la actividad 5.

SECCIONES	CONTENIDOS
Portada	Noticias más importantes y sumario (índice).
Internacional	Noticias de todo el mundo.
Nacional	Noticias del propio país.
Local	Noticias regionales o locales.
Sociedad	Sucesos y noticias sobre personajes famosos.
Cultura	Noticias sobre cine, teatro, música, danza…
Cartelera	Información sobre cines, teatros…
Anuncios breves	Anuncios por palabras.
Deportes	Noticias deportivas.
Economía	Noticias del mundo empresarial y comercial.
Bolsa	Información sobre la cotización de las acciones.
Agenda	Informaciones práctica: farmacias, loterías, el tiempo…
Pasatiempos	Sopa de letras, crucigrama, sudoku…
Radio y televisión	Programación de las televisiones y emisoras de radio.

4.2. Los estudiantes detectarán la información contenida en los titulares para deducir a qué sección pertenecen.

1. Nacional; 2. Internacional; 3. Cultura; 4. Deportes; 5. Anuncios breves; 6. Sociedad/Sucesos.

4.3. Hasta este momento los alumnos han estudiado el modelo de la noticia relatada en diferentes tiempos verbales de pasado y futuro. Ahora van a analizar una noticia en pasado, en la cual se retoma el estudio iniciado en la unidad 15 sobre el contraste del pretérito indefinido e imperfecto.

Las frases subrayadas correspondes a las circunstancias. El resto son los acontecimientos.

Ayer, a las doce de la noche, se celebró, en el Hotel Transilvania, la boda del popular y enigmático conde Drácula con una mujer que responde a las iniciales A.B. y que declaró que estaba enamorada del señor de los Cárpatos desde que una noche abrió una ventana y le vio volando a la luz de la luna. Al parecer, esa noche, el conde se vistió con su mejor capa y salió a dar un paseo porque hacía mucho calor en su castillo. De repente, se dio cuenta de que le perseguían unos periodistas, así que "salió volando". A la ceremonia asistieron decenas de personas; principalmente, eran familiares y amigos de la novia, curiosos por saber qué iba a beber el conde en la comida. Las mujeres lucían vestidos espectaculares con cuello alto y bufandas, y los hombres llevaban bien anudada la corbata. La fiesta terminó al amanecer. Según señalaron los asistentes, *lo pasaron de miedo*.

A continuación, comente a sus estudiantes que la información incluida en una noticia debe responder siempre a seis preguntas: qué, dónde, cómo, cuándo, quién y porqué. Contestar a esas preguntas ayuda a informar de lo más relevante sobre el asunto que se busca transmitir. Remita de nuevo a esta noticia y pida a sus alumnos que las contesten. Esto le servirá para la actividad final del epígrafe.

>5 Para realizar la tarea, retome la agrupación por preferencias de la actividad 4.1. Anímelos a ser creativos, avisándoles de manera previa al trabajo cooperativo de que se elegirá por consenso la historia más original y mejor redactada. Indíqueles que presten atención al orden de aparición de la información que ofrezcan, para hacerla más atractiva. Finalmente, concluya la tarea con una valoración en clase abierta sobre el trabajo de cada equipo.

nuevo PRISMA fusión • Libro del Profesor • Repaso **2**

5.1. y **5.2.** Tras la reflexión sobre el trabajo grupal, se concluye el epígrafe con un ejercicio de tipo estratégico, donde cada componente del grupo lleva a cabo un proceso de autocrítica sobre su aportación al trabajo del equipo. Cada alumno analizará cuáles han sido los errores que considera haber cometido en la tarea cooperativa. Tras esta reflexión individual, puede ser provechoso que cada alumno comente brevemente la manera en la que sus compañeros han contribuido positivamente al trabajo grupal. Si lo cree pertinente, sugiérales que lean las reflexiones personales de la actividad 5.1. y que los compañeros las valoren. Esta dinámica puede ayudar a contrastar y cambiar la percepción negativa que se tiene a veces sobre uno mismo en relación con el aprendizaje.

2 ESTO ME SUENA 191

Este epígrafe tiene como eje temático otro gran medio de comunicación: la radio. Se conocerán algunas emisoras del mundo hispanohablante y el léxico relacionado con el ámbito de la programación radiofónica. El alumno estudiará dos géneros textuales habituales en este medio: la encuesta y la entrevista. A nivel funcional, aprenderá a relatar historias anecdóticas, para lo cual se retoma el contraste entre el pretérito indefinido y el pretérito imperfecto, y se familiarizará con el comportamiento en una conversación en España, observando interjecciones y expresiones para mostrar sorpresa e incredulidad. Además, se reflexiona sobre la relación de las emociones con el aprendizaje, esta vez tomando la música como gran generador de sentimientos. El epígrafe se cierra con una tarea de trabajo cooperativo, en la que los alumnos elaborarán un programa de radio.

> **1** El epígrafe comienza con una serie de interrogantes que pretenden activar los conocimientos previos de los alumnos sobre el tema.

Para anticipar el contenido de la audición, anime a los alumnos a hablar de sus gustos con respecto a la radio: si son oyentes habituales de radio, qué tipo de programas radiofónicos son de su agrado y en qué momentos la escuchan.

1.1. Con esta audición se presenta el género de la encuesta y se trabaja el vocabulario relacionado con la radio.

Para empezar, pídales que lean las frases y subrayen la información que necesitan detectar en la audición. En la primera escucha, los alumnos se concentrarán en el tipo de programas que suele escuchar cada encuestado.

Diálogo 1

● Perdone, señora, ¿tiene un momento? Estamos haciendo una encuesta sobre la radio para Radio Nacional.
◯ Bueno, si es rápido…
● Sí, sí, no se preocupe. ¿Usted oye mucho la radio?
◯ Pues, mucho, mucho, no, la verdad. Me gusta poner música algunas veces, sobre todo cuando voy a trabajar en coche. Nada más.

Diálogo 2

● ¡Señor, señor! Un momentito, por favor. Para Caracol Radio. Estamos hacien…
◯ Lo siento, tengo mucha prisa.

Diálogo 3

● ¡Hola! Estamos haciendo una encuesta sobre la radio. ¿Puedo hacerle unas preguntas para Kiss FM?
◯ Claro, cómo no.
● ¿Qué tipo de programas le interesan más?
◯ La verdad es que no me interesan demasiado la mayoría de los programas de radio, pero reconozco que me quedo enganchado cuando escu-

cho los programas sobre apariciones de ovnis y sobre experiencias paranormales.

Diálogo 4
● Perdone, caballero, ¿me permite unas preguntas para una encuesta sobre la radio para Cadena Ser?
◌ Si es rápido… Me cierran el banco.
● Rapidísimo. ¿Qué opinión tiene de la radio?
◌ Me encanta. Lo que más escucho son los partidos de fútbol y las noticias.

Diálogo 5
● Oiga, perdone. Soy de la radio La Mexicana. ¿Me permite una preguntita sobre la radio?
◌ Uf, no. Yo no la escucho nunca. No tengo tiempo.

a. 4; b. 3; c. 5; d. 2; e. 1.

1.2. Diálogo 1. Radio nacional; Diálogo 2. Caracol Radio; Diálogo 3. Kiss FM; Diálogo 4. Cadena Ser; Diálogo 5. La Mexicana.

ELEteca
42. Algunas emisoras de radio de España e Hispanoamérica.

1.3. Comprensión auditiva que pretende introducir, por una parte, el género de la entrevista, y por otra, la narración de anécdotas en español y la manera en que el interlocutor reacciona hacia esa historia que se está relatando. El entrevistado cuenta una anécdota, utilizando el pretérito indefinido para marcar los acontecimientos y el pretérito imperfecto para describir las circunstancias en las que ocurrieron aquellos.

Avíselos, si lo cree necesario, de que el texto que han de completar es un resumen de la anécdota en sí y de que no consiste en la transcripción literal de la entrevista. Pídales, en primer lugar, que escuchen la entrevista y que luego completen el texto.

Locutor: Y tenemos hoy en nuestro espacio para la nostalgia a Miguel, español que lleva aquí en México toda una vida y que viene esta tarde a contarnos cómo conoció al amor de su vida en tiempos en los que no eran nada fáciles las relaciones entre hombres y mujeres. Buenas tardes, Miguel, ¿cómo está?

Miguel: Buenas tardes, bien, muy bien… Encantado de estar aquí…

Locutor: Perfecto, Miguel. Si me permite, ¿cuántos años tiene usted?

Miguel: Cumpliré 87, en agosto.

Locutor: Está usted muy bien… Díganos por qué ha venido a contarnos su historia.

Miguel: Muy fácil. Me encanta la música que ponen en este programa. Siempre escucho música de mi época, no ese ruido de ahora que me da dolor de cabeza. Es una música muy especial que me recuerda a otros tiempos, a otras cosas.

Locutor: ¿Sí? Cuéntenos, Miguel, ¿a quién o qué le recuerda?

Miguel: Pues mire, recuerdo cuando era mozo y eran las fiestas del pueblo, allá en España, y sacábamos a bailar a las jóvenes.

Locutor: Pero, Miguel, ¿era un ligón entonces?

Miguel: Bueno, no podía hacer mucho, pero lo intentaba. Eso sí, hasta que conocí a mi amor. Recuerdo que esa tarde, salí con unos amigos. Estábamos muy aburridos, la orquesta era muy mala y no queríamos bailar, Yo ya me iba a casa, pero entonces, la vi. Llegó con su prima María. Vivía en la capital y vino a pasar unos días al pueblo.

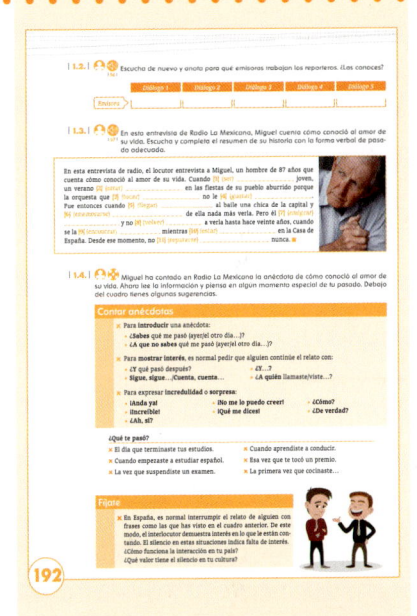

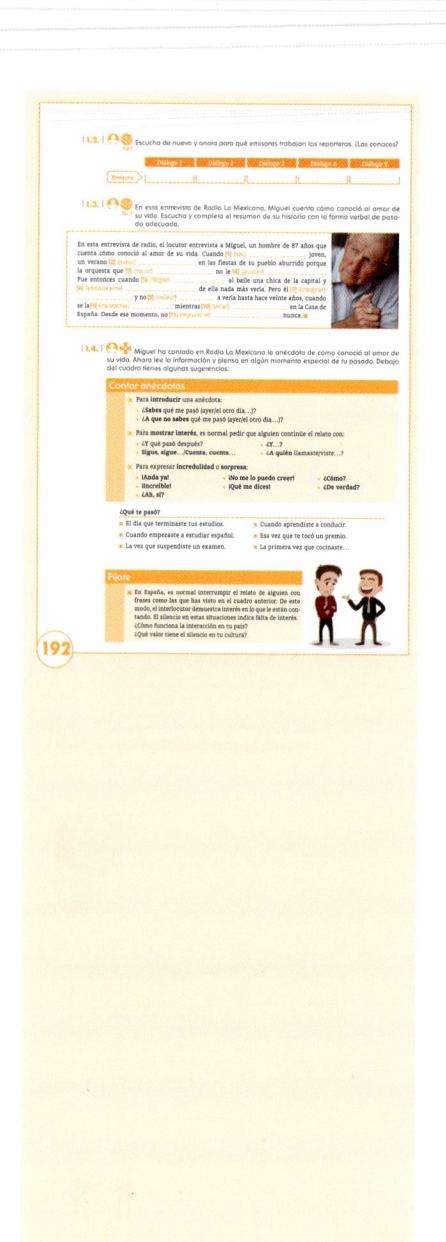

Locutor: Por favor, siga, siga, don Miguel. ¿Qué pasó?

Miguel: Era la mujer más guapa del mundo y aún hoy lo es. Cuando me miró, supe que estaría en mi corazón para siempre. Me enamoré de ella al instante y, mientras, la orquesta estaba tocando un bolero. Pero nuestro amor no pudo ser. Ese verano fue la última vez que la vi... hasta hace veinte años.

Locutor: ¡Qué pena! ¿De verdad? ¿Y por qué?

Miguel: Tuve que emigrar y ella se quedó allí... La vida es así, la perdí. Y resulta que hace veinte años me la encontré aquí, en los bailes de salón de la Casa de España.

Locutor: ¿Sí? ¡Qué emoción! ¿Y qué pasó?

Miguel: Pues no dijimos palabra, la música de esta emisora sonaba en el salón. Nos acercamos, bailamos y desde entonces ya no nos hemos separado nunca más.

1. era; 2. estaba; 3. tocaba; 4. gustaba; 5. llegó; 6. se enamoró; 7. emigró; 8. volvió; 9. encontró; 10. estaba; 11. se han separado.

1.4. Esta actividad contiene un cuadro funcional donde se exponen las estructuras lingüísticas utilizadas en español para introducir y relatar una anécdota y también la forma de interactuar con la persona cuando la relata, mostrando sorpresa o incredulidad ante la historia.

Para introducirlo, vuelva a poner la audición de la actividad 1.3. y pida a sus alumnos que anoten las frases utilizadas por el entrevistador para mostrar interés hacia la historia que se está contando. Tras la lectura del cuadro, los alumnos van a pensar en un momento especial de su pasado. En la parte inferior del ejercicio se ofrecen una serie de acontecimientos, algunos habituales en las vidas de las personas; no obstante, y si lo considera necesario, dé la consigna de que ellos mismos elijan la anécdota que quieren contar. Para facilitar la tarea del ejercicio 1.5., pídales que hagan un esquema o escriban las palabras claves referidas a los puntos de los que van a hablar.

A continuación, aconséjelos que lean el cuadro de atención, donde se habla de la interrupción del hablante en la conversación, y que reflexionen sobre la manera de interactuar con alguien en sus países y que las comparen con las costumbres en los países de cultura hispana. Si lo desea, anímelos a contar si han experimentado alguna situación similar en una conversación con una persona nativa y cómo se sintieron en ese momento.

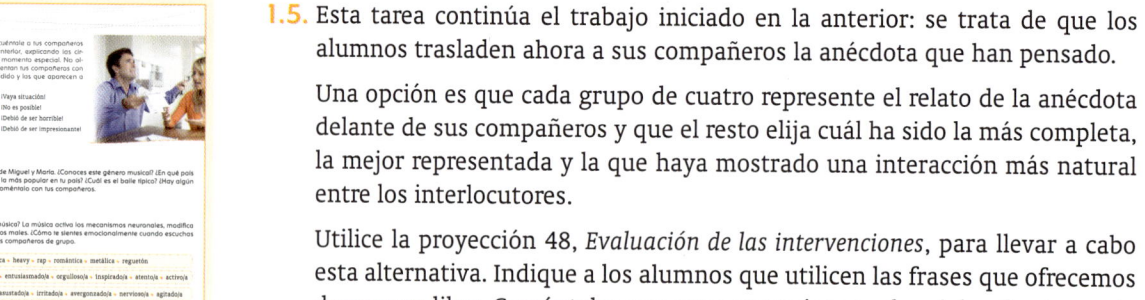

1.5. Esta tarea continúa el trabajo iniciado en la anterior: se trata de que los alumnos trasladen ahora a sus compañeros la anécdota que han pensado.

Una opción es que cada grupo de cuatro represente el relato de la anécdota delante de sus compañeros y que el resto elija cuál ha sido la más completa, la mejor representada y la que haya mostrado una interacción más natural entre los interlocutores.

Utilice la proyección 48, *Evaluación de las intervenciones*, para llevar a cabo esta alternativa. Indique a los alumnos que utilicen las frases que ofrecemos de manera libre. Coménteles que estas expresiones coloquiales, fuertemente orales, también se dan de manera habitual en otros medios escritos, sobre todo en mensajes que requieren de una respuesta inmediata, como es la mensajería por teléfono móvil.

Proyección 48. Evaluación de las intervenciones.

Dinámica. Con ayuda de la tabla, proponga a los alumnos que valoren las intervenciones de los grupos para elegir mejor. Avíselos de que las intervenciones deben ser valoradas teniendo en cuenta los criterios de estructura, originalidad, naturalidad y entonación. Asegúrese de que los alumnos han entendido correctamente los puntos a analizar dentro de los criterios. Para seguir practicando los contenidos de este epígrafe, realice la ficha 57.

Ficha 57. El día que conocí a mi mejor amigo/a.

Actividad de juego de roles, en la que los alumnos ponen en práctica, mediante el formato de la entrevista, la narración de anécdotas y las expresiones usadas para expresar interés y sorpresa hacia quien las cuenta.

Dinámica. Entregue a cada alumno una tarjeta y pídales que escriban en su parte inferior cuatro palabras que les sugiera el personaje que aparece en ella. Una vez escritas, dígales que pasen la tarjeta a su compañero de la derecha y, seguidamente, divida la clase en parejas, de manera que cada pareja de alumnos tenga dos personajes, con cuatro palabras asociadas a cada uno de ellos. Informe a los alumnos de que sus personajes son muy buenos amigos y que van a pensar, escribir y contar cómo se conocieron, inspirándose en su imagen y utilizando las ocho palabras que contiene cada pareja de tarjetas. A continuación, sugiérales que, tomando como modelo la entrevista de la actividad 1.3., formulen preguntas a cada pareja sobre las circunstancias en las que se conocieron. Indíqueles que interrumpan el relato cuando sea necesario para mostrar interés y que reaccionen utilizando las interjecciones que han aprendido. Haga una valoración en clase abierta, en la que los alumnos decidan cuál ha sido la anécdota más divertida.

> **2** En este ejercicio se pretende que los alumnos compartan las características de la música, los bailes y los artistas musicales de sus países. El bolero como género musical sirve para introducir el tema de la música y su poder a nivel emocional, aspecto que se trabajará en profundidad en la actividad 3 y que servirá de puente hacia el siguiente epígrafe, dedicado a la música y a los artistas hispanos.

Una variante es que les pida que preparen una ficha sobre algún género musical originario de sus países y que la expongan en clase en la siguiente sesión.

El bolero es un género musical de origen cubano, muy popular en todos los países hispanoamericanos.

ELEteca
43. El bolero.

> **3** y **3.1.** Con estas actividades se prosigue el trabajo sobre las emociones que está experimentando el estudiante en su proceso de aprendizaje del español, esta vez en relación con un generador de emociones tan potente como es la música.

En la actividad 3, el alumno se centrará en cómo se siente cuando escucha un determinado género musical, explorando el vocabulario relacionado con la música y las emociones. Después de terminar el trabajo léxico, se asociarán estas emociones a su aprendizaje del español.

De creerlo oportuno, dé la consigna a los alumnos de que escriban en un papel el estilo musical que asocian con sus sensaciones al estudiar español. Recójalos y vuelva a repartirlos, de manera que cada alumno tenga un papel de uno de sus compañeros. Uno a uno, leerán en voz alta el estilo musical que tienen en su papel y tendrán que averiguar quién lo ha escrito. Una vez se conozca la identidad del autor, pídale a este que justifique su respuesta.

Si lo considera apropiado, otra opción sería que los alumnos escribieran nombres de artistas, de grupos musicales o de canciones. Si dispone de conexión a Internet en clase y opta por esta propuesta, le recomendamos que ponga un fragmento de la canción elegida por los alumnos, con el fin de aprovechar las posibilidades lúdicas que puede aportar la música en el aula.

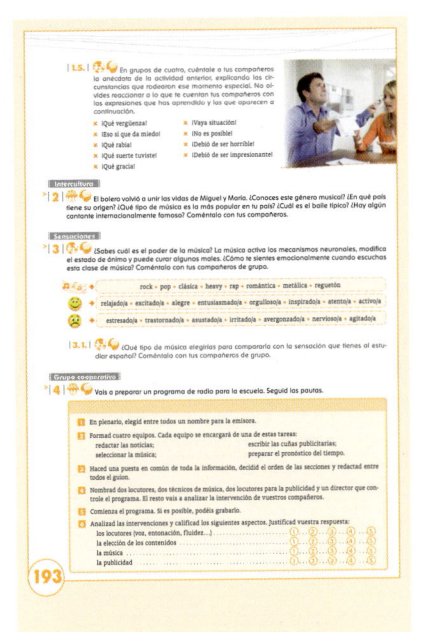

> **4** La tarea final del epígrafe culmina en la preparación de un programa de radio. En esta tarea toda la clase trabajará conjuntamente, por lo cual le recomendamos que se escoja inicialmente a un portavoz, con el fin de que tome nota de los subgrupos, el trabajo que realizará cada uno, el orden de las secciones y otras tareas de organización.

3 ELECCIONES EUROPEAS 194

En este último epígrafe se repasa el presente de subjuntivo para expresar deseos que los alumnos vieron en la unidad anterior. Recuerde que este contenido gramatical corresponde al nivel B1 según el MCER. Su presencia en este libro es, por tanto, preparar y adelantar al alumno contenidos que tratarán por extenso y en profundidad en el siguiente nivel. Se contextualiza a través una noticia de periódico en la que se habla del euroescepticismo a raíz de unas elecciones europeas, se explica el concepto y se leen los testimonios reales de tres personas que expresan su opinión sobre el tema y hablan de sus deseos con respecto a los resultados de dichas elecciones.

> **1** y **1.1.** Actividad de comprensión lectora en la que los alumnos, después de leer el artículo individualmente, discuten acerca del significado del término "euroescepticismo". Antes de la lectura, si lo cree conveniente, puede explicar los términos *escaño* ("Puesto representativo en una cámara electiva" DRAE) y *comicios* ("Elecciones para designar cargos políticos" DRAE). Si lo considera interesante, puede pedirles que, después de la discusión, alguno de ellos salga a la pizarra y escriba una definición del término consensuada por todos. De este modo, podrán comparar sus hipótesis con la definición del término que aparece en 1.1. Si necesita información sobre los fundamentos de la Unión Europea, sus instituciones, funcionamiento, etc., puede acceder a la página oficial de esta institución: http://europa.eu/index_es.htm.

> **2** A través de tres testimonios reales de personas que opinan sobre las próximas elecciones europeas, se retoma la expresión de deseos y sus correspondientes estructuras. Pida a los alumnos que lean los testimonios, y que, según las conclusiones a las que han llegado en las actividades anteriores, decidan en parejas si esas personas son o no euroescépticas. Eduardo es miembro del movimiento 15-M también llamado movimiento de los *indignados*, un movimiento ciudadano formado a raíz de la manifestación del 15 de mayo de 2011 (convocada por diversos colectivos), donde después de que 40 personas decidieran acampar en la puerta del Sol de Madrid esa noche de forma espontánea, se produjeron una serie de protestas pacíficas en España, con la intención de promover una democracia más participativa alejada del dominio de bancos y corporaciones, así como una "auténtica división de poderes" y otras medidas con la intención de mejorar el sistema democrático. Si desea más información sobre este movimiento puede acceder a su página oficial: http://www.movimiento15m.org/

Por su parte, Lola pertenece al partido Unión Progreso y Democracia (UPyD) que es un partido político español con representación parlamentaria. Ideológicamente se declara como no nacionalista, transversal, laico, progresista y defensor de un modelo federalista en España y en Europa (Más información en http://www.upyd.es/).

2.1. Pida a los alumnos que relean los textos y se fijen en los párrafos destacados. Con esta ayuda y a modo de recordatorio, deben completar el cuadro con las estructuras que se usan en español para expresar deseos. Puede cambiar la dinámica y pedirles que completen el cuadro individualmente para, posteriormente, comparar sus respuestas con un compañero.

1. Desear; 2. Esperar; 3. infinitivo; 4. subjuntivo; 5. subjuntivo.

> 3 Pida a los alumnos que se formen en pequeños grupos. Una posible agrupación podría ser según pertenezcan o no a países de la eurozona. Otra posibilidad sería agruparlos según sean euroescépticos o no, tal y como se pregunta en la actividad. Lo importante es que haya algún tipo de unión basada en la afinidad o relación entre los miembros. A continuación, escriba en la pizarra o proyecte las muestras de lengua que puedan servir de modelo para cumplir con el objetivo de la tarea: que los alumnos practiquen la expresión de deseos de cambio. Una vez que hayan consensuado una lista, pida que elijan algunos (dos o tres) y que los ordenen según su importancia. Entonces, coloque una caja de cartón o algún envase que sirva como urna. Explíqueles que es una urna de los deseos y que un representante del grupo debe introducir los deseos más significativos de su grupo en la urna. Finalmente, abra el recipiente y pida que una persona lea los deseos en voz alta. Entre todo el grupo clase se lleva a cabo un debate sobre esos deseos de cambio por los que se ha votado. Si desea ir un poco más allá, la página web www.letterjames.de ofrece la posibilidad de hacer pintadas en imágenes reales de muros en diferentes ciudades. Podría proponer como tarea final que en casa realicen las pintadas en los muros con los deseos de cambio para proyectarlos al día siguiente en clase.

¿QUÉ HE APRENDIDO? 195

> 1 Posibles respuestas. Periódicos digitales: *El País, Clarín, La Crónica de Hoy*; Emisoras de radio: *Caracol Radio, Cadena Ser* y *Radio la Mexicana*.

> 2 Para contar acontecimientos usamos el pretérito indefinido y para explicar las circunstancias en las que se producen los acontecimientos utilizamos el pretérito imperfecto.

> 3 ¿Qué ha sucedido? ¿Quién lo ha hecho? ¿Cómo ha sucedido? ¿Dónde ha sucedido? ¿Cuándo ha sucedido? ¿Por qué ha sucedido?

ELEteca
Comunicación. Había una vez...
Gramática. Los pasados.
Léxico. Los medios de comunicación.

ELEteca
Cuenta, cuenta...

ELEteca
Fonética y ortografía. El punto y la coma.

FICHAS

Todas las fichas, que aparecen a lo largo del libro con el icono 📝 y que sirven al profesor para complementar y apoyar las explicaciones y actividades del *Libro del alumno*, puede descargarlas en: www.edinumen.es/eleteca

Ficha 1. Deletreando y escribiendo palabras.

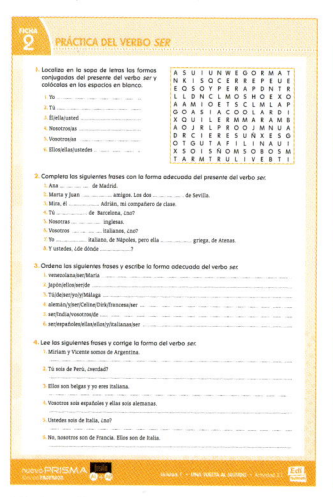

Ficha 2. Práctica del verbo *ser*.

Ficha 3. Situaciones para diálogos.

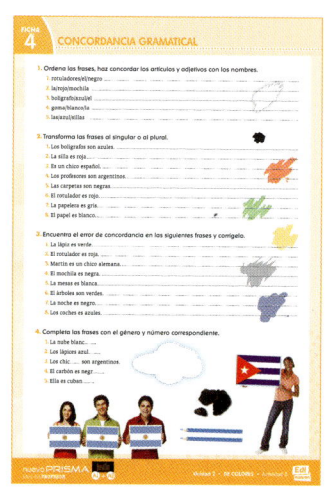

Ficha 4. Concordancia gramatical.

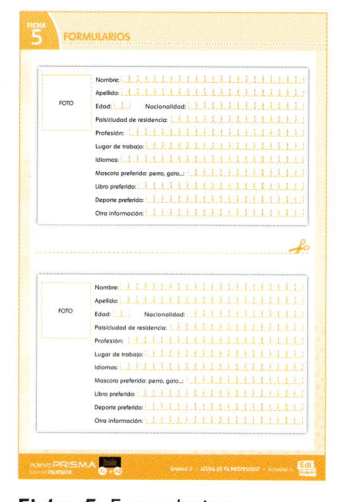

Ficha 5. Formularios.

Ficha 6. El artículo indeterminado. *Hay* + artículo indeterminado + sustantivo.

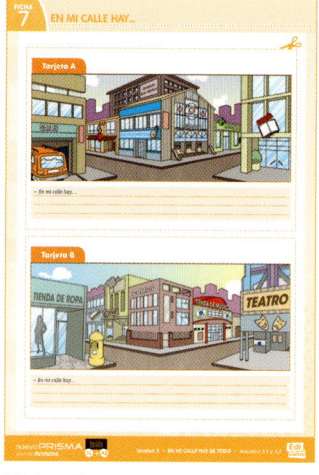

Ficha 7. En mi calle hay...

Ficha 8. ¿Qué habitación es mejor para colocar...

Ficha 9. La habitación de Nicolás.

Ficha 10. Mi casa.

Ficha 11. El presente de indicativo regular.

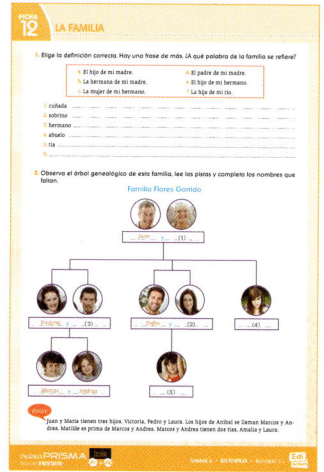

Ficha 12. La familia.

nuevo PRISMA fusión • Libro del Profesor • Niveles A1 A2

Ficha 13. Penélope Cruz y Shakira.

Ficha 14. Personajes famosos del mundo hispano.

Ficha 15. Léxico de descripción física.

Ficha 16. Léxico de descripción del carácter.

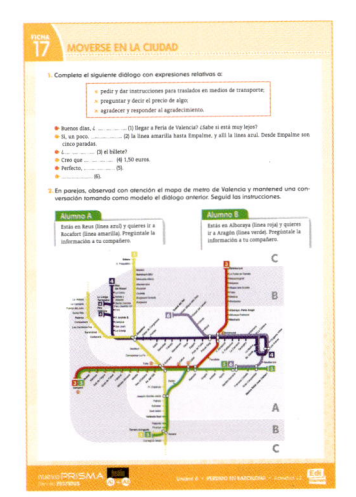

Ficha 17. Moverse en la ciudad.

Ficha 18. Actividades en vacaciones.

Ficha 19. Horarios de Bogotá. (1/3)

Ficha 19. Horarios de Bogotá. (1/2)

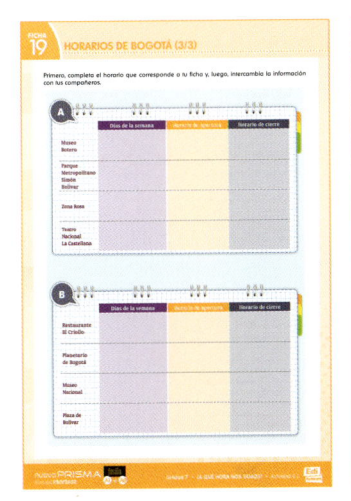

Horarios de Bogotá. (3/3)

Ficha 20. El presente de indicativo irregular.

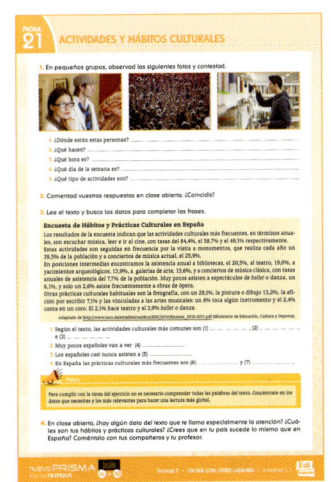

Ficha 21. Actividades y hábitos culturales.

Ficha 22. Léxico de los alimentos.

nuevo Prisma fusión • Libro del Profesor • Fichas

| 181 |

Ficha 23.
Y tú, ¿qué comes? (1/2)

Ficha 23.
Y tú, ¿qué comes? (2/2)

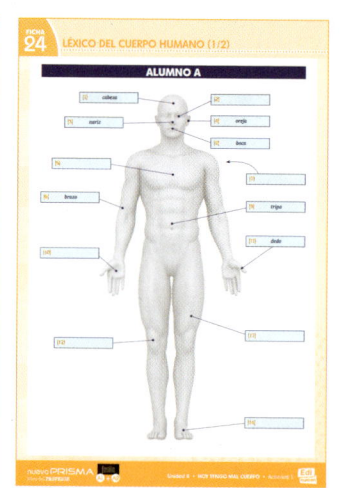

Ficha 24.
Léxico del cuerpo humano. (1/2)

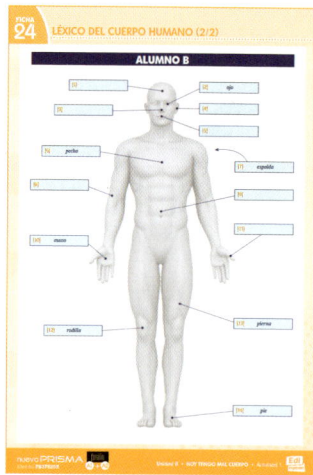

Ficha 24.
Léxico del cuerpo humano. (2/2)

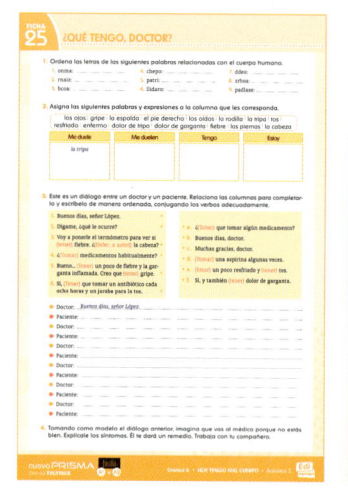

Ficha 25.
¿Qué tengo, doctor?

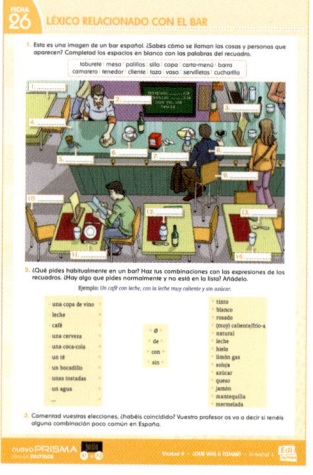

Ficha 26.
Léxico relacionado con el bar.

Ficha 27.
Tapas. ¿Qué vais a tomar?

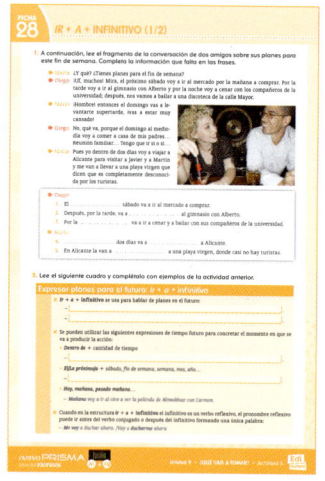

Ficha 28.
Ir + a + infinitivo. (1/2)

Ficha 28.
Ir + a + infinitivo. (2/2)

Ficha 29.
¿Qué hacemos?

Ficha 30.
¿Qué estoy haciendo?

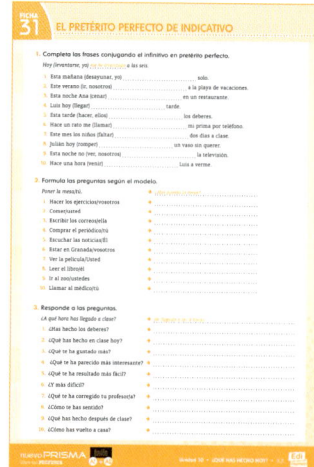

Ficha 31.
El pretérito perfecto de indicativo.

| 182 |

nuevo PRISMA fusión • Libro del Profesor • Niveles A1 A2

Ficha 32.
¿Dónde has estado?

Ficha 33.
Días para no olvidar nunca. (1/2)

Ficha 33.
Días para no olvidar nunca. (2/2)

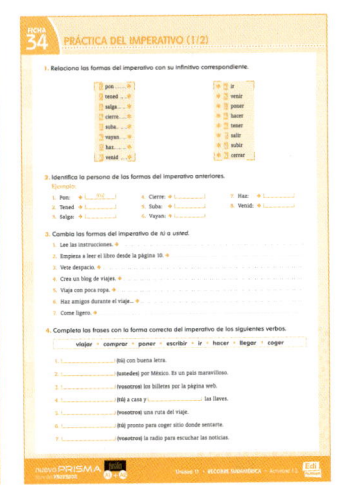

Ficha 34.
Práctica del imperativo. (1/2)

Práctica del imperativo. (1/2)

Ficha 35.
Pensamientos positivos.

Ficha 36.
Plan de acción.

Ficha 37.
Presente de indicativo regular.

Ficha 38.
Tabú de viajes.

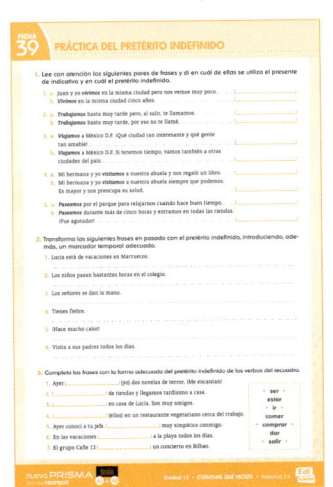

Ficha 39.
Práctica del pretérito indefinido.

Ficha 40.
¡Nos vamos de viaje! (1/2)

¡Nos vamos de viaje! (2/2)

nuevo Prisma fusión • Libro del Profesor • Fichas

| 183 |

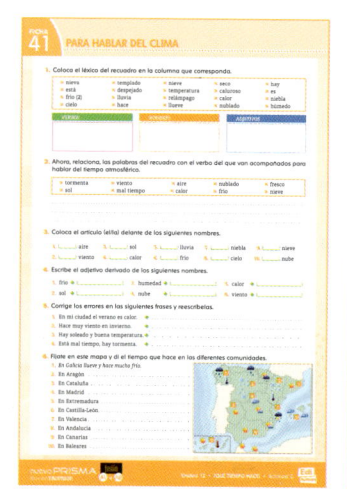

Ficha 41. Para hablar del clima.

Ficha 42. Juego de *ser* y *estar*.

Ficha 43. Crónica de una visita a la feria del libro. (1/2)

Ficha 43. Crónica de una visita a la feria del libro. (2/2)

Ficha 44. Inventos universales.

Ficha 45. Juegos infantiles.

Ficha 46. Coincidencias curiosas.

Ficha 47. Lugares curiosos de Hispanoamérica.

Ficha 48. Si yo reciclo, ellos reciclarán.

Ficha 49. Tabla de evaluación del nivel A2 del Portfolio de las lenguas.

Ficha 50. Pensaba que sería...

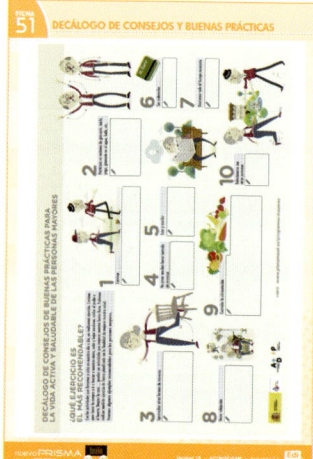

Ficha 51. Decálogo de consejos y buenas prácticas.

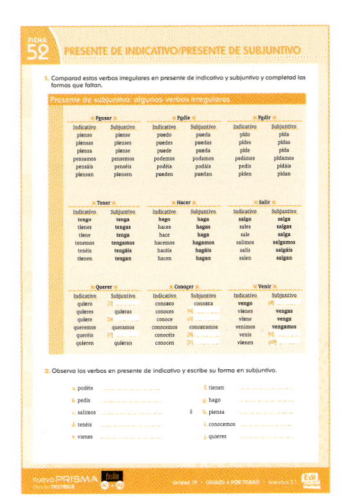

Ficha 52.
Presente de indicativo/presente de subjuntivo.

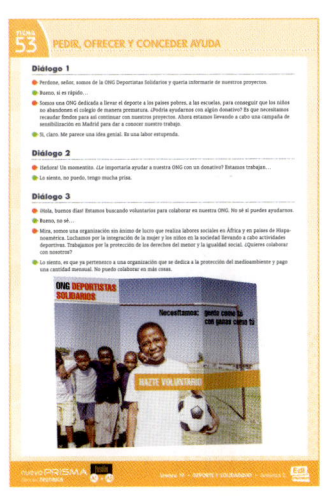

Ficha 53.
Pedir, ofrecer y conceder ayuda.

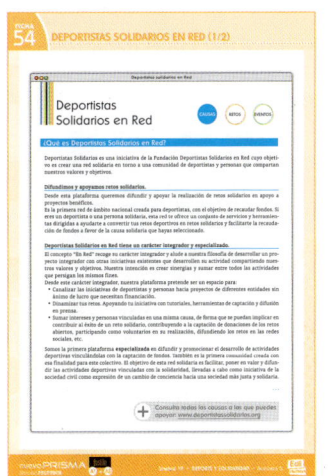

Ficha 54.
Deportistas Solidarios en Red. (1/2)

Ficha 54.
Deportistas Solidarios en Red. (2/2)

Ficha 55.
¿Lo sabes o lo conoces?

Ficha 56.
Fiestas de España e Hispanoamérica. (1/3)

Ficha 56.
Fiestas de España e Hispanoamérica. (2/3)

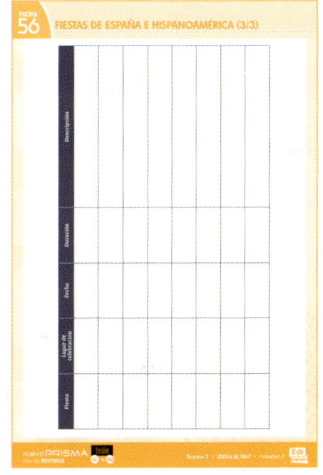

Ficha 56.
Fiestas de España e Hispanoamérica. (3/3)

Ficha 57.
El día que conocí a mi mejor amigo/a.

nuevo PRISMA fusión • Libro del Profesor • Fichas | 185

PROYECCIONES

Todas las proyecciones, que aparecen a lo largo del libro con el icono y que sirven al profesor para complementar y apoyar las explicaciones y actividades del *Libro del alumno*, puede descargarlas en: www.edinumen.es/eleteca

Proyección 1.
Presente de indicativo del verbo *llamarse*.

Proyección 2.
El alfabeto.

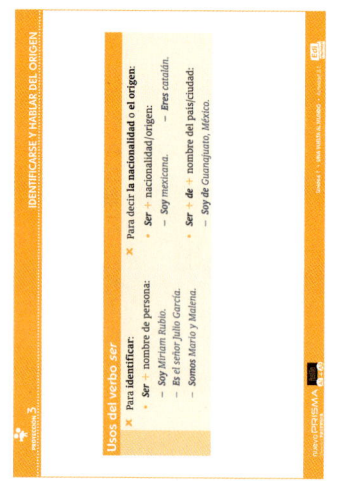

Proyección 3.
Identificarse y hablar del origen.

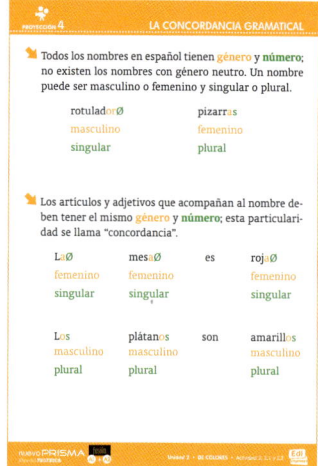

Proyección 4.
La concordancia gramatical.

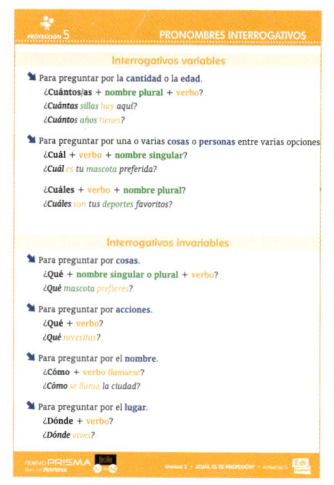

Proyección 5.
Pronombres interrogativos.

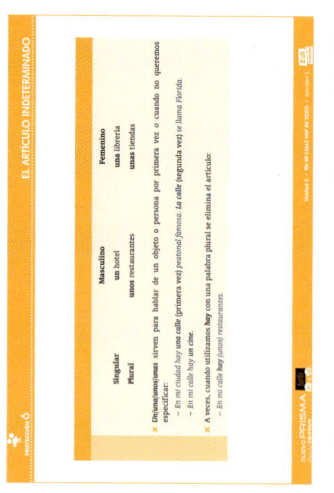

Proyección 6.
El artículo indeterminado.

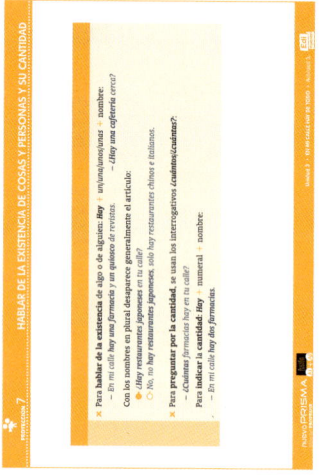

Proyección 7. Hablar de la existencia de cosas y personas y su cantidad.

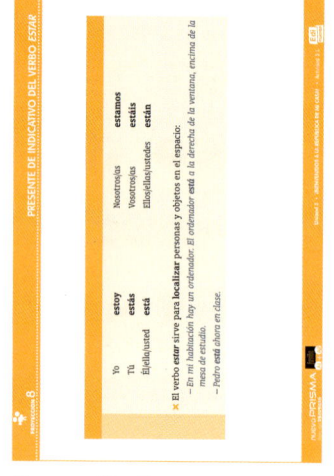

Proyección 8.
Presente de indicativo del verbo *estar*.

Proyección 9.
El presente de indicativo regular.

Proyección 10.
Adjetivos posesivos (adjetivo + nombre).

Proyección 11.
Pedir y dar información personal.

Proyección 12.
Describir el aspecto físico.

| 186 | nuevo PRISMA fusión • Libro del Profesor • Niveles A1 A2

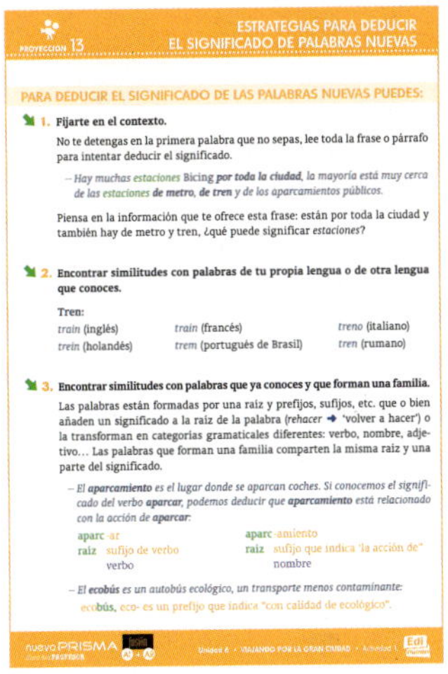

Proyección 13.
Estrategias para deducir el significado de palabras nuevas.

Proyección 14.
Usos de los verbos *querer* y *preferir*.

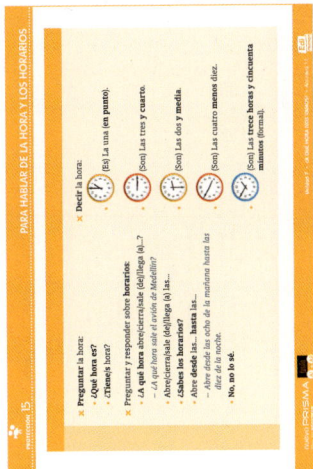

Proyección 15.
Para hablar de la hora y los horarios.

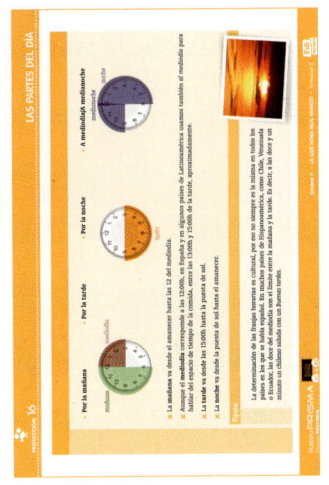

Proyección 16.
Las partes del día.

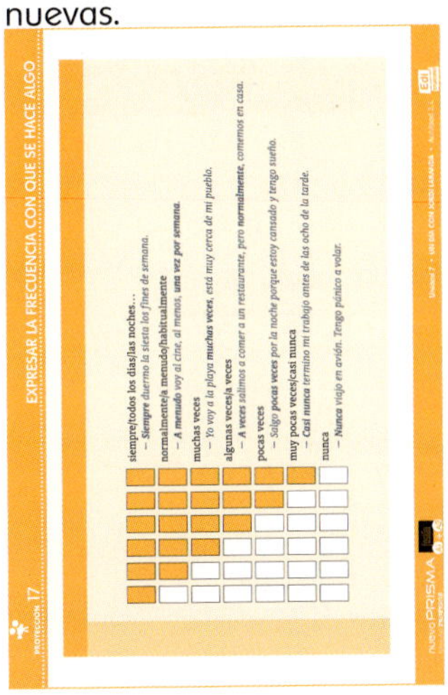

Proyección 17.
Expresar la frecuencia con que se hace algo.

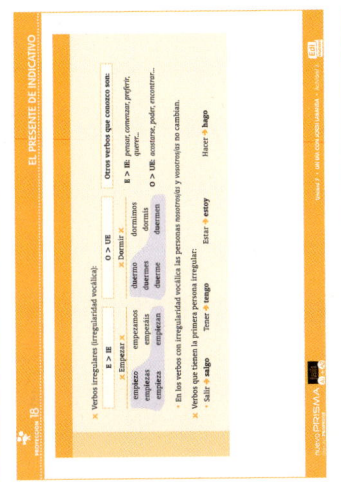

Proyección 18.
El presente de indicativo.

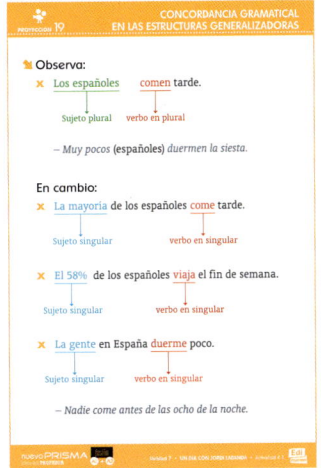

Proyección 19.
Concordancia gramatical en las estructuras generalizadoras.

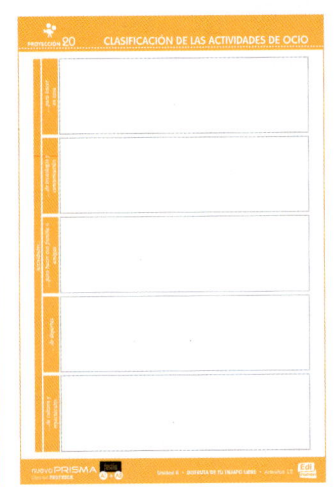

Proyección 20.
Clasificación de las actividades de ocio.

Proyección 21.
El verbo *gustar*: grados de intensidad.

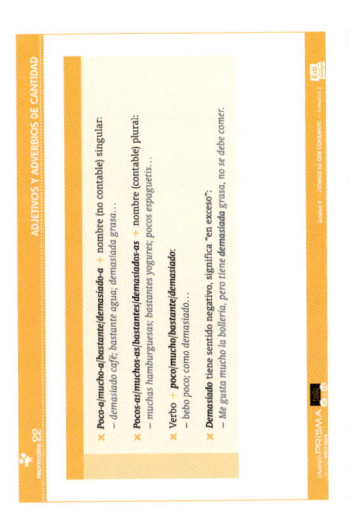

Proyección 22.
Adjetivos y adverbios de cantidad.

Proyección 23.
Gestos en el bar.

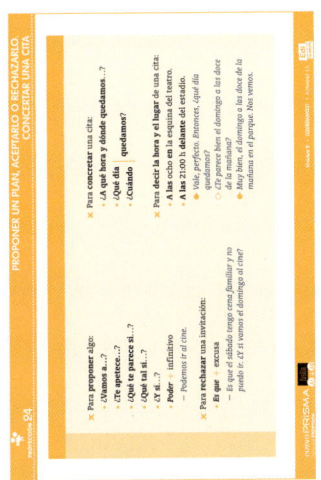

Proyección 24.
Proponer un plan, aceptarlo o rechazarlo. Concertar una cita.

nuevo PRISMA fusión • Libro del Profesor • Proyecciones | 187

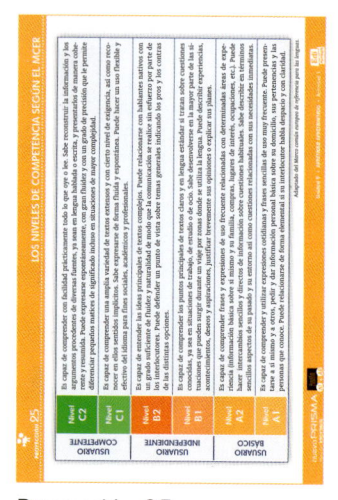

Proyección 25.
Los niveles de competencia según el MCER.

Proyección 26.
Formas y usos del gerundio.

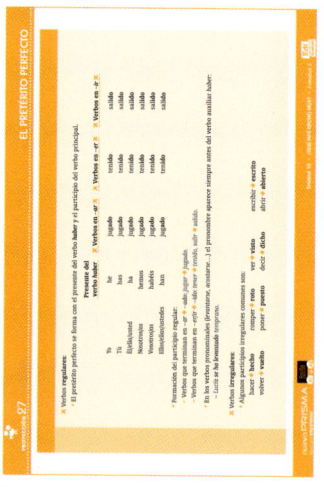

Proyección 27.
El pretérito perfecto.

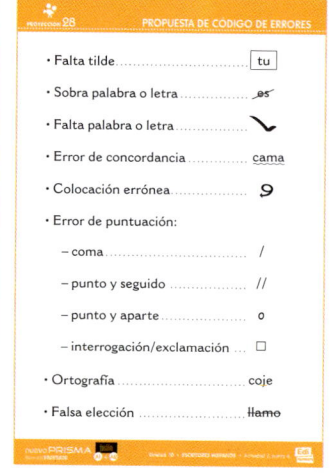

Proyección 28.
Propuesta de código de errores.

Proyección 29.
Para dar y pedir una opinión.

Proyección 30.
Mapa de Sudamérica.

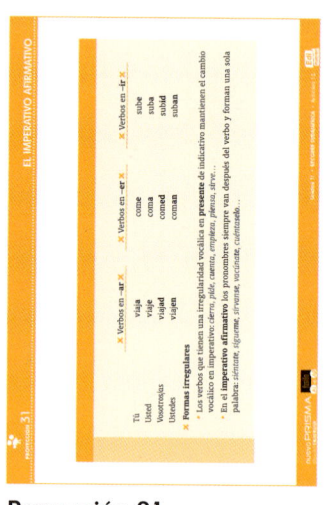

Proyección 31.
El imperativo afirmativo.

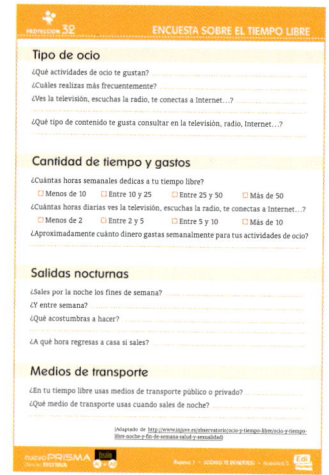

Proyección 32.
Encuesta sobre el tiempo libre.

Proyección 33.
El tiempo libre de nuestra clase.

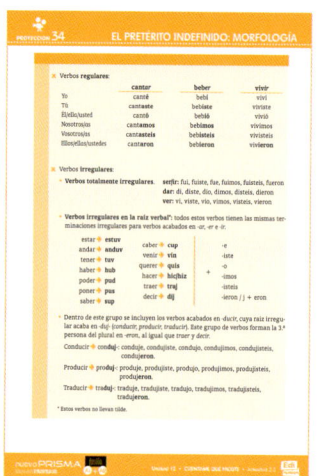

Proyección 34.
El pretérito indefinido: morfología.

Proyección 35.
El tiempo atmosférico.

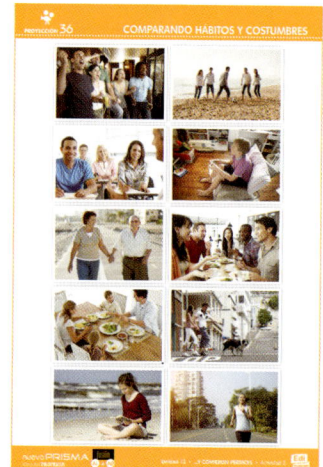

Proyección 36.
Comparando hábitos y costumbres.

| 188 |

nuevo PRISMA fusión • Libro del Profesor • Niveles A1 A2

Proyección 37.
¿Buenos o malos modales?

Proyección 38.
¡Cómo hemos cambiado!

Proyección 39.
Viaje al pasado.

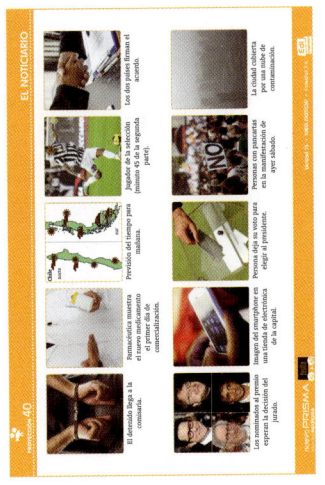

Proyección 40.
El noticiario.

Proyección 41.
Hace mucho tiempo...

Proyección 42.
El mundo del futuro.

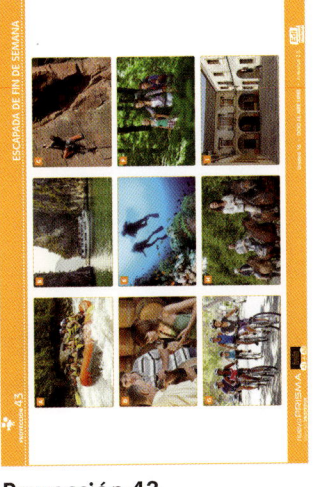

Proyección 43.
Escapada de fin de semana.

Proyección 44.
¿A quién le toca ahora?

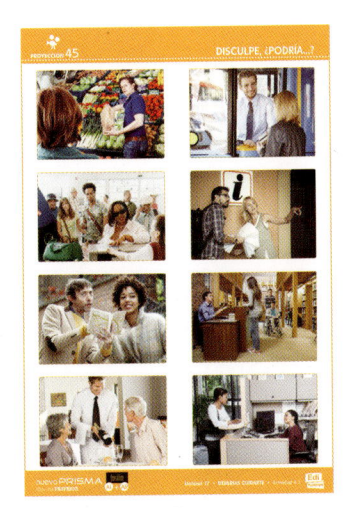

Proyección 45.
Disculpe, ¿podría...?

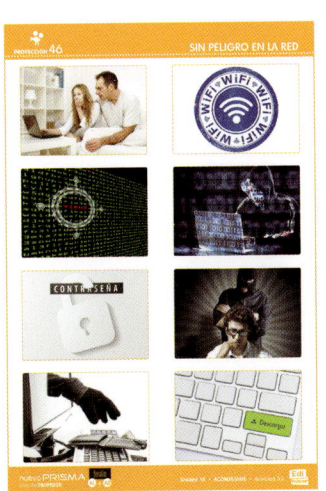

Proyección 46.
Sin peligro en la Red.

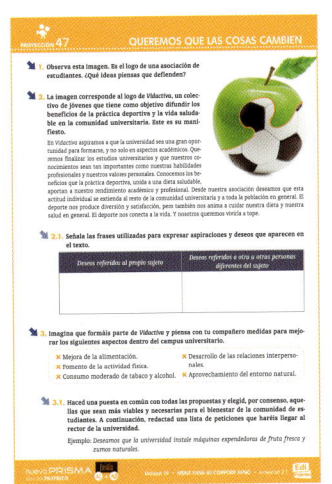

Proyección 47.
Queremos que las cosas cambien.

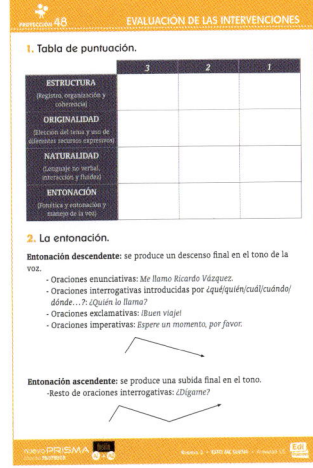

Proyección 48.
Evaluación de las intervenciones.

nuevo PRISMA fusión • Libro del Profesor • Proyecciones

| 189 |

NOTAS

NOTAS